SU'S CRIMINAL TACTICS

30 Years of Experiences of a Criminal Defense Lawyer and Cases Analysis

"宿说"辩护策略

30年刑辩之路与案件评析

宿胜利 · 著

法律出版社
LAW PRESS · CHINA

与江平校长

在美国俄克拉何马城市大学法学院学习

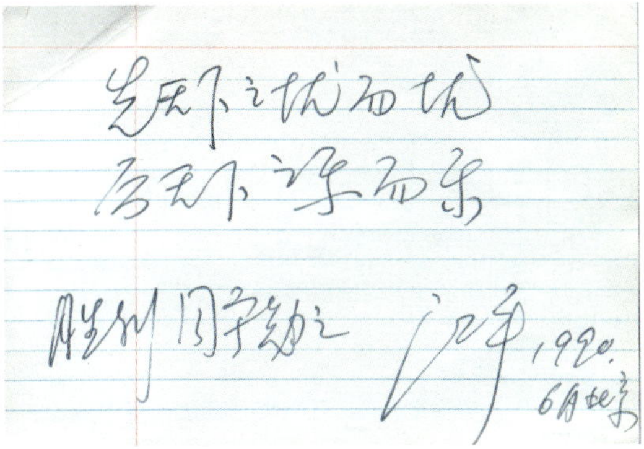
先天下之忧而忧
后天下之乐而乐
胜利同学勉之 江平 1990.6月北京

津联刑辩律师团队

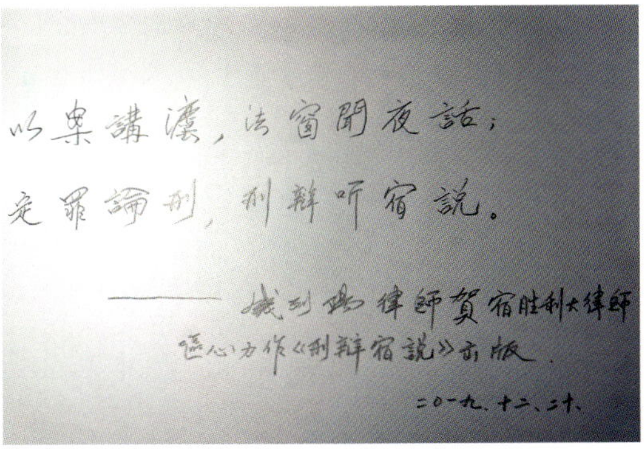
以案講灋，法窗閑夜話；
定罪論刑，刑辯听宿説。
——錢列陽律師賀宿胜利大律師
悉心力作《刑辯宿説》出版
二〇一九、十二、二十。

与钱列阳律师

津联律师事务所四位创始合伙人

与导师美国俄克拉荷马州联邦地区法院COUCH大法官

与李海波律师（右一）

与英国皇家御用大律师

与著名学者刘桂明先生

在中英法律研讨会上发表英文主题演讲

拜访新西兰奥克兰三大律所之一并向首席合伙人
赠送自己创作的书画作品

序

因为我丢三落四的老毛病,创造了一个非常偶然的机会,认识了宿胜利律师,并成了朋友,也印证了老子的那句:“祸兮福之所倚,福兮祸之所伏。”

2017年7月,我到澳大利亚的凯恩斯参加第九届亚洲犯罪学年会。凯恩斯是澳大利亚的旅游胜地,7月的凯恩斯碧海蓝天、人鸟共生、温暖的阳光抚慰着白色的海滩,离会场的香格里拉酒店不远处是著名的埃斯普拉沿海大道,大道的内侧有一个巨大的人工海滩游泳湖,会间散步常能看到游泳,嬉笑孩童,躺在白色沙滩上静静读书、享受阳光浴的青年男女和老夫老妻。我经不住这诗画般情景的诱惑,我决定在会议休息期间融入这画卷,享受白沙、海水和恬静。那天中午我占好了地盘,换上了游泳裤,还没来得及下水便发现自己的手机不见了,跑回更衣室去寻找,没有。又跑到警察执勤点报案,警察让我填了一张很长的表格,然后录入计算机,忙了好一阵子后告诉我,我的手机是中国号码,他们无法拨打,让我注意查看电脑中失物招领的信息。旁边的游客添油加醋地说,澳大利亚吸毒的人很多,我的手机一定会被人捡去换钱,买毒品,说得我心灰意冷。手机并不值多少钱,但里面有参会的录音和大量照片,这些资料太宝贵,我非常沮丧。

回到饭店,我通过电脑邮件联系上了在澳大利亚留学的儿子,他开始拨打我的手机,有人接听,是一位男孩童声。我儿子问他能不能在游客中找到一位懂中文的人,机灵的孩子很快找到了,那就是宿胜利先生,他记下了我住酒店的名称和房间电话,安慰我们不要着急,半小时左右送到。

在饭店大厅,我第一次见宿先生,他牵着乖小漂亮女儿,女儿挎着救生圈,妻子跟在他的身后。我接过手机感激不尽,连连道谢,并递上澳元表示感谢。他一脸严肃,坚决不要,我们来回推搡着,他不停地说:“我们都是中国人,不兴这个。”当他们快速离开,跨进旋转门时,我才恍然大悟忙追上去,要了他的电话号码。从此我们开始了往来。

后来,有了微信,我们可以便利地交流文章与学术,交流变得频繁了。慢慢地我知道他是中国政法大学的在职法学博士研究生,曾到美国和英国做过访问学者,在天津当过检察官,后来去做律师,并成为一名跨国界的、小有名气的刑辩律师。我更知道他有一个和谐的家庭，他爱他的妻子和女儿。特别是对待女儿，在慈父爱中融入其育儿理念，在繁忙的律师业务之余，他会很潇洒地带领全家到世界各地旅游，带女儿参加各种拓展训练，教女儿游泳、冲浪，重视在大自然中陶冶孩子的情操，增进与孩子的互动。宿律师的母校有一位被学生称为“永远的校长”江平教授，他曾做过一个很有名的讲演叫“要做律师，先做好人”。通过接触，我觉得宿先生是一位出色的律师，更是一位难得的好人，所以当他请我为他的著作写序时，我毫不犹豫地答应了。

拜读了宿胜利律师大作《“宿说”辩护策略——30年刑辩之路与案件评析》，觉得这是一部好书，值得推荐！

首先，《“宿说”辩护策略——30年刑辩之路与案件评析》是一本系统的律师业务专业书。什么是律师？律师是运用自己掌握的法律知识，接受个人、单位的委托或指定，为当事人提供从事诉讼代理或者辩护业务等法律服务工作者。法律知识是浩瀚的，涉及各个领域，特别是从20世纪90年代以来，中国的经济社会发展迅速，社会关系、法律关系和各种利益关系越来越复杂。这一时期也是中国立法、修法，建立健全法律制度最快的时期。面对复杂的社会和浩瀚的法律条文、司法解释及刑事政策变化，及时准确地把握，并将其运用到司法辩护中是律师的基本功。但光有这些基本功不能成为好律师，就像大学刚毕业的年轻医生和老名医的区别那样，名医准确诊断不同个体病因和病情，准确用药，药到病除。除掌握书本上的医学知识外，长期的经验积累更为重要。好律师也一样，丰富的办案经验极为重要。《“宿说”辩护策略——30年刑辩之路与案件评析》一书是宿胜利律师从事刑辩业务30年，受理了100多起诉讼案，从中精挑细选30余起代表性案件分析整理而成。作者按照《刑法》体例分类为“危害公共安全”“破坏社会主义市场经济”“侵犯财产”等七个部分，该书可贵之处在于一位老律师长年累月参与辩护，丰富经验积累之结晶。可以作为刑法学的补充教材，也可以作为律师业务的参考图书，对于法学本科生和年轻的律师具有很强的参考价值。

其次，我认为作为一名好律师，光有对法律知识的把握和办案经验的积累还不够，还需要将这些知识和经验升华为一种能力。我把它概括为案件的分析能力，证据收集的能力，再加上肯花时间的执着精神。在《“宿说”辩护策略——30年刑辩之路与案件评析》一书中，作者将案件分析划分为五个方面：案情简介、辩护思路（或称辩护目标）、辩护要点、裁判结果和案件评析。在“辩护要点”和“案件评析”中读者会清晰地感受到一位好律师所具有的案件分析能力、证据收集能力。作者娓娓道来地阐述了如何发现案件的矛盾与存疑；如何通过调取证据挑战控方的定罪证据；如何在庭审中通过发问、举证和质证向法庭展示存疑与矛盾；如何适时向法官提出存疑有利于被告人的辩护意见等，还有当庭审中，辩方提出证据不足，应该由控方退回公安机关补充侦查，补足证据，而控方和公安机关不作为时，律师如何完成证据的收集等。分析能力和证据收集能力是优秀刑辩律师更深层次的职业素质。

再次，我以为最棒的律师，除了具备上述素质外，还需要有理论研究。在国外有不少法学家是律师出身，像孟德斯鸠、边沁、哈特等。“理论是灰色的”，律师的理论研究不会为律师业务带来更多的经济效益，却会让律师更有职业底蕴和学者气质。同时，将实操的司法经验升华为理论，贡献学界，启迪后人。我是搞理论研究的，深知理论研究之艰难，需要长期的读书与行路，积累与思考；需要好的问题意识，深邃视角，严谨的逻辑、科学的方法，以及理论的创新。要求《“宿说”辩护策略——30 年刑辩之路与案件评析》有理论创新确“勉为其难”。但阅读中我能感受到作者试图将刑辩经验升华为理性思考。在案例分析的第五部分“评析”中不时闪烁出理论研究的火花。比如：毛某贩毒案，关于“疑点利益归被告人”的法学理论讨论；辩护人及时开示特殊辩护理由与节省司法成本关系的阐释。再如，于某某的故意杀人案的“评析”，阐述律师运用心理学，解决附带民事赔偿，获被害人一方谅解。探索聚众斗殴罪中的转化犯，以及行为人的故意内容是伤害还是杀人，如何遵循主客观相一致的基本原则等，阅读中我能感受到宿先生是一位有学者气质的律师，严谨和独到，特别是在“案件评析”中时常闪烁出理论火花。

最后，《“宿说”辩护策略——30 年刑辩之路与案件评析》一书收集的案件最早涉及 20 世纪 90 年代初，全国大规模的下海经商潮，从起诉书的案件时间看，最早为 2000 年，并持续到 2018 年，有近二十年的历史跨度。从中也可以观察到改革开放以来，中国经济社会的变化，以及刑法和刑事政策的演变，了解到中国刑事法律制度的发展与完善。因此，该书还具有一定的史料价值。

总之，我推荐《“宿说”辩护策略——30 年刑辩之路与案件评析》一书，并希望作者以该书的出版为契机，继续向着有思想、有理论建树的律师而努力！路漫漫其修远兮，吾将上下而求索！

张　荆*

2020 年正月十五元宵节于北京家中

* 张荆：教授，北京改革和发展研究会副会长、亚洲犯罪学会常委、原北京工业大学法律系主任。

自　　序

我于20世纪80年代末进入中国政法大学法律系读书，成为中国政法大学第一届在昌平区完整度过四年的本科生。那时中国政法大学是司法部直属院校，本科没有什么学院，只有四系五个专业。入学伊始，政工老师就灌输我们一种理念，中国政法大学培养的是党和人民实行专政的"刀把子"，党指向哪就应当"砍"到哪。所以那时充满了对身穿制服，头戴大檐帽的向往，故只知道社会上有律师这种职业，但律师具体是做什么的不了解也不大关心，更没有毕业后做律师的打算。

1992年本科毕业时，也未听说身边同学有到律师事务所做律师的，我则通过双向选择，进了当下法学院毕业生们理想的好单位——天津市人民检察院，如愿以偿穿上了制服，戴上了大檐帽。记得毕业当年下基层到市看守所驻所检察室锻炼，那时通过和犯罪嫌疑人（被告人）谈话，有时和来看守所会见的律师闲聊，看着律师们整天忙忙碌碌，犯罪嫌疑人（被告人）们像盼救星一样盼着律师会见，才渐渐了解了律师这份职业，心生羡慕并萌生了参加律师资格考试的想法。彼时，工作之余有大把的时间看书，学习英文。回想起来，现在能够承办外国人犯罪的辩护案件而不用聘请翻译，先后被法国、英国驻华大使馆在其官网上推荐为区域律师，得益于那个时候没有虚度时光。值得庆幸的是几个主管领导如任增明、陈绍奎、柏定文处长都难得的开明，他们不仅仅是工作上的领导，更是良师益友，都给了我很大的帮助。

转瞬间5年过去，而此时律师事务所发生了从体制内向社会提供法律服务机构的重大转变，加之我的工作调整为检察分院办公室文秘工作，与所学专业渐行渐远，于是下决心报名参加1996年度的律师资格考试。怎奈那时国家立法速度太快，律师资格考试大纲中很多门法律大学时根本没开，也只能硬着头皮边复习边学习。律师资格考试前，我刚刚通过了第一次全国检察官任职资格考试，正准备任职后申请调整到业务部门，所以能否通过律师资格考试，于我而言意义不大。

这里有个小插曲值得一提，1996年的律师资格考试当天下着大雨，上午的综合试卷考得一塌糊涂，信心殆失，准备放弃后面的考试，中午回考场附近的岳父母家吃饭休息。迷糊小睡差点错过下午考试时间，原本打算干脆放弃，可老岳母硬把我叫醒，推出家门儿顶着大雨去了考场。谁成想后面的科目考试我越战越勇，据说那年是1986年实行律师资格考试以来难度最大、通过率最低的一年，且第一次增加了英语考试，而我以专业总分（不含英语分）241分通过。那一年本市约4000名考生报名，仅有20余人通过。在此感谢我老岳母的坚持。

1997年春节过后告别体制，在大学同学冷潽律师的力荐下，得以师从翟津强律师，并得翟律师厚爱，当年成为津联律师事务所的创始合作人（时逢律师体制由国办向合伙制过度，那年天津市司法局批准设立几家市局直属的合作制律师事务所作为改革试点）。翟律师不仅律师业务精湛，而且宅心仁厚，对我这个有着些许灵气的徒弟更是关爱有加，倾心相教，使我养成了良好的执业习惯，避免了走弯路。比如，案卷的归档和永久保存，正是这一沿袭至今的执业习惯才能够成就该书的完成。无奈翟律师英年早逝，未能得到翟律师更多的教诲，也是我执业生涯的一个遗憾。但此后不论多么艰难，我们几个翟律师的弟子也不论从事哪个执业方向，始终都没有放弃，努力向前。冷潽律师现就职于上海建纬（天津）律师事务所高级合伙人，王蛟律师现为世界知名律所——大成（天津）律师事务所主任、首席合伙人，邸鸿雁律师现就职于加拿大多伦多知名律所Gowling WLG（Canada）。由翟律师带领我们几个弟子创办的津联律师事务所至今已经22年整（此期间我曾一度与大学同学才华共同创办天津华盛理律师事务所，任首席合伙人并经营14年之久），我作为首席合伙人目前仍是以刑事辩护作为事务所的主打业务，在竞争激烈的行业圈子里稳步发展。我们这几个翟律师的弟子，20多年来始终保持深厚的友谊，这也算是对翟律师的在天之灵予以告慰吧。

言归正传，我们这一代刑辩律师可以说经历了中国刑事辩护制度发展的黄金时期。从我执业初期法律规定律师只能在法院审判阶段才能介入刑事案件，接受委托后会见在押被告人及阅卷都要在开庭前很短的时间内完成，庭审方式也是法官纠问式，个人认为刑事辩护大多流于形式，走过场，更不用说犯罪嫌疑人（被告人）在侦查和审查起诉阶段的诉讼权利保护。1996年第一次修改《刑事诉讼法》，大大扩大了律师的辩护权利，也将律师介入刑事诉讼提前至侦查阶段，这无疑进一步拓宽了刑事辩护的深度和广度，也拓宽了刑辩律师服务的内容，犯罪嫌疑人和被告人的诉讼权利基本上能够得到有效的保障。然而，当时的刑事辩护理念远远没有像今天这样深入人心，法律的实施以及观念的转变都有一个艰苦的过程，“会见难、阅卷难、取保难、发言难”困扰着刑辩律师，但这些问题随着时间的推移，认识的提高，一步步基本得到了解决。特别是经过2012年和2018年的两次修正《刑事诉讼法》，可以说刑事辩护制度的设计已经趋于完善。可是刑辩律师仍然要面对更大的执业风险，一个个活生生的例子让不少刚出道做刑辩的青年律师因为冷酷的现实而感到苦闷、焦虑、恐惧、彷徨，甚至放弃了自己的理想。我也曾一度考虑放弃刑辩业务，加强涉外商务法律服务领域的业务，期间两次到美国、英国进行短期访学和培训。但是刑事庭审过程中的发问、举证质证中的辩论以及辩论阶段激烈的交叉辩论，一个个无罪、从轻、减轻处罚的判决结果对我有着足够的吸引力，真的难以割舍。即使在此期间办理了大量的民事诉讼、仲裁（我已经连续十年担任天津仲裁委员会仲裁员）案件，担任多家企业的法律顾问，后来回母校攻读在职法学博士研究生也选择诉讼法专业，从未放弃刑辩业务，用自己的刑辩经验和知识为服务对象规避最大的风险。

电视剧《人民的名义》里，王大路对达康书记说的那一句经典台词："中国的企业家，不是在监狱里，就是在通往监狱的路上。"这是多么残酷的现实。所以我在和年轻律师交流时，始终建议他们不管是从事诉讼还是非诉讼业务，是不是立志成为一个刑辩律师，一定要懂《刑法》，一定要尝试刑事辩护，这样才能厘清刑民界限，设计合约、诉讼方案或出具法律意见时才能有效地规避刑事风险。

就我个人的经历来看，当下刑事辩护制度的法律设计层面当然远远优于20多年前，刑事辩护也逐渐深入人心，制度层面的进步毋庸置疑。但是，今天的刑事辩护依然面临诸多问题，旧的问题解决了，新的问题又来了，而且刑辩律师的执业风险越来越大，我不知道刑辩同人们是否有着和我相同的感受。这里我无意诋毁我们国家法制的进步，但现实确实距离我们追求的"法治"还有一段漫长的道路。在这个过程中，一部分刑辩律师在勇敢地抗争着，有的则放弃了，有的也一同堕落了，有的甚至付出了沉重的代价。但是我们能够理解，一切都在快速发生着变化，借用我的师兄王九川大律师的一句话："我们不仅仅是转型的一代，更是走向正规化的一代。"在这样的时代，我们只是芸芸众生中的一员，如果"法律执业共同体"不是个伪命题的话，那么刑辩律师则是这个共同体中最弱势的群体，能做的事情少之又少，更不用说要改变什么。纵使我们无法改变现状，至少可以保持内心的底线，维护着法律职业道德操守，这不仅是句空谈，如果每个法律人都可以守得住自己的底线，能够独立思考，重视精神资源的培育，那对社会来说也会产生莫大的进步。

然而看和想永远比写容易得多，我不是个做学问的人，但是也经常毫不谦虚地向朋友们展示藏书或者抒发心得。可惜近些年来，能够静下心来读书，研究某些专项问题，潜心写点东西的心情几乎没有。对于刑事辩护，我自诩不是外行，但说到这门学问，我始终觉得这可不能跟风水先生、算命大师一样：揣着《易经》《奇门遁甲》，练就一副贯口儿，指指点点，眼睛一闭一睁，便有了结论。言之有物这是根本，其次还要言之有理。

说到言之有物,《“宿说”辩护策略——30年刑辩之路与案件评析》的成书,源自我近30年从事刑辩业务的全部案卷,共计100余件。按照《刑法》的体例,精选出30几个有代表性的不同类型的案件。本书这30多个案件,个个都是活生生的案例,至今我都能随口叫出涉案人的姓名,从时间跨度上看跨越了我国刑事辩护的黄金20年。在事实认定和法律适用上控辩双方可以充分表达争议,都蕴含着法律运用的逻辑,蕴含着抗辩思路设计的智慧。从辩护要点的字斟句酌,能够感受庭审辩论中激烈的氛围和你来我往的智识交锋。当然在成书的过程中文字润色,论述问题则更注重理性,这一点,无疑会影响读者们体会庭审当时的辩护激情。原始卷宗中的“辩护词”,有的篇幅较长,有的较短,有的则是根据开庭“现场版”整理而成,但不论长短,都不能违背“把理说透,把法讲清”这样一个基本原则。庭审辩论,言简意赅,偏注重激情,避免法官认为辩护律师在“讲课”而打断发言,影响当庭辩护效果。庭后提交辩护词,则逻辑缜密,面面俱到,绝不能丧失任何利于实现“被告人法律利益最大化”这一刑事辩护终极目标的机会。

这本书之所以取名为《“宿说”辩护策略——30年刑辩之路与案件评析》,更大程度上是因为其带有工作笔记的性质,而不是刻意创作的“作品”,一家之言有时自己斟酌品读,尚觉稚嫩。从每篇的内容安排上看,“案情简介”部分除引用控方起诉书的认定事实外,尽可能将案件发生的大社会背景及案中人物所处的小背景交代清楚,以方便读者把握“辩护思路”设计的意图。“辩护思路”部分则是每一个案件具体实施辩护的战略核心,“大胆地假设,小心地求证”是整个案件刑辩工作的指导方针。“辩护要点”部分则是归纳整理了原案卷中的辩护词的核心观点,是对整个“辩护思路”的具体战术实践。“裁判结果”不是简单地将判决事项告诉读者,而是较大篇幅引用原判决书中“本院认为”的说理部分,这样能够将控辩双方争议的核心问题以及法院对辩护观点的评价全面记录下来呈现给读者,特别有助于法律专业内的读者客观品评,法律专业外的读者全面理解并做出自我判断。最后“案件评析”部分收录了本人的心得体会,经验评析,刑辩同行、前检察官、知名学者的点评,对个案的整体辩护,法院裁决及案件的法律适用进行深层次的探讨和研究。这种体例的设计,既实现了全面整理自己20多年刑辩工作的目的,又给人留下讨论和评价的空间,同时对于刚刚踏入刑事辩护之门的年轻律师也有一定的借鉴意义。此外,观点上也有可能发生错误,期待着您不吝商榷和批评指正。

感谢金诺律师事务所首席合伙人李海波律师的抬爱,得以将本书的初稿呈送刑辩界“京门四少”之一的钱列阳律师指正并获钱律师欣然贺词,同时在本书体例、方向上钱律师传授诸多的经验,促成了第二稿和第三稿的重大改动。我与钱律师萍水相逢,无以为报,只有百尺竿头,更进一步。

北京改革和发展研究会副会长、亚洲犯罪学会常委、原北京工业大学法律系主任张荆教授,与我偶然相遇在澳洲凯恩斯,进而相识、相交成为我思想上、学术上的导师,多年来张教授担任中央电视台《今日说法》栏目的特邀嘉宾,数档《说事说理》栏目主持人,是国内犯罪学和社区矫正研究领域的顶尖导师,闻之即将出版拙作,欣然作序并从案例学的角度提出诸多宝贵意见,张教授作为师长、朋友、生活中的孝子、慈父始终是我今后人生的楷模。

感谢律师界德高望重的王天举会长和我的师姐天津大学法学院魏健馨教授、我的师兄京都律所事务所王九川律师、我的大学同学陈辉女士及好兄弟深圳大学法学院左德起教授、江苏法舟律师事务所主任范凯洲律师也在百忙之中对书稿提出了诸多的宝贵意见,更加促进我精益求精完成这本书的信心。大学好友前检察院同事、全国及天津市检察业务专家张翔先生从另外一个角度题写了数篇精彩的点评。感谢著名书法家田景立老先生为这本书题写书名,向倾力参与本书写作工作的张周斌律师、席贤平律师、我的助理杨洁律师及其他相关人士致以衷心的感谢!

宿胜利

2019 年 10 月 26 日于

天津津联律师事务所

名家点评一

讲老实话，在同行的妙笔大作中，比起其他内容，我更"偏爱（并且鼓励、鼓动）"对实务研究性的文章、专著。唯此类好文，每每读来，都成一次学习、一种享受。

我的同行宿胜利律师积5年的检察官经历、22年出色而成功的刑事辩护经验，"炼"就的这册专著，就是我所喜爱的这类作品中的精品。

虽然做了37年的律师，但我不谙刑事辩护业务。对宿胜利律师的文章，我是抱着学习的态度，结合着《刑法》《刑事诉讼法》来读的。所以，只能谈谈刑辩专业以外的学习体会（尽量不引用其中的案例，怕影响读者阅读）。

我喜欢这部作品，是因为它展现出律师的务实作风。

律师的辩护工作，离不开"言"。但如，宿胜利在"自序"中所说：刑事辩护的实务与研究不是蒙事似的算卦，而是必须"言之有物"也要"言之有理"！这点说准了律师工作的要点！这本书无论是在案例中，还是在正文中，都充分体现了没有虚套子，没有花架子，满满的都是"干货"。每个案件的辩护思路、辩护要点，法律、法理、证据、逻辑、语言（表述）五个要素齐备，既有"物"，更讲"理"。由是，可以看得出宿胜利律师业务上的理论与实践功底，的确扎实！

我喜欢这部作品，是因为它展现出律师的主动精神。

好律师的基本素质，不是完全被动地囿于"事实加法律"的公式之中，而是为实现委托人"法律利益的最大化（宿胜利'自序语'）"，要有一种主动思考的意识、主动工作的实践。在"晁某绑架案"中，宿胜利及时观察到理论上对有关法条的研究趋势、法律修订的动态，并积极主动地把这些情况合理（并有力）地融入自己的辩护中去，效果极佳！这样的主动不仅反映了宿胜利律师对理论研究的用心、体现了他的专业敏感度，更体现了他为客户服务时的负责精神。

我喜欢这部作品，是因为它展现出律师的用心思考。

务实没有影响到宿胜利律师对我们行业中存在问题的深度思考；主动，也体现在他对存在问题所做的详细分析。这在他的案例中多有表现，而正文中体现得更为充分。

当然，这本书中讲述每一个案例的体例简洁、条理清晰、逻辑严谨，也是我所喜爱的。但篇幅有限，故不复赘言。

作为外行的我，无法对宿胜利的这部作品做出专业评价。但我希望，在应用法学教育中，它应该成为“辅导教材”。

多说一句：英年早逝的翟津强律师，是引导宿胜利从事律师事业的老师，也是我的朋友，我们同在天津律师协会第五届常务理事会里共事多年。而今，出色的宿胜利律师获得的出色业绩，当能告慰翟津强律师的在天之灵！

王天举*

写于2019年11月15日

---

* 王天举：中华全国律师协会四届副会长、五届常务理事、五届天津市律师协会会长；天津市政协委员、天津市台湾研究会理事；第二届“全国十佳律师”“天津市劳动模范”。

名家点评二

宿胜利律师是我的同学,我们结缘于中国政法大学,1988 年一起从天津入学到北京昌平新校区,当时新校址堪称荒郊野外,文科学生自由的大学生活在物质文化匮乏的环境里,更多的是自己根据趣味在一起神侃。我和宿胜利就是在听他神侃查拉图斯特拉、陀思妥耶夫斯基这些当时让人玄虚的概念时相识的。我们第一学年就赶上了那场政治风波,之后大家在认真反思中,迫切渴望了解中国国情。于是萌生出利用暑假社会实践,学习伟人到广阔天地进行实地考察的提议。此议一出,应者云集!但是校方很快予以否决,能够坚持到成行的宿胜利、董雷我们三人为伍。宿胜利同学务实的批判思维完善了我们的行动计划——多番努力后,我们以从北京到延安"考察农村普法"和"宣传 90 年亚运"为主题,得到了司法部教育司的肯定,更得到了时任司法部副部长鲁坚同志批准以"明传电报"方式通知沿途五省(河北、山东、河南、陕西、山西)二市(北京、天津)司法厅局给予帮助。在三人行"八千里路云和月,初识田间苦与甜"的经历中,我们认识到广大北方农民在改革开放后的喜悦与满足,更有宿胜利躺在延安第一招待所床上,悲悯农民的朴实与封闭的感叹。宿胜利的才华横溢与务实批判精神,让人记忆深刻对我影响深远。

毕业后我们天各一方,董雷兄分配在北京,宿胜利到天津市人民检察院,我去了深圳市罗湖区沙头角人民检察院。每年在天津春节小聚,酒酣耳热之际都抑制不住"东方风来满眼春"的冲动。不久,宿胜利即在人民检察院"挂冠而去"成为律师——我是坚定的支持者,胜利得其所也!宿胜利律师专注于刑事辩护,其辩护思路清晰,才思敏捷慈悲正直,在刑事辩护领域已是天津知名律师。时光荏苒,宿胜利作为律师,能够潜心总结多年的刑事辩护经历,对于反思自我砥砺后来饶有增益。

宿胜利律师从业的时代是我国法治发展的蓬勃时期,其中律师作用在曲折中不断前行——随着刑事立法的不断完善,刑辩律师的执业环境逐步改善,刑辩律师的权利得到保障,刑辩律师在推动依法治国方面将发挥更大的作用,对刑辩律师业务技能的要求也越来越高。辩护权,是法律赋予犯罪嫌疑人、被告人及其辩护人针对指控而进行申辩活动的权利。刑事案件的处理结果直接涉及人最宝贵的生命权和人身自由权,作为辩护律师,在刑事案件中能否找准辩护的切入点,将直接影响辩护的效果,也是律师执业能力的重要体现。

《“宿说”辩护策略——30年刑辩之路与案件评析》精选了宿胜利律师执业过程中进行辩护的刑事案件,精选的案例不仅涵盖了多种罪名,还有为外国人辩护的案例,其中的辩护思路和辩护要点更是宿胜利律师刑事辩护生涯的精髓所在。

律师业务是一个将理论和实践相结合的工作,《“宿说”辩护策略——30年刑辩之路与案件评析》是宿胜利律师在刑事辩护实务中归纳、总结、提炼形成的沉淀,是刑事辩护实务经验积累的一笔财富,汇集提炼成书发表,能够为刑事辩护律师提高辩护技能提供真实可靠的学习素材。

左德起*[*]

2019年11月于深圳大学

---

* 左德起:深圳大学法学院教授,硕士研究生导师,诉讼法学博士,中国诉讼法学会理事。

名家点评三

宿胜利律师是天津地区的知名律师，业务精湛，盛名远扬，如同他的名字一样。借此机会调侃一下，当事人愿意聘请他，可能也跟这名字带来的好运有关。他是我的师弟，都是中国政法大学的校友，只不过我是20世纪80年代初入读北京政法学院，我们算是彻底地擦肩而过了。

宿胜利律师编写、出版案例书的想法由来已久。虽然我没有直接参与编写工作，但我知道宿胜利一直有写书的想法，我们还聚在一起专门为此议论过。因为我是高校老师，对书籍有天然的亲近感，自然非常同意并支持他写书，也了解他的初衷，就是要在他这些年来承办的众多案件中，挑选最有心得体会的那部分，与大家分享他的职业成长、学术体会，感受依法治国的进步以及国家发展与社会变迁。

这本书以刑事案件作主题，是一个非常好的选择。我曾经在美国做过为期一年的访问学者，让我感触最深的就是，在各个部门法中，与宪法联系最密切或者说最重视宪法的，恰恰是刑法学教授，因为刑事诉讼中更多涉及公民基本权利、人权的保障，所以要提及宪法、依据宪法，为当事人的权利保护提供最有力的宪法支持。

律师、法官、检察官作为法律职业共同体，目标是一致的，他们以各自的职业视角，为宪法实施、法律适用，做专业的阐释。通过个案向社会传输秩序与正义的理念，引领人们法治观念的进步与法律意识的启蒙。《“宿说”辩护策略——30年刑辩之路与案件评析》一书的价值正在于此。

魏健馨*

2019年11月8日于天大敬业湖畔

---

* 魏健馨：天津大学法学院教授，天津市法学会宪法学分会会长。

名家点评四

读宿胜利律师这本书，让我看到这样的辩护：对案件有深入的分析和清醒的判断，所制定的辩护策略得当而有章法；在论辩上具有清晰、精准、严密、冷静的特色，并展现对多种法律关系把握、对相关知识综合运用的出色能力；于辩护有持久的耐心和高度的投入；擅于和当事人进行主动、有效的沟通……这些正体现出一名优秀辩护律师所具有的特质。基于这样的特质，加以多年勤奋耕耘，宿胜利律师在民事诉讼、仲裁领域取得同样优秀的业绩。

王九川*
2019年12月30日

---

* 王九川：全国律协刑事专业委员会委员、前秘书长，《京都刑辩讲堂》主任，京都律师事务所合伙人。

目　　录

第一部分　危害公共安全篇

第二部分　破坏社会主义市场经济秩序篇

第三部分　侵犯财产篇

第四部分　妨害社会管理秩序篇

第五部分　侵犯公民人身权利、民主权利篇

第六部分　渎职篇

第七部分　贪污、贿赂篇

第一部分

危害公共安全篇

季某重大责任事故案

——过失犯罪自首情节的认定分析

■ 案情简介

新北纸业有限公司成立于1996年,主要经营范围为纸制品的生产、加工、销售,货物仓储及相关咨询服务等,成立20多年以来经营良好,规模不断扩大,员工达200多人。被告人季某系新北纸业有限公司董事长,法定代表人。2017年5月31日19时许,天津港新北纸业有限公司露天进口废纸堆垛场发生火灾,堆场存放废纸共计18,000余吨,过火面积4500平方米。经过600多名公安消防官兵12个小时的顽强奋战,大火基本扑灭,没有造成人员伤亡。火灾发生后,市委书记和市委副书记亲临现场,坐镇指挥善后工作。这是天津市继天津港2015年“8·12”特大火灾爆炸事故以来最大的一起火灾事故,虽未造成人员伤亡,但与“8·12”特大火灾爆炸事故间隔时间短,发生在同一区域,故而异常敏感,社会影响重大。有关领导强调,要迅速对火灾事故原因展开调查,查清事故责任,严肃处理相关责任人。

2018年2月11日天津市滨海新区人民检察院津滨检塘公诉刑诉(2018)160号起诉书指控,2017年5月31日19时许,新北纸业有限公司存放在天津港四号路北侧公司场院备货5区域西北角位置的11号纸垛发生火灾,后火势蔓延将场院内的周边纸垛引燃,造成重大经济损失。经天津港消防支队火灾事故认定书认定:起火为“备货5”区域西北角存放的“11#废纸”堆垛遇湿放热自燃所致,直接财产损失为9,229,948元。

被告人季某、赵某某、王某某作为新北纸业有限公司负有消防安全责任的管理人员,在新北纸业有限公司经营期间,违反相关法律和行政法规的规定,在没有取得港口经营许可证的情况下长期在天津港区域内从事仓储等经营活动;超量存储作为造纸原料使用的进口废纸;对大量积压的废纸未能够按相关制度要求进行苫盖、测温、测风,导致火灾隐患的存在和增加,最终导致火灾事故的发生。案发后,三名被告人参与现场救援,并积极配合调查。

法院认为:被告人季某、赵某某、王某某作为公司管理人员,在生产、作业中违反有关安全管理的规定,因而发生重大事故,情节特别恶劣,其行为均触犯《刑法》

第134条之规定，犯罪事实清楚，证据确实充分，应当以重大责任事故罪追究刑事责任。被告人季某、赵某某、王某某具有自首情节，依据《刑法》第67条第1款之规定，可以从轻处罚。

■ 辩护思路

这个案件发生后，引起了广泛的社会关注，有关领导作了重要指示，案件开庭前，天津滨海新区辖区范围内的港口管理、海关监管、安监、消防、公安等相关职能部门的领导受到严厉的党纪、政纪处理甚至降职、撤职。这样的背景下，对此案的公正审理和判决带来一定的影响。按照控方指控的事实情节，依据《刑法》的规定及最高人民法院的有关司法解释，被告人季某等人犯罪情节特别恶劣，极有可能被判处三年以上七年以下有期徒刑，适用缓刑较为困难。唯有能够适用减轻处罚，在法定最低刑三年以下判处，才有可能适用缓刑。围绕这一目标，辩护人确定以下辩护思路：

1. 对事故性质进行分析，该事件是认定为重大责任事故还是一般火灾事故，将会导致不同的处理结果。

2. 结合事故责任报告，进行事故损害结果因果关系的分析，通过多因一果的结论分担被告人应承担的法律责任。

3. 自首——法定的从轻减轻处罚情节。

4. 认罪认罚。

■ 辩护要点

一、被告人季某犯罪事实的认定有如下存疑之处

1. 本案定性为“重大责任事故罪”，应该参照适用《安全生产法》第2条：“在中华人民共和国领域内从事生产经营活动的单位（以下统称生产经营单位）的安全生产，适用本法；有关法律、行政法规对消防安全和道路交通安全、铁路交通安全、水上交通安全、民用航空安全以及核与辐射安全、特种设备安全另有规定的，适用其规定。”本案是火灾事故，所以认定被告人是否犯罪应该适用《消防法》的规定，公诉人认为被告人违反的规定首先是《造纸行业原料场消防安全管理规定》，该规定是1990年8月24日施行的，是根据《消防条例》及其实施细则制定的。《消防法》是1998年9月1日起施行的，《消防条例》废止，所以该规定没有根据现行的《消防法》进行修改，其效力存疑。另外，本次火灾事故根据《造纸行业原料场消防安全管理规定》认定的新北纸业有限公司的行为具有违法性，但是根据公诉人收集的新北纸业有限公司消防安全检查的相关资料显示，新北纸业有限公司在消防检查中是符合检查机关的要求的，没有违法行为。消防管理机构在检查中对

新北纸业有限公司并没有适用《造纸行业原料场消防安全管理规定》进行检查。只是新北纸业有限公司自觉地用该规定的部分内容进行自我规范，不能因为新北纸业有限公司的自觉行为而不考虑消防管理机关的监管内容，因此新北纸业有限公司员工违反《安全生产法》的违法性的依据适用存疑。

2.《港口法》第 22 条规定，从事港口经营，应当向港口行政管理部门书面申请取得港口经营许可，并依法办理工商登记。《港口经营管理规定》第 6 条规定，从事港口经营，应当申请取得港口经营许可。《港口经营管理规定》第 37 条规定，有下列行为之一的，由港口行政管理部门责令停止违法经营，没收违法所得；违法所得十万元以上的，并处违法所得二倍以上五倍以下罚款；违法所得不足十万元的，处五万元以上二十万元以下罚款：（一）未依法取得港口经营许可证，从事港口经营的。

显然无论是《港口法》还是《港口经营管理规定》都要求办理经营许可证，但是未办理证照只是承担相应的行政处罚责任，并不因此而承担安全刑事责任，承担安全责任是根据《安全生产法》的规定依法承担。

重要的是新北纸业有限公司在港口经营达 20 多年，海关、消防、安监等行政管理机构都一直在对其进行监管，而且新北纸业有限公司获得了相关机构的认可，特别是在安全生产方面并没有任何不服从行政管理机构监管的事件发生，即使有问题也是按照相关行政机关的要求及时整改获批继续经营的。截至火灾发生前，被告人工作的新北纸业有限公司没有因为违反《消防法》或《安全生产法》的规定被任何行政机关要求整改或进行处罚。

以上规定被直接用来认定新北纸业有限公司违反安全生产的法律法规显然值得商榷。

3. 这起火灾事故损失的发生系“多因一果”。关于救火过程中的其他因素致使损失扩大的问题。根据事故调查报告内的记载，可以反映出火灾事故发生后的损失扩大与以下客观因素直接相关：

（1）2017 年 5 月 31 日 19 时 15 分，滨海新区公安消防支队与天津港公安局消防支队 3 次联系，询问灾情是否需要增援，被告知现场能控制不需要。

（2）2017 年 5 月 31 日 19 时 30 分，天津港消防一大队在铺设供水干线给消防车补水时，发现消火栓流量不足且火势蔓延扩大。天津港先后调四、五、三、二、六大队增援，仍不能控制火情。

（3）2017 年 5 月 31 日 19 时 40 分，请求增援，天津公安消防总队 119 调派天保大道中队、新港中队 7 辆消防车，33 名消防官兵增援。19 时 53 分，着火垛猛烈燃烧。

（4）20 时 30 分，风力剧增，7 级风形成大面积燃烧，市总队又调集 47 个中队，一套远程供水系统，共95辆消防车，500余名官兵增援，公安部消防局调唐山市消防一套远程供水系统跨省增援。显然在施救过程中因为众多客观因素的存在，致使火灾没有被及时控制，导致最终的损失不能控制。

4. 关于事故责任调查报告的效力问题。根据《安全生产法》第83条第1款"事故调查处理应当按照科学严谨、依法依规、实事求是、注重实效的原则，及时、准确地查清事故原因，查明事故性质和责任，总结事故教训，提出整改措施，并对事故责任者提出处理意见。事故调查报告应当依法及时向社会公布。事故调查和处理的具体办法由国务院制定"的规定，事故调查报告应该依法向社会公布，本案中的调查报告违反法律规定，未向社会公布。而且调查报告也没有就被告人在事故中所应承担的责任进行客观认定。显然该调查报告在形式上不完备，对本案中被告人的定罪量刑的作用需要结合其他证据综合予以认定。

二、被告人季某在犯罪过程中存在如下法定、酌定从轻或减轻的情节

1. 季某有自首情节。案发后被告人一直等在现场，积极配合施救和事故调查，直到在公安机关被直接采取强制措施，并且始终如一地如实陈述犯罪事实，符合法律关于自首的规定。

2. 被告人季某在事故发生后全力指挥公司现场人员参与抢救，及时地实施灭火，防止了公司财产损失的进一步扩大。根据《安全生产法》第80条的规定，"生产经营单位发生生产安全事故后，事故现场有关人员应当立即报告本单位负责人。单位负责人接到事故报告后，应当迅速采取有效措施，组织抢救，防止事故扩大，减少人员伤亡和财产损失，并按照国家有关规定立即如实报告当地负有安全生产监督管理职责的部门，不得隐瞒不报、谎报或者迟报，不得故意破坏事故现场、毁灭有关证据"。被告人季某在火灾时的行为符合法律规定，尽到了单位负责人在事故发生时和发生后应尽的法律义务，在最大范围内减少了火灾损失和影响。

3. 被告人季某在案件中的岗位是董事长，是法定代表人，但不是消防安全的责任人，责任人是公司总经理赵某某。日常全盘工作均由公司总经理赵某某安排执行。被告人只是在公司重大事项决策时参与决策，并不参与公司的日常管理和经营。

综上所述，新北纸业有限公司季某触犯了重大责任事故罪，但是在工作期间有以上法定或酌定情节，并且最终的损失是因为其他众多的因素综合产生的，依法应予考虑剥离其他因素产生的责任，客观地按照被告人季某的责任给予惩处。辩护人建议给予季某三年以下的缓刑处罚。

■ 裁判结果

2018年5月2日天津市滨海新区人民法院判决书(2018)津0116刑初22号，

认为被告人季某、赵某某、王某某作为生产作业负有组织、指挥、管理职责的负责人、管理人员，在生产、作业中违反有关安全管理的规定，导致火灾隐患的存在和增加，最终导致火灾事故的发生，造成直接经济损失920余万元，情节特别恶劣，其行为均构成重大责任事故罪。公诉机关指控的事实及罪名成立，本院予以支持。被告人季某、赵某某、王某某犯罪后在案发现场积极参与救援，并在公安机关电话传唤时自行主动到公安机关配合调查，且如实供述了自己的犯罪事实，其行为符合自首成立条件，应当认定为自首，依法可以对其减轻处罚。被告人季某和赵某某作为公司的董事长及总经理，对违反有关安全管理规定的行为具有决策、管理的职责，应当对事故的发生承担主要责任；本案系多因一果，火灾事故的发生除了被告人违反安全管理规定的行为外，也受到天气等客观原因的影响，此情节在量刑时应当酌情予以考虑。此外，此次火灾事故发生之前新南公司在保险公司投保了相关财产险，保险公司的理赔可以一定程度上弥补此次火灾事故造成的经济损失，此情节在量刑时一并予以考虑。三名被告人的辩护人的相关辩护意见，本院予以采纳。

综上，根据被告人季某、赵某某、王某某的犯罪事实、性质、情节、社会危害后果及被告人的认罪、悔罪态度、人身危险性等因素，依据《刑法》第67条第1款、第134条第1款，《最高人民法院、最高人民检察院关于办理危害生产安全刑事案件适用法律若干问题的解释》第1条、第7条第1款第2项之规定，判决如下：

1. 被告人季某犯重大责任事故罪，判处有期徒刑2年。
2. 被告人赵某某犯重大责任事故罪，判处有期徒刑2年。
3. 被告人王某某犯重大责任事故罪，判处有期徒刑1年。

■ 案件评析

这个案件的发生地点、事实背景以及事故发生后涉案人的行为与天津港“8·12”爆炸事故的被告人申某某玩忽职守案的事实高度一致。相比之下，申某某案的社会影响及关注度更大，律师的辩护空间有一定的局限性，此案的辩护空间则更小，特别是在法定的自首情节认定上充分显现出来。申某某案由于涉案的国家工作人员多，法院必须遵循整体的处理规则，涉及职务犯罪的各被告人均没有认定为自首情节。而本案法院则采纳了辩护人的意见认定了事故发生的“多因一果”及自首情节并予以减轻处罚。当然，在认定自首情节的问题上也存在较大的争议，核心问题在于能否构成“自动投案”？一种观点认为，被告人季某、赵某某作为公司主要负责人在发生火灾后参与救火，接受司法机关询问调查是一种履行职务或者企业经营行为的一部分，不能理解为犯罪行为发生后主动接受法律制裁的“投案”行为，其到案的过程也是被公安民警从火灾现场带至公安办案场所，司法机关对于犯罪嫌疑人的确认和犯罪调查的指向是清楚明确的，故而不能认定为“自动投案”。另一种观点认为，对于“自动投案”应当在符合立法本意的基础上作广义的理解，这样有利于鼓励自首。辩护人认为有必要对过失犯罪的自首情节认定加以分析，以便律师在辩护实务中具体运用，实现被告人法律利益的最大化。

根据《刑法》第67条第1款、1998年5月9日施行的《最高人民法院关于处理自首和立功具体应用法律若干问题的解释》（本案例中简称《解释》）以及2010年12月22日发布的《关于处理自首和立功若干具体问题的意见》（本案例中简称《意见》）的规定，辩护人认为被告人季某的到案行为成立自首。

1. 被告人季某的到案过程符合立法本意，应当视为自动投案。

《意见》中规定，根据《解释》第1条第1项的规定，犯罪嫌疑人具有以下情形之一的，也应当视为自动投案：其他符合立法本意，应当视为自动投案的情形。

辩护人认为被告人季某的到案行为，正是属于本条规定的“其他符合立法本意，应当视为自动投案的情形”。

（1）关于视为自动投案的立法本意。

《刑法》总则规定的自首制度适用于一切犯罪，无论是故意还是过失，旨在通过鼓励犯罪人自动投案来促使其悔过自新以及迅速侦破案件节约司法资源。最高人民法院在《解释》中列举了7种视为自动投案的情形，又在《意见》中列举了5种视为自动投案的情形，并且其中第5款属于兜底条款。之所以规定了这些“视为自动投案”情形，是因为有些犯罪的投案时间、投案对象，投案方式具有不典型性，因此需要扩大其外延。例如，《意见》中规定，交通肇事后保护现场、抢救伤者，并向公安机关报告的，应认定为自动投案，即属于此情形。

（2）本案属于“其他符合立法本意，应当视为自动投案的情形”。

《意见》中提出，《解释》第1条第1项规定了7种应当视为自动投案的情形，体现了犯罪嫌疑人投案的主动性和自愿性。

自动投案的主动性是有一定的积极行为表示并且相对于被动归案而言的。被动归案的情形一般是被司法机关采取强制措施而归案或者是被群众扭送到司法机关而归案，到案过程会体现出嫌疑人的被迫无奈和不自愿性。自愿性是指行为人把自己的人身自由置于相关单位或者工作人员控制之下，接受审查和裁判。

本案犯罪嫌疑人季某、赵某某，在知晓发生火灾之后，通过主动赶到现场，参与施救，并且自愿置于公安、消防以及相关工作人员管控之下的积极行为表现了主动性与自愿性，并且全天没有离开过，配合相关司法工作人员进行事故调查，完全符合《意见》中规定的自首中的主动性和自愿性条件要求。

2. 过失犯罪自动投案的特殊性。

一般情况下，过失犯罪只有在造成了严重危害社会的结果时，《刑法》才将其规定为犯罪,行为人才承担刑事责任,所以行为的社会危害性不是表现在主观意志上,而是体现在客观效果上。这就造成行为人本身对于是否实施了犯罪行为产生了认知上的不确定性。而在本案中,犯罪结果又属于多因一果,因而在司法机关未对犯罪嫌疑人的行为评价以前,犯罪嫌疑人难以认定自身行为是否属于犯罪,从而决定未采取典型的投案方式进行自首,而是只能采取积极主动的配合行为,自愿置于司法机关的审查之下这样的方式进行投案,因此在投案时间、投案对象,投案方式上具有不典型性。

综上所述,本案被告人虽然在企业管理工作中疏忽大意,但是在火灾发生后,积极主动、到岗到位,接受审查,完全符合《意见》中规定的主动性和自愿性的条件要求,属于《意见》中规定的“其他符合立法本意,应当视为自动投案的情形”。

第二部分

破坏社会主义市场经济秩序篇

德国世问（天津）化妆品有限公司、戚某、门某某走私普通货物案

——疑点利益归于被告人，证据不足不起诉

■ 案情简介

这个案件是由天津海关调查局初步调查取证后，认定德国独资世问（天津）化妆品有限公司在进口化妆品原材料过程中存在以伪报价格成交方式、瞒报空运费偷逃税款涉嫌走私犯罪的行为，后将案件移送天津海关缉私局提起刑事诉讼程序，于移送当日对公司法定代表人德国人总经理戚某、副总经理门某某采取强制措施，刑事诉讼拘留期满后，变更强制措施为取保候审。

后天津海关缉私局津关移送审查起诉认定：2003年1月至2005年5月，嫌疑人单位即德国独资世问（天津）化妆品有限公司从德国（后中转新加坡）、捷克等国家进口唇笔、眼线笔、笔帽等原材料，自天津机场海关申报进口。在上述业务中，该公司总经理戚某、副总经理门某某，明知真实价格成交方式为FOB，同时明知进口运费应计入完税价格，仍采取伪报成交方式的手段，将FOB价格向海关申报为CIF价格进口，应计入完税价格的进口运费没有向海关申报。而进口运费则在国内通过天津大田航空代理公司、捷达国际运输公司、中外运空运发展股份有限公司华北分公司支付给瑞士发达海空运有限公司北京代表处，从而偷逃了该部分运费的应缴税款。经统计，嫌疑人单位采取上述方式进口货物共计195票，未申报进口运费共计人民币3,128,903.90元，偷逃税款共计人民币2,405,043.09元。

综上所述，德国世问（天津）化妆品有限公司在进口化妆品原材料等货物过程中，伪报货物的真实成交方式，逃避海关监管，偷逃应缴税款，依据《刑法》第30条、第153条之规定，涉嫌构成走私普通货物罪。戚某作为直接负责的主管人员，门某某作为直接责任人员均应承担相应的刑事责任。

天津市人民检察院第二分院经审查并二次退回补充侦查，其间听取了辩护人的意见，最终决定对嫌疑人单位德国世问（天津）化妆品有限公司、犯罪嫌疑人戚某、门某某不起诉。

■ 辩护思路

这是一起外商独资企业涉嫌单位走私普通货物案，辩护人在嫌疑人单位法定代表人及总经理戚某（德国人）及副总经理门某某被采取强制措施之日即受聘担任其单位法定代表人戚某的律师。由于及时为嫌疑人戚某和门某某申请了取保候审，并在刑事拘留阶段向侦查机关提供了大量的书证等不构成犯罪的证据，刑事拘留期满后侦查机关将强制措施变更为取保候审，从而辩护人能够直接有效地与操作进出口业务的戚某、门某某沟通，掌握案件的核心问题。案件提请审查起诉后，意味着实质性辩护工作的开始，经过认真分析起诉意见书认定的事实和适用法律，确定该案单位及嫌疑人不构成走私普通货物罪的基本观点，在与公诉机关沟通案件过程中，以无罪辩护为出发点，着重从以下方面进行分析，并形成具体意见提交给公诉机关。

1. 起诉意见书认定“在上述业务中，该公司总经理戚某、副总经理门某某，明知真实价格成交方式为FOB，同时明知进口运费应计入完税价格，仍采取伪报成交方式的手段，将FOB价格向海关申报为CIF价格进口，应计入完税价格的进口运费没有向海关申报”。这一事实与辩护人向侦查机关提供的有关书证是不一致的，这直接关系到被告人是否具有主观上的犯罪故意这一要件。

2. 被告单位涉嫌偷逃的税款种类及具体的金额，关系到是否达到单位走私犯罪的追诉起点。被告单位采取上述方式进口货物共计195票，未申报进口运费共计人民币3,128,903.90元，偷逃税款共计人民币2,405,043.09元。因为有部分货物是从德国经新加坡转口贸易，上述运费包含哪一段的运费，是否包含从德国到新加坡一段的运费，而这一段属于发生在中国领域外的国际贸易，不应计入进口货物的纳税基数额，如果包含，如何进行区分，未申报进口运费到底是多少？另外，偷逃的税款都包含何种税，除了海关关税之外，依据现存的征税体制被告单位在后续的产品流通过程中据实缴纳，实际没有造成这部分税款流失。

3. 结合本罪的主客观要件，分析本案应当适用的法律及案件性质，明晰罪与非罪的界限，是漏缴关税还是偷逃关税，是应当适用《海关法》采取行政处罚措施还是适用《刑法》，构成单位犯罪，承担刑事责任。

■ 辩护要点（呈交给公诉机关的书面律师意见）

一、起诉意见书认定的事实与本案客观事实不符

起诉意见书认定：“世问（天津）化妆品有限公司从德国（后中转新加坡）、捷克等国家进口唇笔、眼线笔、笔帽等原材料，自天津机场海关申报进口。在上述业务中，该公司总经理戚某、副总经理门某某，明知真实价格成交方式为FOB，同时

明知进口运费应计入完税价格,仍采取伪报成交方式的手段,将 FOB 价格向海关申报为 CIF 价格进口,应计入完税价格的进口运费没有向海关申报。”上述事实的认定,除能够锁定本罪的客观构成要件之外,主观上的走私犯罪故意也一并构成。然而,这一事实的认定与案件的客观事实并不相符。

首先,从涉案的全部书证来看,全部 195 票货物的报关单据显示的货物成交价格并不是 CIF,其中有一大部分单据显示的成交价格是 FOB,在通关过程中,以 FOB 价格报关的货物也顺利通过,海关没有任何部门告知被告单位应当以 CIF 价格报关计算关税和增值税、消费税,通关后也没有接到任何通知补税。因此侦查机关认定的被告单位全部货物均以 CIF 成交价格报关进口显然与客观事实不符。那么涉案 195 票货物中有多少是真实的 CIF 报关价格,有多少是虚假的价格申报应当作出明确区分,否则案件事实不清。

其次,从被告单位进口货物的操作程序来看,其主要负责人戚某和经办人门某某主观上也不具有偷逃关税的故意。第一,货物的进口运输是由出口方德国的母公司直接委托瑞士发达货运公司全程负责,并委托天津运通报关行进行报关。被告单位作为德国设在天津的子公司在整个进口运输过程中,并未对报关单据进行任何修改。第二,在进口业务开始前,被告单位向德国母公司表示希望采用 CIF 到岸价格进行采购,以方便在天津海关通关。此案发生后被告单位才了解到瑞士发达货运公司与德国母公司协商,为方便日后运费支付,可以在国内以人民币的形式按照当日的汇率牌价按月支付给发达公司在国内的分公司,由原来的 CIF 到岸价格改为实际的 FOB 离岸价格,与此同时,被告单位按照母公司的指示,完全按照正常进出口贸易方式报关。

最后,在海关缉私部门还未对被告单位的主要负责人和业务经办人采取拘留措施之前,被告单位首先进行了自查,发现问题后主动将涉案材料送到海关调查机构。假如说被告单位在这起涉嫌走私案中是为了谋取非法利益或是有其他主观上的犯罪意图,其完全有时间和能力把涉案资料做得更严谨,之所以没有这样做,是因为被告单位认为是其自身工作上的失误,为了纠正失误、澄清事实才主动将资料送到海关调查部门的,并且也愿意补缴漏税,接受处罚。如果认定被告单位涉嫌走私犯罪成立,那么从其客观行为和犯罪的主观意图上来分析是不符合逻辑的。

综观上述事实及法律规定,笔者认为被告单位主观上没有故意以牟利为目的,客观上低报进口价格,偷逃关税,这也正是漏税行为与偷逃关税行为的根本区别,即罪与非罪的界限。

二、关于本案涉税金额的认定问题

被告单位涉嫌偷逃的税款种类及具体的金额,关系到是否达到单位走私犯罪的追诉起点，同时也是判断起诉的案件事实证据是否达到确实充分，排除其他合理怀疑这一标准。起诉意见书认定：“被告单位采取上述方式进口货物共计195票，未申报进口运费共计人民币3,128,903.90元，偷逃税款共计人民币2,405,043.09元。”辩护人认为此事实认定缺乏客观依据。侦查机关认定的依据就是被告单位在国内支付给瑞士发达海空有限公司北京代表处的运费凭证。但是从进口的操作流程看，货物的进口运输是由出口方德国的母公司直接委托瑞士发达货运公司全程负责，并委托天津运通报关行进行报关。因为有部分货物是从德国及欧洲国家经新加坡转口贸易，上述运费包含哪一段的运费，是否包含从德国或其他欧洲国家到新加坡这一段的运费，而这一段属于发生在中国领域外的国际贸易，不应计入进口货物的纳税基数额，如果包含，如何进行区分，未申报进口运费到底是多少？被告单位在侦查过程中向海关提供的大量单据均能证实这一客观事实的存在，案件经公诉机关两次退查，仍未查清。

另外，偷逃的税款除了海关关税之外，还包括增值税和消费税。如果按照海关规定货物运费应计入完税价格予以征税，从被告单位的财物账目显示，被告单位2003年至2005年5月，在海关环节漏缴的增值税合计约83万元，漏缴的消费税116.1万元，但在其销售环节，因抵扣额相对减少而比计入运费后多缴了增值税83万元和消费税116.1万元。依据现存的征税体制被告单位在后续的产品流通过程中据实缴纳，实际没有造成国家这部分税款流失。而与侦查机关认定的差额部分40余万元关税，这其中又有多少应当将国外那一段运费而产生的关税剔除，才能计算出准确的漏缴关税金额。因为如前所论述的应计入完税价格的运费数额并没有查清，因而本案涉及的税款金额并未查清，故而本案事实不清，证据不足。

三、关于本案被告单位、被告人的行为性质及法律适用

1. 被告单位和戚某、门某某的行为尚不构成我国《刑法》上的走私普通货物罪。

(1)我国《刑法》及相关法律对走私普通货物罪的犯罪构成的规定。

我国《刑法》第153条对走私普通货物罪作出了规定，该法条仅规定了走私数额和相应的法定刑，但是对什么是刑法意义上的走私犯罪行为，没有作出具体规定。真正刑事犯罪意义上的走私行为规定在《海关法》相应的条款中，《海关法》第82条对“走私行为”作出了概括式和列举式的规定，其中概括式规定为：违反本法及有关法律、行政法规，逃避海关监管，偷逃应纳税款、逃避国家有关进出境的禁止性或者限制性管理；列举式规定为：①运输、携带、邮寄国家禁止或者限制进出境货物、物品或者依法应当缴纳税款的货物、物品进出境的；②未经海关许可并且未缴纳应纳税款、交验有关许可证件，擅自将保税货物、特定减免税货物以及其他海关监管货物、物品、进境的境外运输工具,在境内销售的;③有逃避海关监管,构成走私的其他行为的。

结论:通过以上列举法律规定,使得我们对走私普通货物罪有了深刻的认识,构成该罪必须首先是行政法意义上的走私行为,其次走私数额较大(司法实践中一般为 5 万元),其中走私行为是前提。

(2)被告单位的行为不构成刑法意义上的走私犯罪行为。

走私行为在我国法律上的规定为概括式规定和列举式规定相结合方式。

首先,根据概括式规定,走私是违反海关法,逃避海关监管,偷逃应缴税款、逃避国家有关进出境的禁止性或者限制性管理规定,被法律明确规定禁止的行为。其中,“违反海关法”是前提,海关法调整海关行政管理活动中所形成的法律关系,该法对海关和行政相对人的权利和义务进行了详细的规定,走私正是对双方权利义务的违背。其中“逃避海关监管”是构成走私罪的核心要件,是区分走私与否的关键,我们司法实践中也是以是否逃避海关监管来认定走私的。本案中,被告单位有违反海关法的规定的情形,但是并没有违背“逃避海关监管”这一核心要件,被告单位履行了符合海关要求的报关手续,也是按照化妆品的品名及真实的采购价格进行海关申报,并且所报货物的品名、数量、商品编码以及出口许可证等都没有任何虚假,海关予以检验通关,因此并没有逃避海关监管。

其次,海关总署也曾经对申报价格不实的违反海关监管规定的行为作出过相应解释,对于因当事人的过错造成的申报价格与实际成交价格不符,但未发现伪报、瞒报行为,或虽有伪报、瞒报嫌疑,未取得主观故意证据的,应按照《海关行政处罚实施条例》第 15 条第 5 项的规定以价格申报不实处理,本案当中,被告单位和被告人戚某、门某某虽有价格申报不实但是他们仍是按照海关对于相关货品的规定进行海关申报。

2. 被告单位和被告人戚某、门某某的行为定性。

(1)我国海关监管法律关系分析。

在我国的海关监管中,包含着三层法律关系,第一层为商事法律关系,包括商事外贸合同关系和进出境当事人对携带物品的所有权关系,这层法律关系是海关监管的基础。第二层内含两种法律关系:一是国家对外经贸合同的标的物、当事人所有权关系标的物禁止进出境而产生的法律关系;二是因国家对上述标的物进行征税而产生的税收法律关系。第三层是海关为保证进出口贸易秩序,保证依法纳税,保证国家外贸政策、外贸管制的落实,对进出境货物进行监管而与当事人形成的法律关系。走私行为侵犯的是第二层和第三层法律关系。仅侵犯第二层法律关系,如无证进口,是违反国家贸易法规的行为;仅侵犯第三层法律关系,是违反海关监管规定的行为。

本案中被告单位显然侵犯了第三层法律关系，属于违反海关监管的行为。

(2)被告单位和被告人戚某、门某某行为是违反行政法规和应受行政处罚的行为。理由如下：

①法规依据：根据全国人大常委会制定的《海关法》第86条和国务院制定的《海关行政处罚实施条例》第12条的规定，被告单位的行为应界定为行政违法行为。

《海关法》第86条　违反本法规定有下列行为之一的，可以处以罚款，有违法所得的，没收违法所得：

(一)运输工具不经设立海关的地点进出境的；

(二)不将进出境运输工具到达的时间、停留的地点或者更换的地点通知海关的；

(三)进出口货物、物品或者过境、转运、通运货物向海关申报不实的；

……

(十三)有违反海关监管规定的其他行为的。

《海关行政处罚实施条例》第12条　违反海关法及其他有关法律、行政法规和规章但不构成走私行为的，是违反海关监管规定的行为。

通过《海关法》和《海关行政处罚实施条例》的规定可以发现，被告单位的行为不构成走私，是申报不实的违反海关监管的行政违法行为。

②行政处罚依据：同样根据国务院制定的《海关行政处罚实施条例》第15条的规定，被告单位和被告人戚某、门某某应接受如下行政处罚。

《海关行政处罚实施条例》第15条　进出口货物的品名、税则号列、数量、规格、价格、贸易方式、原产地、启运地、运抵地、最终目的地或者其他应当申报的项目未申报或者申报不实的，分别依照下列规定予以处罚，有违法所得的，没收违法所得：

(一)影响海关统计准确性的，予以警告或者处1000元以上1万元以下罚款；

(二)影响海关监管秩序的，予以警告或者处1000元以上3万元以下罚款；

(三)影响国家许可证件管理的，处货物价值5%以上30%以下罚款；

(四)影响国家税款征收的，处漏缴税款30%以上2倍以下罚款；

(五)影响国家外汇、出口退税管理的，处申报价格10%以上50%以下罚款。

被告单位和戚某、门某某的行为虽然违反了海关法，但不构成走私行为；虽然违反了海关监管，但并没有逃避海关监管，因此不构成犯罪，仅为行政违法。

综观上述事实及法律规定，笔者认为被告单位德国世间(天津)化妆品有限公司的行为不是故意以牟利为目的低报进口价格，偷逃关税，这也正是漏税行为与逃税行为的根本区别，即罪与非罪的根本界限。故而对被告单位及被告人戚某、门某某以走私普通货物罪提起公诉,事实不清,证据不足,适用法律不当。

■ 裁判结果

天津市人民检察院第二分院经审查并二次退回补充侦查,仍然认为本案证据不足,不符合起诉条件。最终采纳了辩护律师的意见,依照《刑事诉讼法》第140条第4款的规定(2018年10月26日第三次修订后为第175条第4款),作出津检二院不诉字(2005)第191-3号不起诉决定书,决定对被告单位德国世问(天津)化妆品有限公司、被告人戚某、门某某不起诉。

■ 案件评析

不起诉决定作出后,侦查机关没有提起复议。被告单位接受了海关的行政处罚,很快恢复了正常的生产和销售。从这个案件的辩护成功得到两点启发:

一是珍惜法律赋予辩护人行使辩护权利的每一个诉讼环节,不放过任何一个能够尽快终结刑事诉讼程序的机会,这是实现"委托人法律利益最大化"的有效途径。本案正是在审查起诉阶段有效运用"疑点利益归于被告人的原则"大胆提出证据存疑,无法排除合理怀疑的观点。"疑点利益归于被告人"作为刑事法律原则,在我国已经成为一条比"无罪推定"更具有司法适用性的原则。从《刑事诉讼法》第55条的规定对于证据确实充分应当符合的条件的具体规定,到《刑事诉讼法》第200条规定人民法院作出判决应当遵循的证据标准。这是基本法律的规定。从司法政策的角度来看,无论中央政法委发布的《关于切实防止冤假错案的规定》,还是最高人民法院印发的《关于建立健全防范刑事冤假错案工作机制的意见》中均有体现,尤其在2017年2月17日最高人民法院发布的《关于全面推进以审判为中心的刑事诉讼制度改革的实施意见》中,更为旗帜鲜明地提出"人民法院作出有罪判决,对于定罪事实应当综合全案证据排除合理怀疑。定罪证据不足的案件,不能认定被告人有罪,应当作出证据不足、指控的犯罪不能成立的无罪判决。定罪证据确实、充分,量刑证据存疑的,应当作出有利于被告人的认定"。《关于办理死刑案件审查判断证据若干问题的规定》第33条认定被告人有罪的5个条件的规定。足见"疑点利益归于被告人"这一原则已被最高司法机关作为重要的审判指导思想。因此,辩方应当在实务中有效地加以运用。

二是对于《刑法》条文中没有叙明罪状,以行政法的有关条文作为刑罚处罚基础的犯罪指控(大多是破坏市场经济秩序和社会管理秩序类犯罪),要特别注意罪与非罪的界限,从犯罪构成的主客观要件入手,以此在行为性质上做文章,提出违法但不构成犯罪的辩护意见,这样侦查部门、审查起诉部门等各方更容易接受。

法国人卢卡斯信用卡诈骗案
——外国人持国内银行 VISA 信用卡在境外恶意透支第一案

■ 案情简介

据辩护人了解,这个案件是发生在我国的第一起由外国人持中国商业银行核发的信用卡在中华人民共和国领域外透支消费的信用卡诈骗案。被告人卢卡斯(Lucas),法国国籍,曾在中国从事外语教学活动,并于2007年2月5日在天津申领某商业银行VISA信用卡,允许透支金额人民币1万元,后因该卡国内担保人撤保而被开卡行告知停止使用。被告人卢卡斯虽不再使用该信用卡,卡内仍存有数千元其当时所在任教的学校汇入的工资,后被告人卢卡斯返回法国。2008年5月3日至同年9月12日,被告人卢卡斯在法国旅行时无意中发现该卡仍能透支使用,遂继续使用该信用卡在法国及其他欧洲国家多次透支消费,数月间,累计透支消费达数万欧元。此期间没有收到国内开卡银行的任何催收欠款信息或停止该信用卡透支消费。

天津市人民检察院第二分院津检二院刑诉(2011)203号起诉书认定,被告人卢卡斯在境外消费36,775.54美元(折合人民币251,816.83元)。经银行多次催收,卢卡斯仍不归还透支款项,后逃匿。2011年8月3日,卢卡斯在广东省中山市被天津市公安局抓获归案。被告人卢卡斯持信用卡恶意透支,且数额巨大,其行为触犯了《刑法》第196条之规定,犯罪事实清楚、证据确实充分,应当以信用卡诈骗罪追究其刑事责任。

■ 辩护思路

随着我国不断加快改革开放,经济持续高速增长,综合国力不断增强,国际地位显著提高,越来越多的外国人来到中国,或求学,或寻求职业发展。随着外国人更多地融入中国的生活中,以及伴随而来的外国人的频繁出入境,一些外国人在外国实施犯罪行为,其危害结果又影响中国的案件越来越多。如何判定此类行为的性质,是否应当无条件适用我国《刑法》,将成为该案是否能够定罪的前提。被告人卢卡斯的行为是否应当适用《刑法》,即中国是否对被告人卢卡斯拥有刑事司法主权,这牵涉实体法和程序法的交叉适用,此外还包括最高人民法院、最高人民检察院的司法解释,规范性文件的适用。而这恰是辩护人首要解决的问题。

除首先解决程序上的司法管辖问题之外,在实体上被告人卢卡斯的行为是否具备信用卡诈骗罪的主客观构成要件,这是该案辩护的重中之重,也是辩护的核心。

最后对被告人卢卡斯行为性质的分析,引导出刑法和民法的调整对象的不同;诈骗与欺诈的界限;违法与违约的界限;刑法适用的谦抑性原则;结论最终为被告人卢卡斯构成民事上的违约,举报人应通过民事诉讼的方式进行救济,而被告人在侦查期间已经偿还了全部透支款项,故应当撤销案件。

■ 辩护要点

一审辩护要点

1. 本案被告人为法国人、信用卡透支行为全部发生在法国,依据我国刑法及相关司法解释的规定,本案不应当适用我国《刑法》。

依据我国《刑法》罪刑法定原则,任何犯罪均以案件的基本事实为基础,再根据刑法条文加以评价,最后得出行为人的行为是否构成犯罪的结论,本案同样应当进行上述评价。本案的特殊性在于被告人主体的特殊性,即行为人是外国人,犯罪行为也不是发生在中国领域内。由于刑事法律适用具有极强的地域性,因此是否应当适用我国《刑法》进行评价是这个案件首先应当解决的问题。因为此研究结果不仅牵涉一个国家的刑事司法主权,也牵涉一个国家的国家主权。

对于我国《刑法》的管辖问题,我们首先看我国《刑法》第6条第3款关于属地管辖的规定:“犯罪的行为或者结果有一项发生在中华人民共和国领域内的,就认为是在中华人民共和国领域内犯罪。”依据此条规定,被告人卢卡斯的犯罪结果是否应当认定发生在我国领域内呢?辩护人认为并非发生在我国领域内。通过本案已经确认的事实和相关证据,本案被告人卢卡斯全部使用信用卡透支的行为发生在法国,对此控辩双方并没有争议,有争议的是犯罪结果是否发生在我国领域内。《最高人民法院关于执行〈中华人民共和国刑事诉讼法〉若干问题的解释》(法释〔1998〕23号,已失效)第2条规定:“犯罪地是指犯罪行为发生地。以非法占有为目的的财产犯罪,犯罪地包括犯罪行为发生地和犯罪分子实际取得财产的犯罪结果发生地。”结合本案,被告人的行为地毫无争议在法国,犯罪分子实际取得财产的结果发生地或接受服务的发生地还是在法国,即法国才是犯罪结果地。此外,最高侦查机关公安部也对此类情形作出界定,如《公安机关办理经济犯罪案件的若干规定》(公通字〔2005〕101号,已失效)第3条规定:“犯罪地是指犯罪行为发生地。以非法占有为目的的经济犯罪,犯罪地包括犯罪行为发生地和犯罪嫌疑人实际取得财产的犯罪结果发生地。”《公安部关于受害人居住地公安机关可否对诈骗犯罪案件立案侦查问题的批复》(公复字〔2000〕10号)规定“诈骗犯罪案件的犯罪结果地是指犯罪嫌疑人实际取得财产地。因此,除诈骗行为地、犯罪嫌疑人实际取得财产的结果发生地和犯罪嫌疑人居住地外,其他地方公安机关不能对诈骗犯罪案件立案侦查……”由此规定我们再结合本案的事实,被告人获取商品和服务的所在地,即被告人实际取得财产的犯罪结果发生地毫无争议在法国,我们可以进一步得出本案被告人的犯罪地为法国的结论。

退一步讲,即使将本案的犯罪结果地设定为中国,或者说本案的危害结果发生在中国,我国《刑法》能否适用?答案仍然是否定的。我国《刑法》第8条对外国人在我国领域外实施的危害行为是否适用我国刑法,即在何种情况下可实施保护管辖也作了明确的规定:“外国人在中华人民共和国领域外对中华人民共和国国家或者公民犯罪,而按本法规定的最低刑为三年以上有期徒刑的,可以适用本法,但是按照犯罪地的法律不受处罚的除外。”由此可见,要适用该条款实施保护管辖有着严格的条件限制,一是外国人在我国领域外对中华人民共和国国家或者公民实施了犯罪,对于本案的被害人中国的商业银行是否属于《刑法》意义上的国家还存在争议,对此辩护人请求人民法院对该条款的立法本意作出认定;二是信用卡诈骗罪最低刑仅为拘役,不符合本条规定;三是按照犯罪地法国的法律规定被告人的行为是否应受刑事处罚,辩护人认为在无法查明法国相关法律的情况下,无法对法国的刑罚适用标准予以评价,只能以道德和商业规则标准来评价该行为。而查明法国法律来判定行为人的行为是否在当地构成犯罪,辩护人认为应该是公诉方的举证责任。

我国是成文法国家,所有法律是经有立法权的国家机关制定或认可,并以法律条文作为表现形式的法律。尤其是刑法对犯罪行为的评价,一种行为是否构成犯罪,需依照有权机关明确的法律条文进行评价,这同时也是罪刑法定原则的体现。在此法律体系的框架下,除刑法本身的原则和具体法条的规定外,也涉及有权机关对法律的解释,如全国人大、全国人大常委会、最高人民法院、最高人民检察院等有权机关对上述具体法律规定的解释。当然在适用法律的过程中,仍存在用汉语语言进行通常语法解释和每个个体的不同理解,但我们并不能依此作以刑事司法评价。对于本案,尤其在犯罪结果地到底应当确定为中国还是法国问题上,辩护人在法律适用方面提出了充分的关于法条本身及有权机关司法解释的依据,而公诉方的观点,没有任何成文法律和司法解释作为依据,只是在执法过程中形成的执法者对法律的理解,不能称其为司法解释。

公诉机关认为,该案被告人是在中国境内的银行申领的信用卡,在外国持卡消费后,信用卡国际组织将票据传回中国,最终是由中国国内的银行进行支付,其犯罪的结果是发生在中国,据此可以适用我国《刑法》。辩护人认为,公诉方混淆了犯罪结果和危害结果的界限,刑法意义上的犯罪结果是一种客观存在的现象,是犯罪客观方面的重要部分,是构成行为人受刑事处罚的客观基础;而危害结果,是一种主观的、不具体的思维结果,是对行为通过人为评价来完成的,因此不能作为犯罪构成的要件。刑法对犯罪结果的确定,只能以行为本身所引起的直接后果来确定犯罪结果的发生,只有这样,才能做到主客观统一。如果将危害结果等同于犯罪结果,就会造成因果关系上时间与空间的分离,主观和客观的分离,无法做到主客观的统一,从而导致主观归罪。

综合以上观点,辩护人认为对本案被告人卢卡斯的行为不应适用我国《刑法》。

2. 本案的事实认定对被告人是否构成刑法意义上的信用卡诈骗罪仍存在重大缺失。

再退一步讲,即使对被告人的行为可以以我国《刑法》作为评价的假设前提条件,结合事实,被告人的行为是否构成信用卡诈骗罪?答案依然是否定的。依据《最高人民法院、最高人民检察院关于办理妨害信用卡管理刑事案件具体应用法律若干问题的解释》(法释〔2009〕19 号)第 6 条第 1 款,经发卡银行两次催收后超过 3 个月仍不归还的,应当认定为《刑法》第 196 规定的“恶意透支”。

根据控方证据显示,某商业银行工作人员曾于 2009 年 10 月 15 日到山东枣庄学院向被告人进行催收,向被告人签发《商业银行信用卡欠款还款通知书》,并由被告人签署《回执》,这是有证据证明的商业银行向被告人的唯一一次催收(一审案卷第 52 页)。2009 年 10 月 16 日,被告人签署《商业银行信用卡欠款还款计划书》,对具体还款日期和金额进行了约定。在商业银行的《说明》(一审案卷第 55 页)中写道:“我行于 2009 年 10 月 15 日,到山东枣庄市枣庄学院,对法籍持卡人 LUCAS(卢卡斯),就其信用卡的透支欠款进行催收。卢卡斯当日同意还款,并在《商业银行信用卡欠款还款通知书》回执上签字。卢卡斯声称由于款项较大,需晚上与其父亲商量如何还款。2009 年 10 月 16 日早,在枣庄学院人事处,卢卡斯签《商业银行信用卡欠款还款计划书》……”

上述事项充分说明商业银行在 2009 年 10 月 16 日要求被告人签署《商业银行信用卡欠款还款计划书》的行为仅是 2009 年 10 月 15 日催收行为的延续,先签下《欠款还款通知书》,后确定可以还款的时间后,由被告人签《欠款还款计划书》。该行为不能被牵强地认定为已经经过“两次催收”。此点不仅没有任何法律法规或银行的相关工作标准作为依据,而且明显不符合立法原意,应当给予被告人准备还款的时间。

此外,控方证据中证人毕某的证言也显示,由于其作为商业银行工作人员,因不会说英语所以没有再给卢卡斯打过电话（一审案卷第37页倒数第8行），也从侧面说明由于被告人身份的特殊性，商业银行在进行催收时也存在一定障碍，因此本案被告人并没有经过法定的“两次催收”。

从控方证据来看，某商业银行对被告人仅有一次催告，不满足信用卡诈骗犯罪的客观构成要件，因此从实体上仍然不能判定被告人卢卡斯构成信用卡诈骗罪。

3. 对被告人行为法律性质的分析，仍不能认定被告人的行为构成信用卡诈骗罪。

首先，根据案件事实，涉案商业银行信用卡中心于2007年4月核准了该卡担保人杨某某对被告人的涉案信用卡进行撤保，撤保次日对该卡的止付生效，被告人在中国境内已不能继续使用该卡，我们可以认为，被告人与某商业银行信用卡中心的信用卡使用合同关系已经终结。后被告人在2008年4月在法国偶然使用该卡，发现该卡仍能使用。辩护人认为，被告人对该卡能够继续透支使用仅基于该商业银行对该卡的国际支付功能仍未消除，但双方又没有达成新的信用卡使用协议，从民事法律关系角度理解，此境外的使用应当视为某商业银行允许被告人继续通过使用其核发的信用卡向其借款，且双方并未约定还款期限、违约责任，从该案证据卷第37页该信用卡申领表上的信用额度1万元、币种为人民币等信息也可以证明此观点，被告人在法国的透支行为是与某商业银行达成的新的信用卡使用协议。

其次，众所周知，信用卡还款期限最长不超过2个月，在本案中，被告人能够持续持卡消费5个月，在此期间某商业银行未进行催收且对被告人的巨额透支消费持放任态度，没有采取任何冻结止付措施，因此也可判定某商业银行与被告人达成了新的信用卡使用关系，形成了新的债权债务。

最后，在被告人返回中国后，某商业银行对其进行催收的同时双方达成了还款协议（证据卷第26页），分三期对所欠债务进行偿还。该协议进一步通过一种合同行为表明，本案被告人与某商业银行之间仅存在债权债务关系，是典型的民事法律关系。对此类民事债务纠纷的解决，完全可以通过民事诉讼程序进行救济，而不应当启动刑事司法程序来解决经济纠纷，以保持刑法的谦抑性，保障被告人的基本权利和坚持有利于被告人的原则。

综上所述，笔者认为，从司法管辖方面，中国刑事司法机关对本案无权管辖；从案件实体方面，该案事实不清、证据不足，不符合信用卡诈骗罪构成要件；从案件性质方面，对被告人与某商业银行之间的经济纠纷应当认定为民事行为，且在侦查期间，被告人卢卡斯已经偿还全部钱款本息，故不应对本案被告人行使刑事司法管辖权。

一审法院认定被告人卢卡斯构成信用卡诈骗罪，判处有期徒刑 5 年，罚金 5 万元，驱逐出境。被告人不服一审判决，提起上诉。

二审辩护要点

1. 一审判决在本案的法律适用问题上并未依照我国成文法国家的法律规定，且对驳回律师此点辩护意见未阐明理由，裁判依据不足。

对本案被告人不应适用《刑法》第 6 条普遍适用的原则，一审判决置明确的法律规定于不顾，作出所谓适用中国《刑法》"不容置疑"的裁判，并对不予采纳辩护人意见的原因未予明确说明，违反了成文法国家法律规则的适用，仅凭一己之见作出了严重侵害被告人的合法权益，应当予以纠正。

2. 一审判决在没有依据的情况下，仅凭主观臆断，确认某商业银行 2009 年 10 月 15 日和 2009 年 10 月 16 日与被告人接洽商谈还款事宜为"两次催收"，违背了立法原意，在实体法律适用上，不应判定被告人犯信用卡诈骗罪。

3. 早已止付的信用卡仍能使用，被害人某商业银行在该案的财产损失问题上亦有过失。对被告人行为法律性质的分析，亦不能认定被告人的行为构成信用卡诈骗罪。

根据一审公诉方证据显示，该涉案信用卡已于 2007 年 4 月被止付，被告人在法国的透支期间为 2008 年 5 月至 9 月，即被告人使用该卡时，该卡早已被止付，某商业银行与被告人之间早已不再存在信用卡使用合同关系，银行的系统也应及时取消被告人信用卡的使用权限。银行工作人员也不能明确解释为什么一张早已被止付的信用卡在境外仍能使用，某商业银行在本案中也存在管理疏漏的因素。而被告人在法国的消费均为餐饮及酒店住宿方面，这些商户在该信用卡被使用后经过一定期间，从国际信用卡中心得到结算，取得该消费的支付款，再由国际威士卡中心向发卡行请求支付。根据该流程，被告人持卡透支的行为是由国际威士卡中心先行承担的，后某商业银行对国际威士卡中心进行了偿付，只能说明某商业银行与被告人之间重新建立了信用卡使用的关系，是新的民事债权债务关系，不应对被告人作出不利解释，直接适用《刑法》并主观判断有罪。

况且，凡是信用卡透支到一定金额，发卡行都会实行冻结止付，以减小己方损失。反观本案，被告人所持涉案某商业银行信用卡信用额度仅为 1 万元人民币（一审案卷第 64 页信用卡申请表、一审案卷第 35 页倒数第 8 行毕某证词及一审案卷第 41 页倒数第 4 行杨某某证言均可证实），而该涉案信用卡却消费了折合 24 万元人民币，某商业银行的管理疏漏直接导致了损失的扩大。

基于某商业银行与被告人双方的过失才引发本案，本案的发生也结合了多种因素，除上述事实和分析，还有因被告人与某商业银行信用卡部负责发卡员工杨某某(亦为本案证人)的恋爱及分手问题,杨某某曾为该卡担保并因被告人与其分手以工作之便单方撤保止付的问题,某商业银行信用卡部工作人员在被告人完全不懂中文的情况下,要求其签署全部中文文件的问题等。在被告人已经全部偿付欠款的情况下,一审法院仍以简单粗放方式认定被告人的行为应当适用《刑法》的结果难以令人信服,一切的不利后果均由被告人一己承担也难以彰显公平公正。

■ 裁判结果

一审判决结果

天津市第二中级人民法院(2012)二中刑初字第 10 号判决书,认定被告人卢卡斯明知所持信用卡已被停用,其在不具有偿还欠款能力的情况下,以非法占有为目的,采用持卡签单的方式,超过规定限额恶意透支,且经发卡银行两次催收后逃匿,故意改变联系方式,逃避银行催收,并超过 3 个月仍不归还,核其行为已触犯《刑法》第 196 条第 1 款第 4 项“恶意透支,进行信用卡诈骗活动,数额巨大或者有其他严重情节的,处五年以上十年以下有期徒刑,并处五万元以上五十万元以下罚金”之规定,构成信用卡诈骗罪,应予处罚。公诉机关指控罪名成立,本院予以支持。对被告人卢卡斯辩护人所提辩护意见,经核实,(1)关于司法管辖权问题,被告人卢卡斯在中国天津市工作期间,在中国某商业银行信用卡中心申领了信用卡,虽然卢卡斯采用持卡签单的方式恶意透支消费在法国,但其造成的损失,最终由发卡银行即中国的某商业银行承担,可见犯罪结果发生在中国境内。同时其犯罪行为还侵害了中国正常的金融管理秩序。《刑法》第 6 条第 3 款规定“犯罪行为和犯罪结果有一项发生在中华人民共和国领域内的,就认为是在中华人民共和国领域内犯罪”;第 1 款规定“凡在中华人民共和国领域内犯罪的,除法律有特别规定外,都适用本法”。据此,对卢卡斯的犯罪行为,应当依照《刑法》对其定罪处罚,中国有司法管辖权,对此不容置疑。(2)对卢卡斯催要欠款的次数问题,《最高人民法院、最高人民检察院关于办理妨害信用卡管理刑事案件具体应用法律若干问题的解释》第 6 条第 1 款规定“持卡人以非法占有为目的,超过规定限额或者规定期限透支,并经发卡银行两次催收后超过 3 个月仍不归还的,应认定刑法第 196 条规定的‘恶意透支’”。现有证据证明,某商业银行工作人员为催款曾在卢卡斯登记的天津暂住地、单位及湖南省、山东省等地查找卢卡斯的下落,其中两次在山东省枣庄学院找到卢卡斯,卢卡斯两次承诺还款并在承诺书上签字。至于两次催款的间隔时间多少,法律并无规定。故,认定被告人卢卡斯之行为系“恶意透支”符合法律规定的条件,其行为已构成信用卡诈骗罪。(3)关于被告人卢卡斯的行为是否为民事纠纷的问题,首先,被告人卢卡斯的诈骗行为已触犯刑法且诈骗数额巨大,其被抓获后由其女友代为偿还,仅减轻了被骗单位的直接经济损失,系从轻处罚情节,但并不能因此改变其犯罪行为的性质;其次,被告人卢卡斯的行为,严重破坏了中华人民共和国社会主义市场经济秩序,又由于卢卡斯逃匿并更换居住地和改变联系方式,逃避银行催收,妨害了金融单位对信用卡的管理,具有较大的社会危害性,应对其定罪处罚。但考虑被告人卢卡斯认罪态度较好,积极退赃等情节,可对其依法从轻处罚。综上依照《刑法》第196条第1款第4项、第2款,第7条,第35条,第52条;《最高人民法院、最高人民检察院关于办理妨害信用卡管理刑事案件具体应用法律若干问题解释》第6条第1款第1项、第3项之规定,判决如下:

被告人卢卡斯犯信用卡诈骗罪,判处有期徒刑五年,并处罚金人民币5万元,驱逐出境。

二审判决结果

天津市高级人民法院经审理,对辩护人所提,本案犯罪行为地和实际取得财产的结果发生地都在法国,所以中国法院不能根据《刑法》第6条的规定取得管辖权。

经查,上诉人卢卡斯虽然实施透支行为地及取得财产地均在法国,但其来到中国后,银行进行两次催收,之后超过3个月仍未归还。根据《刑法》第196条及《最高人民法院、最高人民检察院关于办理妨害信用卡管理刑事案件具体应用法律若干问题的解释》第6条的规定,持卡人以非法占有为目的,超过规定限额或者规定期限透支,并且经发卡银行两次催收后超过3个月仍不归还的,属恶意透支。根据上述规定,被银行两次催收后超过3个月不归还的不作为行为,是整个犯罪行为的必要组成部分。本案卢卡斯的不作为行为发生在中国境内,所以中国属于犯罪行为发生地,依照《刑法》第6条的规定,中国法院应当享有管辖权。一审判决认定的犯罪事实清楚,证据确实充分,定罪准确,量刑,审判程序合法。依照《刑事诉讼法》第189条第1项之规定,裁定驳回上诉,维持原判。

■ 案件评析

这是一起较为特殊的外国人在我国被控实施信用卡诈骗犯罪案件,其特殊性不仅是主体特殊,为外国籍,而且涉嫌犯罪的信用卡透支行为全部发生在中国领域外,只是犯罪的后果危害了中国某商业银行的利益。经检索,此前没有审判类似案件的判例,学界也没有相关的理论研究,由此,给辩护人留下了“大胆假设”的空间。而与此相关的成文法规定、司法解释又给辩护人提供了“小心求证”的逻辑路径。公诉机关认为,被告人卢卡斯的行为虽然发生在国外,但由于该消费由国际信用卡组织向中国某商业银行的追索导致中国某商业银行的损失,对中国某商业银行造成了实际的危害后果,因此对被告人卢卡斯应当适用中国《刑法》,接受中国法律的处罚,包括一审法院支持了这种观点,并在判决中使用“不容置疑”来加以肯定。案件上诉后天津市高级人民法院终审判决虽然在结果上支持了一审,但在裁判理由上进行了纠正,以被告人卢卡斯在国内期间未予还款的不作为认定其犯罪行为发生在中国,而不是犯罪结果发生在中国,故而中国有司法管辖权。这个裁判理由另辟蹊径看似有一定的逻辑道理,但仍然值得推敲。不论如何,可以肯定的一点是,这个案件在法律适用上是存在争议的,发现争议所在,通过在具体的辩护实务中大胆提出合乎逻辑的解释进行抗辩,是这个案件辩护工作的亮点。

2018年11月28日,最高人民法院、最高人民检察院出台了新的关于恶意透支信用卡诈骗罪的司法解释,与原司法解释相比较,概括起来包括以下几个方面的不同:

1. 以“非法占有为目的”的恶意透支型信用卡诈骗罪的各档数额标准上调至原数额的五倍。

2. 关于“有效催收”是判断是否构成恶意透支的要件,包括催收的期限、催收的方式,明确相关证据材料的形式要求,以确保证据材料的客观真实。

3. 明确计算恶意透支数额的时间节点为“公安机关刑事立案时”,鼓励持卡人还款,进一步明确了恶意透支金额的计算方式。

4. 关于从宽处理的规定:在提起公诉前全部归还或者具有其他情节轻微情形的,可以不起诉;在一审判决前全部归还或者具有其他情节轻微情形的,可以免予刑事处罚。

按照上述新的司法解释来评价本案,即使能够适用中国《刑法》,在处理上也能够不起诉后者免予刑事处罚。

值得吸取教训的是,在案件侦查期间,辩护人曾多次与侦查机关协调为犯罪嫌疑人卢卡斯办理取保候审,后在得到办案机关的明确承诺还清透支款本息即可变更强制措施为取保候审。辩护人将这一信息及时传递给其在国内的女友并建议代为偿还。同年9月,被告人卢卡斯的女友将所欠款项返还给某商业银行并取得银行方面出具的书面谅解材料。然而,侦查机关在被告人还清透支款项后,拒绝变更强制措施故而今后出具类似律师意见,必须慎之又慎。

此后辩护人向有关部门反映此情况,被告人亲属将此事通过外交途径反映给了法国驻中国大使馆,法国大使馆负责该项事务的领事亲自来天津多次会见被告人卢卡斯,了解有关情况,该法国领事旁听了整个庭审。由于律师的出色辩护,该案办理完毕后,辩护人被法国驻中国大使馆指定为天津地区刑事法律事务的律师并在大使馆网站上公示。

深圳大学法学院教授左德起点评

该案件的主要争议点在于我国对法国人卢卡斯在法国透支其在我国申领的信用卡逾期未归还的行为是否有管辖权,法院生效判决以卢卡斯的不作为行为发生在我国境内为由,进而认定我国属于犯罪行为发生地而享有管辖权。我国《刑法》规定了属地管辖权、属人管辖权、保护管辖权和普遍管辖权,宿胜利律师以“保护管辖权”的相关规定作为辩护依据。对此,法院具有一定的自由裁量权,最终法院适用了“属地管辖权”的相关规定。

在我国刑事诉讼实务中,辩护人为被告人作无罪辩护、法院最终作出无罪判决的比例很小。宿胜利律师在该案中为卢卡斯作无罪辩护,无罪辩护意见虽未被法院采纳,但对法院判决产生了影响,为被告人争取了一个相对有利的结果,宿胜利律师的辩护思路值得刑辩律师学习。

宋某某生产、销售伪劣产品案

——通过对竞合犯的法律适用分析，充分演绎被告人的法律利益

■ 案情简介

天津市北辰区人民检察院津辰检刑诉(2009)136号起诉书认定：被告人宋某某以贩卖牟利为目的，自2005年以来，多次从浙江省杭州市余杭区马某某处购买假冒伪劣中华卷烟(价值共计人民币41.96万元)。2008年11月19日，天津市区第三烟草专卖局在宋某某租用的位于天津市北辰区宜兴阜镇南西下坡34号、50号院内，扣押卷烟31,445条(鉴定价值共计人民币3,847,740.62元)。经北京市烟草质量监督检测站检验上述卷烟均系假冒注册商标且伪劣卷烟。2008年11月18日、19日，被告人马某某、宋某某相继被公安机关抓获归案。

综上所述，被告人宋某某以销售为目的，购进伪劣卷烟尚未销售的行为，触犯了《刑法》第140条之规定，犯罪事实清楚，证据确实充分，应当以销售伪劣产品罪(未遂)追究被告人宋某某的刑事责任。被告人马某某以假充真，销售伪劣卷烟的行为，触犯了《刑法》第140条之规定，犯罪事实清楚，证据确实充分，应当以销售伪劣产品罪追究其刑事责任。

■ 辩护思路

该案件案情简单，事实比较清楚，被告人本人也认罪但对其行为后果的严重程度明显估计不足。对于辩护人来讲，也是初次经手此类案件，在案件事实争议不大的情况下，定罪的法律依据就显得尤为重要，这包括对《刑法》条文的适用，罪名的确定，最高人民法院和最高人民检察院的司法解释的适用，直接影响对被告人的定罪量刑，而且不同罪名刑期差别非常大。特别是在《刑法》条文第141条没有具体的叙明罪状的情形下，案情又存在法条竞合，以致最终定罪量刑能否做到适用法律准确，实现被告人法律利益的最大化，是辩护人确定辩护思路的中心思想。就本案来讲，辩方对控方适用法律的考量主要集中在以下几个方面：

1. 控方适用《刑法》第140条之规定，认定被告人宋某某构成销售伪劣产品罪，是否具备该罪名的主客观要件？

2. 就该行为特征，在刑法条文中还涉及《刑法》第214条销售假冒注册商标的

商品罪、《刑法》第225条非法经营罪，三罪存在法条竞合关系。依据刑法理论来分析解决本案的罪名确定问题，结论是本案应定非法经营罪，控方适用法律不当。

3. 针对控方适用的对相关司法解释《最高人民法院、最高人民检察院、公安部、国家烟草专卖局关于办理假冒伪劣烟草制品等刑事案件适用法律问题座谈会纪要》（本案简称《会议纪要》）的分析理解，指出控方对确定本案罪名和量刑的重大错误。

■ 辩护要点

依据《刑法》第140条的规定，生产、销售伪劣产品罪是指生产者、销售者故意在产品中掺杂、掺假，以假充真，以次充好或者以不合格产品冒充合格产品，销售金额在5万元以上的行为。根据此罪的犯罪构成要件结合本案分析，辩护人认为起诉书中对宋某某构成生产、销售伪劣产品罪（未遂）的犯罪指控不能成立。

一、被告人宋某某的行为不符合生产、销售伪劣产品罪的客观构成要件

生产、销售伪劣产品罪的客观方面构成要件是生产者、销售者在产品中掺杂、掺假，以假充真，以次充好或者以不合格产品冒充合格产品，销售金额在5万元以上的行为。由于刑法分则对生产、销售伪劣产品罪的规定是叙明罪状，所以认定被告人的行为应严格按照刑法分则规定的行为方式，这也符合罪刑法定的基本原则。

（一）关于《刑法》分则规定的生产、销售伪劣产品罪的四种行为方式

根据《最高人民法院、最高人民检察院关于办理生产、销售伪劣商品刑事案件具体应用法律若干问题的解释》第1条的规定：

1. “在产品中掺杂、掺假”，是指在产品中掺入杂质或者异物，致使产品质量不符合国家法律、法规或者产品明示质量标准规定的质量要求，降低、失去应有使用性能的行为。

2. “以假充真”，是指以不具有某种使用性能的产品冒充具有该种使用性能的产品的行为。

3. “以次充好”，是指以低等级、低档次产品冒充高等级、高档次产品，或者以残次、废旧零配件组合、拼装后冒充正品或者新产品的行为。

4. “以不合格产品冒充合格产品”，是指以不符合《产品质量法》第26条第2款规定的质量要求的产品冒充符合质量要求的产品。

根据以上规定，对这四种行为表现形式的认定关键在于“充”字，即要求行为人在生产、销售过程中有以假、次或不合格的产品“冒充”真、好或合格的产品的行为，而本案被告人宋某某在销售假烟过程中并没有“冒充”行为，其交易对象均知晓交易的是假烟（此事实有公安机关对张某芬和张某文等的询问笔录可以证实）。

另外，只有在假烟被卖给消费者的时候才知道是否“冒充”了真烟，如果与他交易的一些个体经营者将被告人宋某某提供给他们的假烟冒充真烟卖给了消费者，就应该视情况追究这些个体经营者的责任了。因此，被告人宋某某客观上没有在所销售的产品中掺杂、掺假，以假充真，以次充好或者以不合格产品冒充合格产品的行为，不符合生产、销售伪劣产品罪的客观方面要件规定的行为方式。

（二）关于《刑法》分则规定的销售金额

根据我国《刑法》第140条的规定，销售金额在5万元以上是生产、销售伪劣产品罪客观方面要件的重要特征。

辩护人认为控方认定被告人宋某某的行为构成生产、销售伪劣产品罪还在于认定销售数额，但是控方在认定被告人购买假烟予以销售的数额和时间上是明显证据不足。

1. 起诉书中认为犯罪嫌疑人累计购买假冒中华香烟人民币41.96万元。但是本案就目前情况并不能认定被告人的销售数额，控方在认定购买假烟予以销售的数额上证据不足。

（1）此项数据是根据另一被告人马某某的两张活期存折对应的九张邮政储蓄卡上与天津有关的交易记录来认定的，但不能证明均是由被告人宋某某汇入的购烟款。

第一，不能证明均是由被告人宋某某汇入的款项。被告人宋某某每次提款时都用“廉丰”的名字，不能排除天津也有其他人用这个名字提货，被告人宋某某也多次强调这点。

第二，不能证明由被告人汇入的款项均是购烟款。被告人宋某某在认识另一被告人马某某之后，两人曾经商议在天津开杭州菜饭馆，马某某将预备开饭馆的资金汇到了宋某某的账户上，后由于种种原因饭馆没开成，宋某某又分期将款项打回了马某某的账户上。所以不能证明由被告人汇入马某某账户的款项均是购烟款。

（2）此项数据还根据上海佳吉快运有限公司（天津）分公司于2008年12月9日作出的2008年署名“廉丰”的收货人的6张提货单的情况说明，这项情况说明并不能证明被告人宋某某和马某某有长期的假烟交易，因为这仅能证明2008年署名“廉丰”的人和被告人马某某有着货款交易。被告人宋某某承认确实通过佳吉快运公司在被告人马某某处购买过假烟，但是运货箱里还夹杂着宋某某托马某某带的家乡土特产，宋某某仅购进了150条“假硬中华牌”卷烟价值人民币9000元，即使全部销售出去也根本不符合生产、销售伪劣产品罪的犯罪客观构成要件对销售金额的要求。

2. 控方在认定购买和贩卖假烟的时间上证据不足。起诉书中认为被告人宋某某是自2005年以来从犯罪嫌疑人马某某处购买假烟。但根据目前证据显示，仅有被告人马某某在供述中称是在2004年开始与宋某某交易，而且供词反复。另外从相关证人证言可以看出，仅有刘某某称是从2007年年初开始为被告人送烟，其他证人如张某芬、张某春等都称在2008年以后才与被告人宋某某打交道。此外，根据被告人马某某2张活期存折对应的9张邮政储蓄卡上的时间显示也不足以认定两被告人是从2004年开始交易，因为此证据并不能看出就是被告人宋某某给被告人马某某的购烟款，而且被告人宋某某每次提货时都用“廉丰”的名字，不能排除天津也有其他人用这个名字提货。控方仅凭被告人马某某的供述和他的邮政储蓄卡记录就认定被告人宋某某是从2004年开始购买假烟予以销售是不妥的。

（三）关于刑法司法解释规定的货值金额

根据《最高人民法院、最高人民检察院关于办理生产、销售伪劣商品刑事案件具体应用法律若干问题的解释》第2条的规定：伪劣产品尚未销售，货值金额达到《刑法》第140条规定的销售金额三倍以上的，以生产、销售伪劣产品罪（未遂）定罪处罚。天津市公安局在犯罪嫌疑人宋某某租用的民房内扣押了假冒香烟31,445条，共计人民币3,847,740.62元，但是宋某某只承认购买了其中约15,000条假烟，其余的16,000余条是烟贩“王胖子”寄存在宋某某租用的民房内的，并不是宋某某购买的香烟。虽然宋某某购买了约15,000条假烟，但是根据辩护人之前的分析，宋某某的“以假卖假”的行为并不符合生产、销售伪劣产品罪的客观方面要件的行为方式，无法构成生产、销售伪劣产品罪，更谈不上未遂了。所以不能适用上述司法解释规定的“伪劣产品尚未销售，货值金额达到刑法规定的销售金额三倍以上”的规定。

二、被告人宋某某主观上不符合生产、销售伪劣产品罪的主观方面要件

生产、销售伪劣产品罪的主观方面要件是故意，尤其对于销售者来说，必须是故意在经销的产品中掺杂、掺假，故意以假充真，以次充好或者以不合格产品冒充合格产品而予以出售才构成销售伪劣产品罪。而在本案中，被告人宋某某销售的假烟是早已定型了的不能由他自主决定的产品，且他并没有以假烟冒充真烟的主观意图，所以宋某某并没有“以假充真”的故意，最多只能说是“以假卖假”的故意。

综上对犯罪主客观方面构成要件的分析，辩护人认为犯罪嫌疑人的行为不构成生产、销售伪劣产品罪。

三、关于法条竞合的问题

根据本案的事实，被告人宋某某的行为同时触犯了《刑法》第140条、第214条、第225条之规定，构成销售伪劣产品罪、销售假冒注册商标的商品罪、非法经营罪，三罪存在法条竞合关系。根据法条竞合特别法优于普通法、重法优于轻法的适用原则，来确定其罪名。本案所涉及的《商标法》和《烟草专卖法》相对于《刑法》都是特别法，因而《刑法》第214条、第225条应当优先于《刑法》第140条的适用，故本案先行将生产、销售伪劣商品罪的适用排除掉。至于后两者应当如何适用，依据重法优于轻法的原则，非法经营罪的法定刑高于销售假冒注册商标的商品罪的法定刑，应当认定为非法经营罪。

此外，针对非法经营烟草制品行为，在司法实践中涉及销售假冒注册商标的商品罪和非法经营罪这两个罪名，但根据对这两个罪的犯罪构成要件分析，辩护人认为被告人的行为不能构成销售假冒注册商标的商品罪，只能被认定非法经营罪。

依据《刑法》第214条的规定，销售假冒注册商标的商品罪是指销售明知是假冒注册商标的商品，销售数额较大的行为。

此罪主观方面是故意，即明知是假冒注册商标的烟草制品仍予以销售，对此处的“明知”在《会议纪要》中有规定：

“明知”，是指知道或应当知道。有下列情形之一的，可以认定为“明知”：

(1)以明显低于市场价格进货的；

(2)以明显低于市场价格销售的；

(3)……

依据此规定，结合之前分析在本案中被告人宋某某确实以明显低于市场价格进货且以明显低于市场价格销售，应认定为“明知”，符合销售假冒注册商标的商品罪的主观方面要件。

销售假冒注册商标的商品罪客观方面要件的行为方式表现为销售明知是假冒注册商标的商品的行为。此罪主要针对的是“销售”行为，有销售行为才有可能构成此罪。按照立法精神，构成此罪必须以把假冒注册商标的商品销售出去为条件，所以此罪并不存在预备犯、未遂犯和中止犯。在本案中，经北京市烟草质量监督检查站检验，犯罪嫌疑人宋某某倒卖的假烟均系假冒注册商标的卷烟，故犯罪嫌疑人的行为确实是符合此罪关于行为方式的规定的。

按照法律规定，销售假冒注册商标的商品的行为，必须是销售数额较大的才构成犯罪。根据《最高人民法院、最高人民检察院关于办理侵犯知识产权刑事案件具体应用法律若干问题的解释》第2条第1款的规定，销售明知是假冒注册商标的商品，销售金额在五万元以上的，属于《刑法》第214条规定的“数额较大”，应当以销售假冒注册商标的商品罪判处三年以下有期徒刑或者拘役，并处或者单处罚金。

虽然在本案中被告人宋某某的行为符合销售假冒注册商标的商品罪客观方

面要件的行为方式,但是构成此罪必须以把假冒注册商标的商品销售出去为条件,并不存在犯罪未遂的情况,所以对于销售数额没有超过五万元的,刑法不予定罪处罚。由于目前并没有证据证明其倒卖假烟的销售数额超过了 5 万元,被告人的行为在销售数额上不符合销售假冒注册商标的商品罪的客观方面要件。

综上,被告人宋某某的行为由于不符合销售假冒注册商标的商品罪客观方面构成要件中关于销售数额的规定而不构成此罪。

依据案件事实和刑法有关规定,辩护人认为被告人宋某某的行为确实属于犯罪行为,但并不构成上述两罪,应当认定为非法经营罪。依据《刑法》第 225 条以及相关《刑法》修正案的规定:违反国家规定,有下列非法经营行为之一,扰乱市场秩序,情节严重的,处五年以下有期徒刑或者拘役,并处或者单处违法所得一倍以上五倍以下罚金;情节特别严重的,处五年以上有期徒刑,并处违法所得一倍以上五倍以下罚金或者没收财产:

1. 未经许可经营法律、行政法规规定的专营、专卖物品或者其他限制买卖物品的;

2. 买卖进出口许可证、进出口原产地证明以及其他法律、行政法规规定的经营许可证或者批准文件的;

3. 未经国家有关主管部门批准,非法经营证券、期货、保险业务的,或者非法从事资金支付结算业务的;

4. 其他严重扰乱市场秩序的非法经营行为。

由此可见,非法经营罪是指违反国家规定,非法经营,扰乱市场秩序,情节严重的行为。被告人的行为被认定为非法经营罪主要基于以下几点考虑:

1. 被告人的行为符合非法经营罪的客观方面要件。

依据《刑法》第 225 条第 1 项的规定,未经许可经营法律、行政法规规定的专营、专卖物品或者其他限制买卖的物品,情节严重的构成非法经营罪。同时,依据《烟草专卖法》第 3 条的规定:国家对烟草专卖品的生产、销售、进出口依法实行专卖管理,并实行烟草专卖许可证制度。此外,在《会议纪要》中对非法经营烟草制品行为的适用法律问题有相关规定:

未经烟草专卖行政主管部门许可,无生产许可证、批发许可证、零售许可证,而生产、批发、零售烟草制品,具有下列情形之一的,依照《刑法》第 225 条(非法经营者)的规定定罪处罚:(1)个人非法经营数额在五万元以上的,或者违法所得数额在一万元以上的;(2)单位非法经营数额在五十万元以上的,或者违法所得数额在十万元以上的;(3)曾因非法经营烟草制品行为受过二次以上行政处罚又非法经营的,非法经营数额在二万元以上的。

(1)关于构成此罪的行为方式

基于国家对烟草实施专卖管理,所以在本案中被告人宋某某没有经过烟草专卖行政主管部门许可,无相关许可证而倒卖假烟的行为无疑是符合非法经营罪客观方面要件的行为方式。

(2)关于构成此罪的情节

根据法律规定,非法经营行为除具备上述行为方式外,还必须达到“情节严重”的程度,才构成犯罪。“情节严重”,主要应以非法经营额和非法获利额为基础并考虑其他情节加以认定。依据相关司法解释,此处的“非法经营额”可以理解为行为人在实施犯罪行为过程中制造、储存、运输和销售的产品的价值。而根据《会议纪要》的有关规定,“情节严重”在本案中主要是指个人经营数额在五万元以上的或者违法所得数额在十万元以上的。

在本案中,天津市公安局在被告人宋某某租用的民房内扣押了假冒香烟31,445条,共计人民币3,847,740.62元,其中宋某某只承认购买了其中约15,000条假烟,据此可以认定被告人的个人经营数额超过了5万元,其行为构成了“情节严重”,符合非法经营罪的客观方面构成要件。

2. 被告人主观上符合非法经营罪的主观方面要件。

此罪的主观方面是故意,即行为人明知其行为会扰乱市场秩序而进行非法经营。在本案中,被告人宋某某没有相关许可证而实施了倒卖假烟的行为,其主观意图应被认定为有此种故意。

综上,结合对非法经营罪犯罪构成要件的分析,辩护人认为犯罪嫌疑人的行为应被认定为非法经营罪。

四、正确理解和适用《会议纪要》的相关规定

在庭审辩论过程中控方提出,根据《会议纪要》第1条第1项关于生产伪劣烟草制品尚未销售或者尚未完全销售行为定罪量刑问题的具体规定,本案认定生产、销售伪劣产品罪(未遂)有充分的法律依据。辩护人认为,这是控方对《会议纪要》的严重误读并错误适用。

《会议纪要》第1条第1项所用的文字表述为“关于生产伪劣烟草制品尚未销售或者尚未完全销售”,按照基本的汉字语言规则进行分析,“生产伪劣烟草制品”的“生产”行为是否客观存在是适用该条款的前提条件,如果没有生产行为的存在,单纯的销售行为,包括已经销售或尚未完全销售的行为均不能适用本条。而实践中恰恰客观存在生产和销售相分离的情形,有的既生产又销售,有的则根本不生产,只是销售。《会议纪要》如此特别规定,辩护人认为就是要进一步厘清此前在查处生产、销售假冒伪劣烟草制品案件中在适用法律上产生的不同认识,加大对既生产又销售假冒伪劣烟草制品行为的打击力度,适用《刑法》第140条处刑较重的条款进行判决。而对销售假冒注册商标的烟草制品、非法经营烟草制品的行为如何适用法律定罪量刑，在《会议纪要》第 2 条、第 3 条作出了明确、具体的规定。作为本案被告人宋某某已经查清的事实表明其仅仅是从他人处购得假冒香烟用于再行销售，没有生产行为，不存在适用《会议纪要》第 1 条的前提条件，因而只能适用《会议纪要》第 2 条、第 3 条对销售行为的专门规定。控方以《会议纪要》第 1 条为依据，认定被告人宋某某构成生产、销售伪劣产品罪（未遂）显然是对《会议纪要》的误读和错误适用。

此外，《会议纪要》自 2003 年 12 月发布后，我国多省市的人民法院在审理同类案件中执行相关精神，对于单纯的销售假冒香烟的行为作出判决，均适用《刑法》第 214 条或第 225 条之规定，以销售假冒注册商标的商品罪或非法经营罪定罪处罚。

■ 裁判结果

天津市北辰区人民法院（2009）辰刑初字第 165 号刑事判决，认为被告人宋某某以销售为目的，购进伪劣卷烟尚未销售的行为，已构成销售伪劣产品罪，系未遂，故依法减轻处罚。庭审中被告人宋某某提出的扣押卷烟中有他人存放在自己处的辩解意见没有事实依据，本院不予采纳。其辩护人所提出的被告人宋某某不构成销售伪劣产品罪的辩护意见与本院查明的事实不符，本院不予支持。被告人马某某未经许可经营法律、行政法规规定的专营、专卖物品的行为，已构成非法经营罪，应依法处以刑罚。天津市北辰区人民检察院指控被告人宋某某犯销售伪劣产品罪（未遂），指控罪名成立；指控被告人马某某犯销售伪劣产品罪，罪名和数额有误。依照《刑法》第 23 条、第 25 条第 1 款、第 67 条、第 140 条、第 225 条及《最高人民法院关于处理自首和立功具体应用法律若干问题的解释》第 1 条之规定，判决如下：

1. 被告人宋某某犯销售伪劣产品罪（未遂），判处有期徒刑十年，并处罚金二百万元（罚金于判决生效后缴纳至本院）。

2. 被告人马某某犯非法经营罪，判处有期徒刑一年，并处罚金十一万元（罚金于判决生效后缴纳至本院）。

■ 案件评析

这个案件看似事实简单，但是在适用法律上牵扯了多重刑法的理论问题，吸收犯和竞合犯的法律适用原则；特别法与普通法的适用原则问题；法条发生竞合时的法律适用原则；严格遵守罪刑法定（包括司法解释）原则，等等。结合案件事实，通过对上项原则的分析及交叉适用，充分运用法律逻辑方法，将被告人的法律利益演绎到极致。

首先，我们先探讨法条竞合的问题。法条竞合（又称法规竞合、法律竞合），是指由于法律对犯罪的错综规定，一个犯罪行为同时符合了数个法条规定的犯罪构成，但数个条文之间存在整体或者部分的包容关系，只能适用其中一个条文而排斥其他条文适用的情形。这是刑法分则和特别刑法中不可避免的一种法律现象。从我国刑法的规定看，归纳起来，有以下一些竞合情况：

1. 因犯罪主体特殊形成的法条竞合；
2. 因犯罪对象特殊形成的法条竞合；
3. 因犯罪目的特殊形成的法条竞合；
4. 因犯罪方式或手段特殊形成的法条竞合；
5. 因犯罪时间特殊形成的法条竞合；
6. 因数个特殊要件形成的法条竞合。

在法条竞合条件下，一行为触犯数法条，只能适用其中的一法条定罪处罚。其选择适用法条的原则，主要是：

1. 特殊优于一般原则。特殊法与一般法竞合，一般的应实行特殊法优于一般法的原则，行为人的具体行为符合特殊法的要件的，适用特殊法。因为，正是由于某种行为具有某一方面事实的特殊性，侵犯某一特定的社会关系，立法者才将其制定为特殊法，以别于一般法，并且与其特殊的危害性相适应，规定或重或轻或相同的刑罚。只有实行上述原则，才能符合和实现立法的意图。

2. 重法优于轻法原则。特殊法与一般法竞合，而前者的法定刑轻于后者，在一般情况下，仍应实行特殊法优于一般法的原则，但是，在法律有特别规定时，可以实行重法优于轻法的原则，即适用一般法。

我国对于法条竞合的处罚，需要遵循一定的处罚原则，一般都是特别法优于普通法，新法优于旧法，重法优于轻法，以这样的原则来追究当事人的刑事责任，人民法院也需要根据事实和法律规定作出判决。

另外，本案还涉及吸收犯的法律问题。吸收犯是事实上有数个不同行为，其中一行为吸收其他行为，而只成立一个罪名的犯罪。包括以下几种情况：

1. 重行为吸收轻行为。前后行为在性质或程度上有轻重差别时，重行为应吸收轻行为。

2. 实施行为吸收预备行为。有预备行为又有实施行为时，预备行为为实施行为所吸收。

3. 主行为吸收从行为。某人在共同犯罪中开始为从犯，后来成为骨干分子，则其从犯行为为主犯行为所吸收。吸收犯依照吸收行为成立后的罪名论处，不适用数罪并罚。

虽然法院最终没有采信辩护人的意见，但笔者认为，对此案的辩护意见经得起学术的推敲。

孙某某、张某伪造、倒卖伪造的有价票证案

——兼议有价票证的法律属性

■ 案情简介

被告人孙某某原在天津市浪聚温泉谷有限公司(以下简称浪聚温泉谷公司)销售部工作,被告人张某原系浪聚温泉谷公司财务部网络管理员,二人系朋友关系。2011年5月,被告人孙某某、张某预谋利用浪聚温泉谷公司的门票和门票的电子样本等物品伪造该公司门票倒卖后从中获利。

天津市东丽区人民检察院津丽检刑诉(2011)第600号起诉书指控:2011年5月至7月,被告人孙某某、张某经预谋后结伙窜至河北省廊坊市安次区长甫路元祥平面设计工作室(个人经营),被告人张某峰明知元祥平面设计工作室不具备为浪聚温泉谷公司印刷门票资格,被告人孙某某、张某大量印刷门票可能有假的情况下,分两次分别伪造浪聚温泉谷公司128元面值门票1000张,票面金额128,000元;浪聚温泉谷公司138元面值门票5000张,票面金额690,000元;以上共计6000张,票面金额合计818,000元。

2011年5月至7月,被告人孙某某、张某结伙将伪造的门票分别在淘宝网、58同城网、赶集网等网站予以倒卖,并从中获利。

其中,2011年5月至6月,被告人孙某某、张某利用淘宝网站等渠道销售128元面值的假门票616张,票面金额为78,848元,被告人孙某某、张某非法获利46,012元。

另查,2011年7月,被告人孙某某、张某利用淘宝网站等渠道将面值138元的106张假门票出售给刘某某、李某某、王某某三人,票面金额为14,628元,被告人孙某某、张某从中获利8374元。2011年7月27日至29日,公安机关将伪造的106张门票依法扣押。

综上,2011年5月至7月,被告人孙某某、张某、张某峰伪造浪聚温泉谷公司128元面值、138元面值门票共计6000张,票面金额合计818,000元;被告人孙某某、张某倒卖伪造的浪聚温泉谷公司128元面值、138元面值的门票总计为1648张,票面金额221,264元,非法获利金额为129,374元。

公诉机关认为,被告人孙某某、张某、张某峰无视国法,违反国家票证管理制

度，伪造有价票证金额达818,000元，数额巨大；被告人孙某某、张某倒卖伪造的有价票证票面金额为221,264元，并从中非法获利129,374元。上述被告人的行为已触犯《刑法》第227条第1款之规定，犯罪事实清楚，证据确实充分，应当以伪造、倒卖伪造的有价票证罪追究孙某某、张某的刑事责任；以伪造有价票证罪追究被告人张某峰的刑事责任。

■ 辩护思路

本案基本事实没有争议，公诉方虽指控被告人构成伪造、倒卖伪造的有价票证罪，但辩护人认为在适用法律上可能涉嫌三个罪名：

第一个罪名是，基于被告人孙某某、张某系公司企业的在职人员而非一般主体，其犯罪行为侵害的客体为本公司财产所有权，主观方面具有将本单位财物非法占为己有的目的，客观上则表现为利用职务上的便利，窃取本公司门票电子模板，私自印制并出售获取非法收益，从而符合职务侵占罪的构成要件。

第二个罪名是，被告人实施犯罪的具体行为表现为通过伪造并倒卖本公司门票且数额巨大，行为本身触犯《刑法》第227条之规定，进而构成伪造、倒卖伪造的有价票证罪。根据刑法牵连犯的定罪原则，本罪的处罚较职务侵占罪重，故而公诉机关认定被告人构成伪造、倒卖伪造的有价票证罪。

第三个罪名是，如果从被告人实施犯罪的对象来看，其将假门票在互联网平台上销售给不特定的游客，骗取他人财物数额较大，又符合诈骗罪的构成要件。

我们将该案涉及犯罪的具体金额与上述涉及罪名的法定刑进行比较可以发现，伪造、倒卖伪造的有价票证罪是以伪造、倒卖的全部票证金额作为处刑依据，职务侵占罪则以被告人实际非法占有的财产金额作为处刑依据，本案中前者罪名的涉案金额为81万余元，达到了数额巨大的标准，依法应判处两年以上七年以下有期徒刑，并处票证价额一倍以上五倍以下罚金。后者涉案金额为实际倒卖所得12万余元，属于数额较大依法应处五年以下有期徒刑或拘役。相较而言，职务侵占罪的刑事责任较轻，特别是该罪名没有巨额的罚金附加刑。最后，再与诈骗罪进行比较，很显然该案如定诈骗罪，涉案金额已经达到了数额巨大的处刑标准，可能被判处三年以上十年以下有期徒刑，并处罚金。定诈骗罪的处刑最为严重，鉴于公诉机关没有指控该罪，我们即予以排除，不作分析，辩护的重点放在本案是否构成牵连犯，公诉机关指控被告人构成伪造、倒卖伪造的有价票证罪是否具备《刑法》所规定的犯罪构成要件，该条款中“有价票证”的法律属性是什么？通过否定、排除的方法对公诉机关的指控形成抗辩。

■ 辩护要点

一审辩护要点

一、被告人孙某某非法印刷、出售浪聚温泉谷公司门票的行为不符合我国《刑法》关于伪造、倒卖伪造的有价票证罪的客体要件

被告人孙某某于2011年5月至7月中旬，伙同同案犯张某在张某峰印刷店里非法印制并出售浪聚温泉谷公司的假门票6000张是客观事实，但并不属于《刑法》罪名中伪造、倒卖伪造的有价票证罪的“犯罪事实”。首先，根据现有证据证明门票是由浪聚温泉谷公司自行发售，不属于国家或地方有关部门制定和发行的票证，仅仅是该公司的商业行为，门票只是限于进入温泉谷内部消费使用，并不具有市场的广泛流通性。其次，伪造、倒卖伪造的有价票证罪侵犯的客体是国家对有价票证的管理制度。结合本案，被告人孙某某等人作为公司员工将伪造的浪聚温泉谷公司门票私自销售，其主观上是以非法占有公司财产为目的，客观上是以虚构事实、隐瞒真相的方法，利用本人从事公司销售业务工作上的便利骗取并非法占有了本公司的财产。显然，孙某某等人的行为侵犯的直接客体，应当是公私财产的所有权，而不是国家对有价票证的管理制度。

而我国《刑法》第227条中规定的有价票证是指“车票、船票、邮票或其他有价票证”。通过该条款所明确列举的3类有价票证，可以得出“其他有价票证”所应具备的基本特性，即要求有价票证是由国家或地方其他有关部门制定和发行的，与车票、船票、邮票同性质的，具有一定价值的，影响国计民生和市场大局的，在一定规定范围内流通和使用的书面凭证。并且作为一种特殊的、代表一定货币价值的凭证，有价票证需要具有价值性、权利性、流通性、公共性等特征。

成为本罪犯罪对象的有价票证一般应具备以下条件：(1)制作发行的有权性，指有价票证只能是由中央或地方有关部门、单位依其法律赋予的权限制定发行。(2)有价性，指必须具备一定的票面价额。并且有效地在一定范围内流通并使用的，具有一定市场流通性，这是由本罪所侵犯的同类客体为社会主义市场秩序的特征所决定的。(3)公共性，面向社会不特定的公众发放、销售。综上所述，浪聚温泉谷公司门票显然不具有以上特征，所以被告人孙某某的行为不应认定为倒卖伪造有价票证。

二、被告人孙某某所犯罪行应为部分未遂

起诉书中认定孙某某伙同同案犯张某、张某峰虽销售门票1648张，非法获利129,374元，但根据现有笔录及相关证据，证实本案共犯非法共同获利只有4万余元，其余7万余元票款直至案发由于被告人意志以外的原因并未由本案被告人实际控制，所以辩护人认为根据《刑法》第 23 条之规定针对该 7 万余元款项应属未遂。

三、被告人依法应认定为自首

被告人孙某某具有自首情节。从公安机关第一次询问笔录中明显看出，在公安机关并未确定犯罪嫌疑人的情况下对孙某某第一次进行询问盘查时，孙某某就如实供述了主要犯罪事实，询问盘查并非讯问也非属于强制措施，上诉人当时积极配合公安机关，并未有任何抗拒，也自愿将自己置于司法机关的控制之下，符合自首中关于主动到案的特征。根据《最高人民法院〈关于处理自首和立功具体应用法律若干问题的解释〉》及《最高人民法院印发〈关于处理自首和立功若干具体问题的意见〉的通知》对“自动投案”认定的相关规定，在司法机关未确定犯罪嫌疑人，尚在一般性排查询问时主动交代自己罪行的情形及罪行未被有关部门、司法机关发觉，仅因形迹可疑被盘问、教育后，主动交代了犯罪事实的，都应当视为“自动投案”，辩护人认为上诉人孙某某完全符合法律规定的自首情节，依据《刑法》第 63 条的规定，对上诉人孙某某应当予以从轻或减轻处罚。

■ 裁判结果

一审判决结果

天津市东丽区人民法院依法审理，认为被告人孙某某、张某、张某峰无视国法，违反国家票证管理制度，伪造有价票证金额达 818,000 元，数额巨大；被告人孙某某、张某倒卖伪造的有价票证票面金额为 221,264 元，并从中非法获利 129,374元，被告人孙某某、张某的行为已构成伪造、倒卖伪造的有价票证罪，被告人张某峰的行为已构成伪造有价票证罪，且系共同犯罪，应予处罚。公诉机关指控意见正确，本院予以采纳。被告人张某峰及辩护人认为被告人张某峰无罪辩解及辩护意见，无事实及法律依据，本院不予采纳。被告人孙某某、张某的辩护人认为被告人孙某某、张某系初犯，归案后能如实供述犯罪事实，且赃款已大部分被收缴发还被害单位，请求本院对被告人孙某某、张某可以从轻处罚的辩护意见合理，本院予以采纳。被告人孙某某、张某在共同犯罪中起主要作用，是主犯，应当按照其所参与的全部犯罪处罚；被告人张某峰在共同犯罪中起辅助作用，是从犯，对其应当减轻处罚。鉴于被告人张某峰系初犯，且账款已大部分被收缴发还被害单位，对其可酌情从轻处罚。综上所述，考虑到各被告人在共同犯罪中的地位、作用及其本案的其他具体情节，本院依据《刑法》第 25 条第 1 款、第 26 条、第 27 条、第 67 条第 3 款、第 227 条第 1 款之规定，判决如下：

1. 被告人孙某某犯伪造、倒卖伪造的有价票证罪，判处有期徒刑四年，并处罚金 818,000 元。

2. 被告人张某犯伪造、倒卖伪造的有价票证罪，判处有期徒刑四年，并处罚金818,000元。

3. 被告人张某峰犯伪造有价票证罪，判处有期徒刑一年，并处罚金 100,000元。

二审判决结果

天津市第二中级人民法院经裁定，认为上诉人孙某某、张某峰及原审被告人张某违反国家票证管理制度，伪造有价票证金额人民币 818,000 元，数额巨大，上诉人孙某某、原审被告人张某倒卖伪造的有价票证人民币 221,264 元，非法获利人民币 129,374 元，上诉人孙某某、原审被告人张某的行为均已构成伪造、倒卖伪造的有价票证罪，上诉人张某峰的行为已构成伪造有价票证罪。关于上诉人孙某某及其辩护人所提原审法院定性不准的上诉理由及辩护意见，经查，上诉人孙某某在犯罪时虽然是浪聚温泉谷公司的职工，但其犯罪行为与其职务无关，上诉人孙某某与原审被告人张某二人预谋后盗取了本单位的门票和门票样本等物品，伪造该公司门票倒卖后从中获利，其行为符合伪造、倒卖伪造的有价票证罪的构成要件，原审法院认定上诉人孙某某及原审被告人张某的行为构成伪造、倒卖伪造的有价票证罪正确，上诉人孙某某所提其行为不构成伪造、倒卖伪造的有价票证罪，构成职务侵占罪的上诉理由及其辩护人的辩护意见，均无事实和法律依据，本院不予支持。关于上诉人张某峰及其辩护人所提上诉人张某峰的行为不构成犯罪的上诉理由及辩护意见，经审查，根据卷中张某峰、孙某某、张某的供述，证实张某峰明知孙某某、张某没有准印证及其他印刷手续，仍存侥幸心理，帮助孙某某、张某非法印刷有价票证，其行为符合伪造有价票证罪的构成要件，原审法院认定上诉人张某峰的行为构成伪造有价票证罪正确，上诉人张某峰所提其行为不构成犯罪的上诉理由及其辩护人的辩护意见，均无事实和法律依据，本院不予支持。天津市人民检察院第二分院驳回上诉，维持原判的意见正确，本院予以采纳。综上，原审法院认定事实清楚，证据充分，定罪准确，量刑适当，审判程序合法。依照《刑事诉讼法》第 189 条第 1 项的规定(2018 年 10 月 26 日第三次修正后为第 136 条第 1 项)，裁定如下：

驳回上诉，维持原判。

■ 案件评析

此案基本事实清楚无争议，各被告人到案后亦如实供述。但经过进一步分析，我们发现公诉机关在适用法律上是值得商榷的。从该案的整个过程来看，结合被告人的主体身份，被告人的行为可能会触犯职务侵占、诈骗和伪造、倒卖伪造的有价票证罪三个罪名。因此，有效运用刑法理论及法定构成要件规则，确定最有利于被告人的罪名，从而实现被告人法律利益的最大化。

虽然辩护人认为被告人孙某某构成职务侵占罪的辩护意见两审法院均不予采信，但是从两审判决书的“本院认为”部分反映出，两审法院刻意回避了本案的核心问题，那就是本案被告人伪造并倒卖的门票是不是我国刑法意义上的“有价票证”？厘清这一问题，是本案确定罪名的关键。只要结合该罪名归属的类罪名并把握住立法本意即可得出结论。该罪设置在《刑法》分则第三章破坏社会主义市场经济秩序罪的第八节扰乱市场秩序罪里，这类犯罪的客体针对的是市场经济秩序，而有价票证从某种意义上来说是计划经济时代或商品经济时代的产物，因而本罪的设置必然来自国计民生或社会经济管理制度的保护需求，而不是一般的个体或实体的经营保护要求。如果按照控方和两审法院对“有价票证”的理解，那么当下充斥市场的各种“代金券”“抵扣券”“电影票”“购物券”等全都可以理解为刑法意义上的“有价票证”，无疑这种观点偏离了立法本意。

天津某安防电子产品销售公司、万某、朱某非法经营案

——非法经营罪的“非法”问题分析

■ 案情简介

该案是一起单位被控非法经营并追究股东及其他经营人员刑事责任的案件。2010 年，在内蒙古呼和浩特市的高考及相关资格考试中发现部分考生利用无线通信工具进行作弊，由于系有组织的考生作弊，参与人数众多，范围广且手段隐蔽，事件曝光后引起了国内外的广泛关注，影响恶劣。经调查，上述作弊工具有相当一部分系考生在淘宝平台上从本案被告单位天津某安防电子产品销售公司购买。呼和浩特市公安机关遂传唤了被告单位的股东和实际经营人、本案被告人万某，被告人王某某和被告人朱某。后案件移送天津市公安局河东分局立案侦查，2011 年 12 月 3 日，对被告人采取强制措施。

经两次退回公安机关补充侦查，检察机关延长审查起诉期限三次，于 2012 年 9 月 15 日才向天津市河东区人民法院提起公诉。审理期间公诉机关建议延期审理两次，于 2013 年 3 月 4 日向法院提交“补充起诉书”，直至 2013 年 3 月 25 日案件才审理终结。各被告人已在看守所关押 15 个月之久。

天津市河东区人民检察院津河东刑检诉(2012)67－1 第号起诉书认定：2008 年 8 月，被告人王某某在本市河东区工商局注册成立了天津某安防电子产品销售中心，后被告人万某与王某某预谋销售无线发射机、无线对讲机、隐形耳机、短信手表、短信橡皮、短信尺、短信笔和手机连接线圈、腰带等用于考试作弊的通信器材。2009 年 7 月 1 日租赁了本市河东区第六大道俊东公寓 5－1706 室用于办公，租赁本市河东区张贵庄路懿德园一个地下室作为仓库，并在互联网上进行作弊器材的销售。其中被告人万某负责采购、销售、技术，被告人王某某负责销售和日常管理，被告人朱某负责收款、付款、记账，所获利润万某与王某某分成。随着业务的扩大，于 2010 年 3 月、4 月又先后招聘了王某、李某为业务员，负责网上作弊器材的销售。2010 年 10 月又租赁了本所河东区第六大道维极景 1512 室作为仓库，2011 年 7 月懿德园房屋租赁到期后又租赁了第六大道维极景 1012 室作为仓库，并先后又招聘了吴某(另案处理)、高姐(另案处理)负责测试、包装、发货。经鉴

定:无线电发射器、接收器一套,附件器材为对讲电台、眼镜、发卡、腰带等语音接收器,305米粒隐性耳机及文字发射机、手表、计算器、直尺、橡皮、钥匙链、眼镜盒、圆珠笔等文字信息接收器属于窃听窃照专用器材。

2011年11月30日晚,在公安机关找被告人王某某、朱某、王某、李某等人调查取证后,朱某将电脑中所记账目全部删除。后公安机关将电脑内数据恢复。

公诉机关认为,被告人万某、王某某、朱某、王某、李某违反国家规定,从事非法经营活动,扰乱市场秩序,情节严重,其行为已触犯《刑法》第225条之规定,犯罪事实清楚,证据确实、充分,应当以非法经营罪追究其刑事责任。

■ 辩护思路

通过阅卷和会见被告人,辩护人发现该案的基本事实争议不大,但在适用法律上存在较大的争议,而且该争议自侦查机关立案后至判决前始终存在,即该案是定非法经营罪还是定非法生产、销售间谍专业器材罪。该案经过两次退查,三次延期审查起诉,后又两次延期审理。此争议的解决最终影响到该案是否能定罪,定何种罪,判决什么刑罚,故而紧紧围绕我国刑法的罪刑法定原则,抓住构成非法经营罪的客观构成要件“法定性”要求,结合案件的基本事实,提出公诉机关的指控适用法律不当,指控被告单位及各被告人构成非法经营罪,依法不能成立。

控方的核心证据是“鉴定意见”,对鉴定意见的法律瑕疵进行分析直至挑战它的法律效力,也与该案适用法律是否准确有着必然联系。因此充分利用《刑事诉讼法》和《最高人民法院关于执行〈中华人民共和国刑事诉讼法〉若干问题的解释》(已失效)的具体规定,发表对“鉴定意见”的质证意见,该“鉴定意见”由于存在法律上的巨大瑕疵,故不能作为定案依据。

最后,即使不能达到无罪或改变定性,在涉案的具体金额上提出事实不清的意见,提出被告人万某主动投案,有自首情节等从轻、减轻处罚的辩护意见,避免发生最终确定有罪而辩护人漏掉提出“情节辩”意见,以实现被告单位及被告人法律利益的最大化。

■ 辩护要点

一、《起诉书》中认定被告人实施的有关事实基本清楚,但适用法律不当,被告单位及被告人万某依法不构成非法经营罪

依据《刑法》第225条第4款的规定认定被告人万某构成非法经营罪,系适用法律不当。

非法经营罪是指违反国家规定,从事非法经营活动,扰乱市场秩序,情节严重的行为。根据现行刑法及其修正案,非法经营行为是指:

(1)未经许可经营法律、行政法规规定的专营、专卖物品或者其他限制买卖的物品的；

(2)买卖进出口许可证、进出口原产地证明以及其他法律、行政法规规定的许可证或者批准文件的；

(3)未经国家有关主管部门批准非法经营证券、期货、保险业务的，或者非法从事资金支付结算业务的；

(4)其他严重扰乱市场秩序的非法经营行为。

上述前三种经营行为很明显与本案情况不符，如本案适用第四种情形，根据相关司法解释，《刑法》第225条第4款中的“其他严重扰乱市场秩序的非法经营行为”包括：

1. 违反国家规定，出版、印刷、复制、发行严重危害社会秩序和扰乱市场秩序的非法出版物，情节严重的行为(1998年12月17日发布的《最高人民法院关于审理非法出版物刑事案件具体应用法律若干问题的解释》)；

2. 违反国家规定，采取租用国际专线私设转接设备或其他方法，擅自经营国际电信业务或者涉港澳台电信业务进行营利活动，扰乱电信市场管理秩序，情节严重的行为(2000年5月12日发布的《最高人民法院关于审理扰乱电信市场管理秩序案件具体应用法律若干问题的解释》、2002年2月11日实施的《最高人民检察院关于非法经营国际或港澳台地区电信业务行为法律适用问题的批复》)；

3. 在《国务院关于禁止传销经营活动的通知》发布之后，仍然从事传销或变相传销活动，扰乱市场秩序，情节严重的行为[2001年4月10日发布的《最高人民法院关于情节严重的传销或者变相传销行为如何定性问题的批复》(已失效)]；

4. 在生产、销售的饲料中添加盐酸克伦特罗等禁止在饲料和动物饮用水中使用的药品，或者销售明知是添加有该类药品的饲料，情节严重的行为(2002年8月16日发布的《最高人民法院、最高人民检察院关于办理非法生产、销售、使用、禁止在饲料和动物饮用水中使用的药品等刑事案件具体应用法律若干问题的解释》)；

5. 违反国家在预防、控制突发传染病疫情等灾害期间有关市场经营、价格管理等规定，哄抬物价、牟取暴利，严重扰乱市场秩序，违法所得数额较大或者有其他严重情节的行为(2003年5月14日发布的《最高人民法院、最高人民检察院关于办理妨害预防、控制突发传染病疫情等灾害的刑事案件具体应用法律若干问题的解释》)；

6. 违反国家规定，擅自设立互联网上网服务营业场所，或者擅自从事互联网上网服务经营活动，情节严重，构成犯罪的行为(2004年7月16日发布的《最高人民法院、最高人民检察院、公安部关于依法开展打击淫秽色情网站专项行动有关工作的通知》)；

7. 未经国家批准擅自发行、销售彩票,构成犯罪的行为(2005 年 5 月 11 日发布的《最高人民法院、最高人民检察院关于办理赌博刑事案件具体应用法律若干问题的解释》)。

根据上述法律、法规、司法解释规定,被告人万某的行为并不属于规定中的任何一种非法经营行为,根据罪刑法定原则,被告人万某依法不构成非法经营罪。

此外,从以上法律规定以及列举的非法经营行为种类来看,非法经营罪的犯罪构成要件为:(1)本罪侵犯的客体是市场秩序;(2)本罪客观方面要件表现为违反国家规定,非法经营,扰乱市场秩序,情节严重的行为;(3)本罪主体为一般主体,个人和单位均可构成本罪的主体;(4)本罪主观方面由故意构成。其中客观方面要件的主要表现:一是行为违法性,即违反国家法律、行政法规规定的有关限制或禁止买卖的物品及相关活动的市场流通管理的禁止性或限制性规定;二是严重扰乱市场秩序(包括市场准入秩序、市场竞争秩序和市场交易秩序)且达到犯罪程度的社会危害性;三是非法经营罪中的行为都与国家特定的经营许可制度有关,该行为必须是违反诸如专营、专卖、进出口许可证等与经营许可有关的法律。

在本案中,被告人万某实际经营的某安防电子产品销售中心是在天津市河东区工商局合法注册的个体工商户,经营业务范围为电子产品、安防产品、网络无线产品。而公诉机关认定犯罪事实的证据中所扣押的物证均为上述经营范围之内的产品。上述物品的主要销售对象为大型酒店、舞台演绎活动主办方、车友会等。这些产品被上述单位在经营活动中广泛使用,没有任何法律、法规或相关规定禁止上述产品的销售和使用。侦查机关也不能提供确实充分的证据证明被告单位和其在互联网上经营的产品是“考试作弊的通信器材”。由此可见被告人万某的行为既不符合非法经营罪规定的犯罪构成要件,也不具备该罪客观方面构成要件的法定特征。

二、公诉机关认定被告人万某销售的电子产品属于窃听窃照专用器材,该认定所依据的鉴定结论存在内容与形式上的瑕疵,不能作为本案定罪的依据

公诉机关认定犯罪事实的证据之一“窃听窃照专用器材鉴定书”不符合司法鉴定文书格式要求,同时具有法定的不得作为定案根据的情形。

《刑事诉讼法》第 145 条第 1 款(2018 年 10 月 26 日第三次修正后为第 147 条第 1 款)规定:鉴定人进行鉴定后,应当写出鉴定意见,并且签名。

《最高人民法院关于适用〈中华人民共和国刑事诉讼法〉的解释》第 84 条规定:对鉴定意见应当着重审查以下内容:共计十项,其中与本案相关联的内容为,第 1 项,鉴定机构和鉴定人是否具有法定资质;第 4 项,鉴定意见的形式要件是否完备,是否注明提起鉴定的事由、鉴定委托人、鉴定机构、鉴定要求、鉴定过程、鉴定方法、鉴定日期等相关内容,是否由鉴定机构加盖司法鉴定专用章并由鉴定人签名、盖章;第 6 项,鉴定的过程和方法是否符合相关专业的规范要求。

《最高人民法院关于适用〈中华人民共和国刑事诉讼法〉的解释》第 85 条规定:鉴定意见具有下列情形之一的,不得作为定案的根据:共计九种情形,其中与本案相关联的情形为,第 1 项,鉴定机构不具备法定资质,或者鉴定事项超出该鉴定机构业务范围、技术条件的;第 2 项,鉴定人不具备法定资质,不具有相关专业技术或者职称,或者违反回避规定的;第 7 项,鉴定文书缺少签名、盖章的。

依据上述规定,我们对本案的"鉴定意见"作合法性的判断:

1. 涉案的鉴定书没有鉴定人签名,不符合法律规定的鉴定意见的形式要件。

2. 该鉴定书没有论证过程及结论所依托的科学依据,辩护人无法对该项内容进行审查,不符合法律规定的内容要件。

3. 该鉴定文书没有任何参与鉴定人员的相关资质证明文件,故该鉴定书的专业可信度值得怀疑,符合不得作为定案根据的情形。

4. 出具该鉴定书的鉴定机构的资质文件亦没有在鉴定书中出现,辩护人自阅卷后即先后向公诉机关和人民法院提出对该鉴定机构的质疑,直至本案开庭审理,公诉机关也未能提供上述材料。故而该鉴定意见不符合法律、法规及司法解释规定的要求,具备予以排除的条件。

结合上述几点,本律师认为,作为认定犯罪事实的"窃听窃照专用器材鉴定书",无论从形式还是内容都不符合法律、法规的规定,建议法庭不予采信该证据材料。

三、即使公诉机关认定的"销售窃听窃照专用器材"的事实成立,该行为也不具备涵盖非法经营相关法律法规明确规定的"违法性",不符合非法经营罪犯罪的客观构成要件

非法经营罪的违法犯罪情形是由法律明确予以规制的,违法性是非法经营罪的基本特征。成立非法经营罪的前提是违反国家规定,即违反全国人大及其常务委员会制定的法律和决定,国务院制定的行政法规、规定和行政措施以及其发布的命令。没有违反国家规定的,即使在某种意义上属于非法经营,也不得定为本罪。①

针对"销售窃听窃照专用器材"的行为,目前我国法律并没有将"具备伪装、隐藏的使用方式及具有窃听窃照功能的器材"明确列入禁止买卖范畴,也没有对"销售窃听窃照专用器材"作出任何禁止或限制性规定,更没有任何法律将"销售窃听窃照专用器材"的行为认定为扰乱市场秩序的违法犯罪,故该行为并不存在"触犯刑法"之说,不应认定为非法经营罪。

---

① 张明楷:《刑法学》(第 3 版),法律出版社 2007 年版,第 629 页。

至于是否构成争议的另一种观点认为的“非法生产、销售间谍专业器材罪”，我们同样认为不能成立。从该罪名犯罪构成要件上看，主体为一般主体；主观方面由故意构成；客体是国家对专业间谍器材的生产、销售等管理制度。《国家安全法》(2009 年版，已失效)第 21 条规定，任何组织和个人都不得非法生产、销售窃听、窃照等专用间谍器材。这里特别强调的是指用于间谍活动特殊需要的器材。而如何界定这种间谍活动的特殊需要，某种器材的功能是否符合这种特殊需要，是一个极其专业的领域，需要由专门的机构、专业的人员，依据专业的法律、法规进行判断并出具专业的意见。而本案唯一的一份“鉴定书”将涉案器材鉴定为“属于窃听、窃照专用器材”。我们通过逻辑内涵来进行分析判断，间谍专用器材一定包含“属于窃听、窃照的专用器材”，而“属于窃听、窃照的专用器材”就一定是间谍专用器材吗？常识告诉我们，此二者是包含关系，前者包含后者，但后者绝不等同于前者。如果将二者等同，则不仅仅是犯了一个简单的逻辑错误，而且陷入了主观归罪。

四、将“销售窃听窃照专用器材”认定为“严重扰乱市场秩序”且达到犯罪程度的行为，无法律依据，违反了我国刑法的基本原则——罪刑法定原则

《刑法》第 3 条规定：“法律明文规定为犯罪行为的，依照法律定罪处刑；法律没有明文规定为犯罪行为的，不得定罪处刑。”

本条规定的罪刑法定内容有两个方面：一方面，只有法律将某一种行为明文规定为犯罪的，才能对这种行为定罪处刑，而且必须依照法律的规定定罪处刑；另一方面，凡是法律对某一种行为没有规定为犯罪的，对这种行为就不能定罪处刑。我国 1997 年《刑法》取消类推定罪，明确规定了罪刑法定原则，这是我国司法制度的重大改革，也是我国社会主义民主与法制的重大进步。

现行《刑法》规定的非法经营罪是从 1979 年《刑法》的投机倒把罪中分离出来的，对于这种犯罪的规定，仍然具有相当的概括性。在适用本罪时，应严格遵守罪刑法定原则，防止该罪成为新的“口袋罪”。在本案中，公诉机关在没有任何法律明文规定的情况下将“销售窃听窃照专用器材”的行为认定为《刑法》第 225 条第 4 款规定的“其他严重扰乱市场秩序的非法经营行为”，将一般经营行为，充其量涉嫌“不合乎政策的经营行为”认定为“非法经营罪的非法经营行为”是一种类推的方法，以此方法将本案定性为“非法经营罪”是在类推定罪，违反了罪刑法定原则。

五、关于被告人万某有自首情节的意见

被告人万某在上海出差期间，接到内蒙古警方电话，同意第二天回天津接受调查询问，并告知所住的宾馆名称等。说明被告人万某在知道将被排查询问的情况下并没有逃离的意思，在当晚被上海警方传讯时，也没有任何的拒捕行为，且认真供述。结合上述情况,根据《最高人民法院关于处理自首和立功若干具体问题的意见》第1条关于“自动投案”的具体认定中“犯罪嫌疑人具有以下情形之一的,也应视为自动投案。……2.明知他人报案而在现场等待,抓捕时无拒捕行为,供认犯罪事实的”;此外,被告人万某告知内蒙古警方第二天将回天津接受调查,可以认为当晚被告人万某在上海某酒店等待第二天回天津属于正在投案途中阶段。根据《最高人民法院关于处理自首和立功具体应用法律若干问题的解释》第1条“……经查实确已准备投案,或者正在投案途中,被公安机关抓获的,应视为自动投案”。

结合案件的情况,根据法律相关规定,本律师认为被告人万某具有自首情节,如认定罪名成立,依法应予从轻、减轻处罚。

■ 裁判结果

天津市河东区人民法院认为被告单位天津某安防电子产品销售中心违反国家规定,非法经营,扰乱市场秩序,情节严重,其行为已构成非法经营罪,依法应予以惩处。公诉机关指控的罪名成立,本院予以确认,被告人万某、朱某作为直接负责的主管人员,其行为已构成非法经营罪,依法应予以惩处,被告人万某系自首,依法可从轻处罚。判决如下:

1.被告单位天津某安防电子产品销售中心犯非法经营罪,判处罚金人民币50,000元(已缴纳)。

2.被告人万某犯非法经营罪,判处有期徒刑三年,缓刑三年,并处罚金人民币50,000元(已缴纳)。缓刑考验期内,依法实行社区矫正。

3.被告人朱某犯非法经营罪,判处有期徒刑二年,缓刑二年,并处罚金人民币30,000元(已缴纳),缓刑考验期内,依法实行社区矫正。

■ 案件评析

一审判决后,各被告人没有提出上诉,但笔者认为,此案的定罪仍然值得商榷。从公诉机关两次退查,法院两次延期审理即可判断出对该案定案的争议之大。

这起案件当时在安防电子产品销售行业产生了极大的影响,据辩护人了解,天津市的几个较大的数码城一度曾无法买到无线对讲机、蓝牙无线耳机等相关器材,庆典、演出行业日常使用的器材采购上也出现了问题,部分产品供应商也在观望等待此案的判决结果,以便决定是否调整经营项目。该案判决后,据新闻报道称深圳、东莞等地的多家这类器材生产企业转向或停业。我们感到,这样一个小案件的最终处理结果,不仅仅影响到涉案被告单位、被告人,而且可能会对规范一

个行业产生巨大影响。通过这个案件,辩护人认为在实务中应当把握以下定罪环节:

1. 刑事违法性与其行政违法性是一致的。也就是说,非法经营者必然违反有关的工商法规、没有行政违法性就不存在刑事违法性。

2. 在主观上要求行为人必须是出于故意,且以营利为目的,对于因不知其为非法而进行非法经营且不以营利为目的的,不认为构成非法经营罪,而只能给予行为人以行政处罚。

3. 在犯罪情节上要求情节严重的才构成犯罪,而认定情节是否严重,应以非法经营额和所得额为起点,并且要结合行为人是否实施了非法经营行为,是否给国家造成重大损失或者引起其他严重后果,是否经行政处罚后仍不悔改等来判断。

市场经济既是自由经济,也是法治经济,判断非法经营罪应当注意如下问题:

1. 非法经营的非法性必须是违反了国家法律、行政法规等规范性文件。

非法经营的非法性是指违反国家规定。这个“国家规定”是指违反全国人民代表大会及其常务委员会制定的法律和决定,国务院制定的行政法规、规定的行政措施、发布的决定和命令。非法经营罪违反的国家规定是指国家关于专营、专卖物品或者其他法律法规限制买卖物品的规定,国家关于进出口许可、进出口原产地证明以及其他法律法规关于经营许可、批准的规定,所以不是指违反一般的关于经营的法规。无照经营或者超越经营范围本身并不是非法经营,只有当无照经营或者超越经营范围的行为需要行政许可才能经营时,才属于刑法意义上的非法经营行为。例如,营业执照中没有经营烟草的内容,但是如果超出范围经营了烟草,因为烟草属于专营物品,因而这是一种非法经营行为。但是,如果超出范围经营的不是需要经过行政许可或者审批以及专营专卖或者限制性买卖的物品,则不属于非法经营行为。

2. 其他非法经营行为必须严格依照法律明文规定认定。

根据刑法“法无明文规定不为罪,不处罚”的基本原则,其他非法经营行为的认定应当严格按照法律明文规定进行,依法追究刑事责任。并且对于法律、行政法规或者司法解释关于其他非法经营行为的规定,应当受到“禁止适用事后法”原则的限制,否则,非法经营罪的范围将会被随意扩大。

3. 2013 年 5 月 2 日发布的《最高人民法院、最高人民检察院关于办理危害食品安全刑事案件适用法律若干问题的解释》明文规定的两种犯罪形式。

第 11 条规定,以提供给他人生产、销售食品为目的,违反国家规定,生产、销售国家禁止用于食品生产、销售的非食品原料,情节严重的,依照《刑法》第 225 条的规定以非法经营罪定罪处罚。

违反国家规定，生产、销售国家禁止生产、销售、使用的农药、兽药，饲料、饲料添加剂，或者饲料原料、饲料添加剂原料，情节严重的，依照前款的规定定罪处罚。

实施前两款行为，同时又构成生产、销售伪劣产品罪，生产、销售伪劣农药、兽药罪等其他犯罪的，依照处罚较重的规定定罪处罚。

第12条规定，违反国家规定，私设生猪屠宰厂（场），从事生猪屠宰、销售等经营活动，情节严重的，依照《刑法》第225条的规定以非法经营罪定罪处罚。

最后，刑法条文本身没有规定何为非法经营情节严重应当追究刑事责任的具体情形，因此应当清楚各种非法经营行为立案的标准，这也是违法与犯罪的界限。

根据《最高人民检察院、公安部关于经济犯罪案件追诉标准的规定》（已失效）的有关规定，对非法经营案，符合下列情形之一的，应当追诉：

1. 违反国家规定，采取租用国际专线、私设转接设备或者其他方法，擅自经营国际电信业务或者涉港澳台电信业务进行营利活动，涉嫌下列情形之一的，应予追诉：(1)经营去话业务数额在100万元以上的；(2)经营来话业务造成电信资费损失数额在100万元以上的；(3)虽未达到上述数额标准，但因非法经营国际电信业务或者涉港澳台电信业务，受过行政处罚2次以上，又进行非法经营活动的。

2. 非法经营外汇，涉嫌下列情形之一的，应予追诉：(1)在外汇指定银行和中国外汇交易中心及其分中心以外买卖外汇，数额在20万美元以上的，或者违法所得数额在5万元人民币以上的；(2)公司、企业或者其他单位违反有关外贸代理业务规定，采用非法手段，或者明知是伪造、变造的凭证、商业单据，为他人向外汇指定银行骗购外汇数额，在500万美元以上的，或者违法所得数额在50万元人民币以上的；(3)居间介绍骗购外汇数额在100万美元以上或者违法所得数额在10万元人民币以上的。

3. 违反国家规定，出版、印刷、复制、发行非法出版物，涉嫌下列情形之一的，应予追诉：(1)个人非法经营数额在5万元以上的，单位非法经营数额在15万元以上的；(2)个人违法所得数额在2万元以上的，单位违法所得数额在5万元以上的；(3)个人非法经营报纸5000份或者期刊5000本或者图书2000册或者音像制品、电子出版物500张（盒）以上的，单位非法经营报纸15,000份或者期刊15,000本或者图书5000册或者音像制品、电子出版物1500张（盒）以上的。

4. 未经国家有关主管部门批准，非法经营证券、期货或者保险业务，非法经营数额在30万元以上，或者违法所得数额在5万元以上的，应予追诉。

5. 个人或单位从事其他非法经营活动，涉嫌下列情形之一的，应予追诉：(1)个人非法经营数额在5万元以上，或者违法所得数额在1万元以上的；(2)单位非法经营数额在50万元以上，或者违法所得数额在10万元以上的。

香港波法行公司、董某某走私普通货物案

——发掘证据以点带面,形成合理怀疑,控方撤诉

■ 案情简介

被告人董某某系香港波法行贸易有限公司业务经理,负责公司向中国大陆出口相关货品的业务。2004年间,香港波法行贸易公司向中国大陆出口残次不锈钢带材55个货柜600余吨,报关商品编号72209000,品名为残次不锈钢,商品标明的产地为印度、马来西亚、墨西哥、泰国、西班牙、德国及日本等多个国家的冷轧和热轧不锈钢废料,由于系乱码边角废料,故无原产地证。其中30个货柜顺利通关,25个货柜被海关以涉嫌走私普通货物查扣。后被告人董某某主动到天津海关缉私局接受调查,同日被取保候审。

天津市人民检察院第二分院(2005)津检二院刑诉字第185号起诉书认定:被告人董某某、鲍某某在明知国家对日本产冷轧不锈钢征收反倾销税的情况下,于2004年8月16日由被告人董某某指使,鲍某某作为实际收货人,采取伪报货名的手段,使用香港波法行有限公司提供的虚假报关单据,将307,955千克冷轧不锈钢伪报为热轧不锈钢,并委托中化天津进出口公司向天津新港海关申报进口。经鉴定,被告人董某某、鲍某某的行为共偷逃应缴税额人民币499,893.13元。

公诉机关认为,被告人董某某、鲍某某目无国法,在明知国家对日本、韩国产冷轧不锈钢征收反倾销税的情况下,仍采取伪报货名的手段走私进口普通货物,其行为触犯了《刑法》第153条之规定,犯罪事实清楚,证据确实充分,应当以走私普通货物罪追究其刑事责任;被告人董某某应作为单位犯罪直接责任人追究其刑事责任;被告人鲍某某以个人名义开展此业务,应追究其个人犯罪的刑事责任。

■ 辩护思路

本案系香港公司及员工被控走私普通货物的案件,被指控的走私方式为伪报品名,偷逃关税,如果起诉书指控的涉案货品数量,涉税金额及行为性质构成走私,那么作为单位犯罪的直接责任人董某某就可能被处以三年以下有期徒刑,货物被罚没。但香港波法行贸易有限公司及被告人董某某拒不认罪。辩护人通过查阅案卷材料,向委托人了解整个业务流程情况,认为起诉书指控的所谓走私普

通货物罪缺乏基本的事实证据，适用法律不当。故确定该案无罪辩护的基本思路，紧紧围绕我国刑法犯罪构成的基本理论，对构成该案的法律必备要件逐一展开分析。首先，要大胆地对海关缉私部门适用的行政法规是否正确进行挑战，因为这是判定罪与非罪最基础的法律依据；其次，从证据中发现认定事实的瑕疵，以点带面，对缉私部门认定事实的方式、方法、程序及结论提出全面质疑，因为这是刑事诉讼案件，控方应当排除其他合理怀疑，做到证据确实充分的起诉和定案标准；最后，围绕案件缺乏事实依据和法律依据的论述，提出无罪的辩护意见。

■ 辩护要点

依据我国《刑法》第 153 条的规定，走私罪是指以牟利为目的，故意违反海关法规，逃避海关监管，非法运输、携带或者邮寄海关监管的物品，货物进出国（边）境，偷逃应缴关税税额较大，情节严重的行为。构成本罪，主观上应具有偷逃海关关税的故意，客观上实施了违反海关法规的具体行为，且达到情节严重的程度。辩护人认为，被告人董某某不具备构成走私普通货物罪的主客观要件。

一、被告人董某某主观上不具备偷逃海关关税的故意

1. 被告人董某某作为香港波法行贸易有限公司的业务经理不懂也不可能知道我国对日本冷轧不锈钢板包括冷轧不锈钢废料也要征收反倾销税。我国海关总署在 2000 年 12 月 18 日发布了《关于对原产于日本和韩国进口不锈钢冷轧薄板征收反倾销税的公告》，对产自韩国和日本的几家不锈钢企业的冷轧不锈钢板加征到 24% 至 58% 的反倾销税。从该公告税则号列显示加征反倾销税的货品为产自日本、韩国部分企业的不锈钢带材，未经加工宽度大于 600mm。而香港波法行贸易有限公司从未向大陆出口过带材，所有货品均为从各个国家企业购买的生产废料及边角料，也无法分清原产国及冷轧和热轧，故而进口报关时代理报关的单位将货品归类为税则号 72209000，品名为其他不锈钢带材（残次不锈钢）是符合客观实际的，也不违反税则的具体规定。

2. 第一批 10 个货柜曾经被海关查扣，但仅涉及进口许可证的问题，国内代理公司补齐相关手续后货物顺利通关销售，没有任何部门或机关告知应征收反倾销税（此事实有相关通关单据为证）。

3. 货物到港后向海关申报通关的工作亦不是由被告人董某某来完成，庭审中已查明是由鲍某某进行操作，委托国内代理公司来完成的，故在货物通关的环节上被告人董某某没有参与，也不清楚国内的代理公司如何进行通关，只是在货物被查扣以后，才主动到海关了解情况，配合调查。

4. 从另外一个角度讲，如果被告人董某某及其所在的香港波法行贸易有限公司主观上明知国家对日本产冷轧不锈钢征收反倾销税而故意虚报货物品名予以偷逃，他们完全可以在货物装箱前或报关前有意识地撕去贴在废料上的几个日本制铁企业的商标。而真实的情况是，海关开箱验货的现场照片显示，所有集装箱内的货品摆放散乱，产自不同国家和地区的货品混杂其中，均未标明是冷轧板还是热轧板。

5. 事发后，由于香港波法行贸易有限公司确实不知如何确定这些货品在哪一个税则号下进行报关，且无法分清冷轧还是热轧，产地是日本还是其他国家。因此多次通过鲍某某与海关进行沟通，请海关有关人员到香港发货现场进行实地考察，以确定这批货品如何报关和征税。

6. 天津海关缉私局2003年10月24日的“情况说明”认定了涉案人员不存在走私犯罪的主观故意，且拟做行政处理，不知为何该案又进入了刑事诉讼程序。

7. 2005年5月20日天津海关缉私局“关于董某某的抓获经过”认定2005年4月16日董某某主动到海关接受调查。而实际上被告人董某某系受香港波法行贸易有限公司的指派到海关询问，洽商解决被扣货物如何纳税通关，从侧面反映了香港波法行贸易有限公司及被告人董某某根本不具有偷逃关税的故意。

二、被告人董某某不具备走私犯罪的客观要件

1. 关于024523347号报关单项下货品应按哪一税则号进行报关，这个问题关系本案当事人是否违反了相关海关法规，是否构成犯罪。

（1）走私普通货物罪定罪的行政法依据为《海关法》、《进出口关税条例》、《进出口税则》及其他海关行政法规、规章等。因此确定行为的违法性必须以明确的法律依据作为判断标准，以致进一步确定违法程度，来判断是否启动刑事诉讼程序。

（2）通过庭审举证已经确认的事实，控辩双方争议的焦点问题就在于如何确定涉案货品适用的税则号，明确说是应该以72202000税则号下，货物品名为冷轧不锈钢板材报关进口，还是以72209000税则号下，货物品名为其他不锈钢带材（热轧或冷轧后经进一步加工宽度小于600mm）报关进口。前者在我国《关于对原产于日本和韩国进口不锈钢冷轧薄板征收反倾销税的公告》征收反倾销税之列，进口时须加征24%到58%的反倾销税，后者则仅需征10%的进口关税。

（3）结合本案事实，以卷内照片及鉴定报告为依据。涉案的货品为冷轧或热轧不锈钢卷材（无法明确区分），宽度及厚度不一，显然系经进一步加工过的边角材料，但均不超过600mm，产品性状符合72209000税则号项下的货品特征，故并未伪报品名。

（4）此后香港波法行贸易有限公司的30个集装箱采取先请海关验货后报关，经海关查验后征税就放行了。

2. 关于024523347号报关单项下货品产地的认定问题。辩护人认为将货品全部认定为日本产,证据不足。

(1)货品本身为残次不锈钢边角料,系香港波法行贸易有限公司从东南亚、欧洲及亚洲多个国家采购而来,无法提供原产地证明;

(2)已提供两家公司证明证实了货品的性状及来源,更为重要的一点是在查扣现场开箱拍摄的照片显示,混杂在一起的不锈钢边角料不仅有产自日本的,还存在德国等其他国家的商标标识(见侦查卷三卷127页)。辩护人已向法庭提供了上项商标及产地的中文译本。上述事实足以说明将涉案货品全部认定为产自日本,不够客观公正。

3.关于024523347号报关单项下货品冷轧和热轧吨数的划分缺乏客观依据。

(1)构成走私罪的客观要件为“情节严重”。系以具体的偷逃关税数额为标准和依据,因而确定准确的涉案金额是判断罪与非罪,情节轻重的重要标准。本案不仅需要先行确定货品的产地、规格,还需要明确货品的形状,到底有多少吨冷轧,有多少吨热轧,才能最终判定是否构成犯罪,情节轻重。

(2)海关缉私部门经抽样后进行检测鉴定,以目测进行判断区分冷轧和热轧缺乏科学依据,不能排除金属物品本身发生化学变化,直接造成本案事实不清,证据不足。通过鉴定报告描述的鉴定程序可以看出,鉴定部门是先通过目测判断进行冷轧和热轧的分类,然后再进行称重。首先,货品经过海运后由于化学反应带来的感观变化是必然的,影响判断的情形发生。其次,不同国家、不同厂商的货品品质本身差异很大,况且冷轧和热轧这种由于技术工艺要求的不同,不同的生产厂商出产的货品以目测进行区分必然会带来巨大误差。最后,鉴定意见也没有涉及鉴定人员是如何确定这15个货柜中冷轧和热轧不锈钢的具体数量,是每一个货柜逐一称重,还是抽样后估算一个比例,我们不得而知。故本案024523347号报关单项下货品总重量330.885吨,其中认定307.995吨为冷轧不锈钢板,22.9吨为热轧不锈钢板,显然缺乏科学依据。

综上,公诉机关的指控缺乏事实依据,适用法律不当,依法不能定案。

■ 裁判结果

案件开庭审理后,天津市人民检察院第二分院因本案事实、证据发生变化,决定撤回对本案的起诉。天津市第二中级人民法院(2006)二中刑初字第42号刑事裁定依法准予撤诉。

■ 案件评析

这个案件的辩护成功,在当时的不锈钢进口加工行业引起轰动,据了解,这个案件撤诉后,海关缉私部门正在侦查的多起涉嫌走私冷轧不锈钢板的案件没有进入刑事程序，而是进行了相应的行政处罚。海关缉私部门也进一步规范了此类案件的调查处理程序。

此案辩护成功的核心在于紧紧抓住《刑事诉讼法》第55条第2款规定的证据确实、充分应当符合的条件：(1)定罪量刑的事实都有证据证明；(2)据以定案的证据均经法定程序查证属实；(3)综合全案证据，对所认定事实已排除合理怀疑。另外，《人民检察院刑事诉讼规则》(1999年版，已失效)第286条也明确规定不符合起诉条件的情形包括：(1)据以定罪的证据存在疑问，无法查证属实的；(2)犯罪构成要件事实缺乏必要的证据予以证明的；(3)据以定罪的证据之间的矛盾不能合理排除的；(4)根据证据得出的结论具有其他可能的。正是上述起诉和定案的标准给了辩护人评判该案的逻辑大前提，案件的事实证据是得出该案结论的小前提，通过对证据的认真分析，发现证据存在的疑问，及对据以定罪的证据之间的矛盾提出合理怀疑并提出得出的结论具有其他可能。将解决疑问、排除合理怀疑的责任通过法律的上述规定，引导法庭将证明责任分配给控方。

该案对于控方最大的难点是根据涉案物品的性状，控方无法对涉案的全部不锈钢边角料逐一进行鉴定是冷轧还是热轧，无法逐一区分原产地是日本还是带有标识的德国，因而造成事实证据和控方结论存在矛盾，在控方无法解决矛盾，排除合理怀疑，达到上述起诉标准或法院定案标准的情形下，根据疑点利益归于被告人的原则，控方只能撤回起诉或法院判决无罪。

刑事案件审理终结后，香港波法行贸易有限公司要求海关发还全部涉案物品，被海关告知拟作行政处理，罚没全部涉案物品。笔者又接受香港波法行贸易有限公司委托，代理其向海关要求出具罚没手续并准备提起行政诉讼。后海关方面通知香港波法行贸易有限公司货物通关放行，案件全部终结。

信某某虚开增值税专用发票案

——认罪认罚辩护案件需要注意的问题

■ 案情简介

被告人信某某毕业于天津大学,在某外商投资企业从事管理工作,后以其岳父、岳母的名义创办了民营企业,从事传感器零件的销售业务。

天津市南开区人民检察院津南检公诉刑诉(2017)574号起诉书认定:被告人信某某系该民营企业实际经营人,被告人信某某为逃避缴纳所得税,2015年11月至2016年10月通过其公司会计被告人毛某某、毛某某之夫被告人张某某、被告人张某某相识的被告人杨某某(另案处理),在没有事实货物交易的情况下,以票面金额的10%~12%让刘某某(另案处理)、韩某某(另案处理)等人控制经营的天津市申鹏科技发展有限公司、天津市竞驰商贸有限公司虚开增值税专用发票64份,价税合计6,802,421.41元,其中税款金额为988,386.4元。被告人张某某从中扣取票面金额的3%~5%作为介绍费,其间获利24万余元。目前,被告人信某某亲属已根据税务机关的税务处理决定书及税务行政处罚决定书补缴了增值税、滞纳金、所得税以及缴纳了因此行为产生的罚款,被告人张某某、毛某某主动上缴赃款20万元。三名被告人到案后均能自愿如实供述自己的罪行。

综上,被告人信某某在没有货物购销的情况下,让他人为自己虚开增值税专用发票,数额较大,被告人张某某、毛某某明知他人没有货物购销,而介绍他人虚开增值税发票,数额较大,三被告人的行为均触犯了《刑法》第205条第1款、第3款,犯罪事实清楚,证据确实、充分,应当以虚开增值税专用发票罪追究三被告人的刑事责任。

■ 辩护思路

本案是一起普通的虚开增值税专用发票案,被告人近亲属自被告人被拘留后即聘请笔者作为辩护人直至该案终审。案件的基本事实比较清楚,但是在案件发生的过程中,适用的法律发生了变化,这直接关系到定罪后能否具备适用缓刑的基本刑期条件。此外,被告人具有非典型的自首情节,是否成立自首,也直接影响到刑罚执行方式的适用。辩护人以本案最终适用缓刑为辩护目标,确定以下辩护思路：

1. 在审查起诉期间解决本案法律适用上的争议。案发时侦查机关适用《刑法》第205条第3款之规定及有关司法解释，认定被告人虚开金额98万余元，属于虚开税款数额巨大，应处十年以上有期徒刑并处罚金，且没有认定自首情节，故对辩护人提出的变更强制措施为取保候审予以驳回，同时提请审查起诉。在审查起诉过程中，天津市高级人民法院、天津市人民检察院、天津市公安局、天津市司法局出台《关于刑法部分罪名数额执行标准和情节认定标准的意见》，其中第34条对虚开增值税专用发票数额进行了调整，“虚开的税款数额在50万元以上不满250万元的，应当认定为刑法第二百零五条规定的‘数额较大’”，处三年以上十年以下有期徒刑。“虚开的税款数额在250万元以上的，应当认定为刑法第二百零五条规定的‘数额巨大’”，处十年以上有期徒刑或无期徒刑。按照刑法适用从新兼从轻的原则，对本案被告人信某某应适用调整后的规定，就此问题与主诉检察官及时沟通，取得共识。

2. 及时向主诉检察官提出适用“认罪认罚”程序审查起诉并审理，鉴于案件基本事实无争议，且被告人认罪，符合《最高人民法院、最高人民检察院、公安部、国家安全部、司法部关于在部分地区开展刑事案件认罪认罚从宽制度试点工作的办法》（本案简称《试点办法》）的规定，建议被告人近亲属补缴了全部税款及罚款，申请检察机关进行羁押必要性审查，提出变更强制措施为取保候审。检察机关采纳了辩护人的意见，为被告人办理了取保候审，同时在辩护人的参与下，控方与被告人达成了认罪认罚协议书，控方向法院提出量刑建议判处被告人信某某有期徒刑三年，缓刑四年，并处罚金。

3. 一审庭审辩论中重点论述被告人信某某具备自首情节，依法应当从轻、减轻处罚。

4. 一审法院未采纳控方的判处缓刑的量刑建议，判处被告人有期徒刑两年，但认定了被告人自首成立，适用减轻处罚。被告人不服一审判决，提起上诉。二审辩护则仅围绕一审法院违反法定程序，适用法律不当为被告人进行辩护。根据《试点办法》第11条、第20条、第21条、第23条之规定，向二审法院提出以下问题，围绕着这些问题，展开二审辩护观点。A. 适用认罪认罚程序审理的案件，法院是否可以不采纳控方的量刑建议？ B. 如果可以，法院是否有权直接作出判决？ C. 法院如果判决改变控方量刑建议，须经过哪些程序？ D. 法院不同意控方量刑建议的情况下，被告人的诉讼权利如何保障？ E. 关于共同犯罪的认定，主犯和从犯的区分，一审是否庭审并辩论，径行判决是否剥夺了被告人的辩护权？

■ 辩护要点

一审辩护要点

1. 被告人信某某具有自首情节。

2017 年 2 月 16 日 10 时 40 分左右，信某某打电话给公司财务任某某讨论工作，其间任某某告诉信某某有公安人员到公司调查，信某某表示其马上回公司。十分钟后，信某某回到公司，主动介绍自己是公司的负责人，主动配合公安调查，如实交代了自己与毛某某虚开增值税的问题，此前公安并不了解公司负责人是谁也未传唤公司负责人配合调查。

《刑法》第 67 条第 1 款规定，犯罪以后自动投案，如实供述自己的罪行的，是自首。笔者认为本案中信某某具有自首情节，理由如下：

（1）被告人信某某的到案行为构成自动投案。

《最高人民法院关于处理自首和立功具体应用法律若干问题的解释》第 1 条第 1 款第 1 项规定，自动投案，是指犯罪事实或者犯罪嫌疑人未被司法机关发觉，或者虽被发觉，但犯罪嫌疑人尚未受到讯问、未被采取强制措施时，主动、直接向公安机关、人民检察院或者人民法院投案。

《最高人民法院关于处理自首和立功若干具体问题的意见》第 1 条第 3 款规定，在司法机关未确定犯罪嫌疑人，尚在一般性排查询问时主动交代自己罪行的，属于自动投案。

本案中，在公安机关尚不掌握被告人所经营的公司负责人是谁，哪些人涉嫌虚开增值税发票，且公安机关并未传唤的情况下，被告人信某某主动到案配合公安机关调查，构成自动投案。

（2）被告人信某某如实供述自己的罪行。

《最高人民法院关于处理自首和立功具体应用法律若干问题的解释》第 1 条第 1 款第 2 项规定，如实供述自己的罪行，是指犯罪嫌疑人自动投案后，如实交代自己的主要犯罪事实。

被告人信某某在自动投案当天，也就是 2017 年 2 月 16 日，就向公安机关供述了自己与会计毛某某为其所经营的公司少缴纳税款购买增值税发票共计六百余万元的事实，辩护人认为信某某构成如实供述。

因此，辩护人认为信某某符合自动投案如实供述的情形，具有自首情节，可以依法从轻或者减轻处罚。

2. 根据天津市高级人民法院、天津市人民检察院、天津市公安局、天津市司法局共同制定的《关于刑法部分罪名数额执行标准和情节认定标准的意见》第 34 条的规定，结合天津市南开区国家税务局稽查局税务处理决定书及行政处罚决定书认定的被告人经营的公司虚开增值税发票涉及税额为 98 万余元，被告人信某某涉案数额构成数额较大，法定量刑幅度为三年至十年。

3. 被告人经营的公司已经主动补缴了全部税款以及罚款，挽回国家税收损失，未造成严重后果，请求合议庭考虑该情节，信某某的社会危害性不大，对被告人信某某适用缓刑。

二审辩护要点

1. 一审判决违反相关规定，对于认罪认罚案件未能严格执行五部门《试点办法》相关规定。

天津市南开区人民检察院作出的津南检公诉刑诉(2017)574 号《起诉书》认定上诉人信某某构成虚开增值税专用发票罪，明确建议判处其有期徒刑三年，缓刑四年，并处罚金，附《认罪认罚具结书》移交天津市南开区人民法院，一审法院于 2017 年 12 月 12 日作出(2017)津 0104 刑初 583 号刑事判决书，未采纳天津市南开区人民检察院对上诉人信某某的量刑建议，判处其犯虚开增值税专用发票罪，有期徒刑二年，并处罚金 5 万元。

根据《试点办法》第 20 条的规定，对于认罪认罚案件，人民法院依法作出判决时，一般应当采纳人民检察院指控的罪名和量刑建议，但具有下列情形的除外：

(1)被告人不构成犯罪或者不应当追究刑事责任的；

(2)被告人违背意愿认罪认罚的；

(3)被告人否认指控的犯罪事实的；

(4)起诉指控的罪名与审理认定的罪名不一致的；

(5)其他可能影响公正审判的情形。

第 21 条规定，人民法院经审理认为，人民检察院的量刑建议明显不当，或者被告人、辩护人对量刑建议提出异议的，人民法院可以建议人民检察院调整量刑建议，人民检察院不同意调整量刑建议或者调整量刑建议后被告人、辩护人仍有异议的，人民法院应当依法作出判决。

辩护人认为本案属于被告人认罪认罚案件，一审法院对其作出的量刑裁判违反上述规定，理由如下：

(1)一审法院应当采纳人民检察院的量刑建议而未采纳，违反法律规定，是对独立审判权和自由裁量权的滥用。本案上诉人信某某认罪认罚，且不具有《试点办法》第 20 条规定中的除外情形，根据该规定，人民法院应当采纳人民检察院指控的罪名和量刑建议，因此一审法院未能采纳天津市南开区人民检察院对上诉人信某某作出的适用缓刑的量刑建议违反了《试点办法》第 20 条的规定，且一审法院也没有阐明具体理由。

(2)一审法院不采纳人民检察院量刑建议没有按照规定程序进行审理而是径行判决,违反五部委的《试行办法》,滥用自由裁量权。根据《试行办法》第21条的规定,不否认法院依法具有独立审判权和自由裁量权,但权力的行使必须依据法律规定和最高司法机关的规定进行。《试行办法》明确规定了如果人民法院认为检察院量刑建议明显不当,依法应当先行建议检察院调整量刑建议,经调整的量刑建议,应当通知被告人,至少在庭审过程中通知被告人,征询被告人、辩护人的意见。最高司法机关规定该程序的目的,在于保护认罪认罚案件被告人的诉讼权利和辩护人的辩护权,以保证国家司法机关的权威性和公正性。只有经过上述程序,人民法院才有权依法作出判决。本案中,一审法院完全将上述法律规定抛在一边,在庭审过程中,既没有就量刑问题释明检察机关应当调整量刑建议,也没有就此询问被告人、辩护人的意见。

(3)一审法院未按规定程序径行判决,剥夺了被告人信某某的相关诉讼权利。根据我国《刑事诉讼法》的规定,被告人在诉讼中享有自行辩护和聘请律师为其辩护的权利。《刑事诉讼法》第193条规定:法庭审理过程中,对与定罪、量刑有关的事实、证据都应当进行调查、辩论。而辩论是在有争议的前提下产生的,没有争议,就不会产生辩论。针对适用认罪认罚案件,在开庭前控方与被告人一方在辩护人的参与下已经达成了认罪认罚协议并签署《认罪认罚具结书》,对定罪问题及量刑问题已经取得了一致意见,庭审中不存在争议的事实和适用法律的争议,故而在庭审辩论阶段对定罪和量刑均未展开辩论。特别是有些定罪证据、适用法律存在争议但被告人一方为规避更大的诉讼风险,控方为节约司法资源而均同意并达成认罪认罚协议的案件,部分过失犯罪的案件等,这些案件根据五部门《试行办法》进行审理,庭审中对定罪和量刑问题均不展开辩论。此时如果法院认为控方的量刑建议明显不当,或者被告人、辩护人、对量刑建议提出异议的,法院可以建议控方调整量刑建议,如果发生这种情况,我们认为这是庭审中发生了足以影响案件定罪和量刑的事实情形,按照《刑事诉讼法》第193条的规定,被告人和辩护人均享有就这一影响量刑的事实进行辩论的权利。法官在此情形下,必须向控辩双方释明。控方有权决定是否调整量刑建议,被告人、辩护人有权同意或提出异议甚至不再履行与控方达成的认罪认罚协议,要求对定罪的事实、量刑的事实及适用的法律进行法庭调查并与控方展开辩论,这是《刑事诉讼法》第193条规定的被告人、辩护人享有的诉讼权利,包括在审理程序上由原来适用简易程序或速裁程序审理的案件必须恢复为普通程序审理。

而本案一审法院在庭审整个过程中既没有提出控方量刑建议明显不当的问题,也没有向控辩双方释明,在双方完全不知道的情形下径行判决改变控方的量刑建议，判决实际上加重了被告人的刑罚执行措施，无疑是对自由裁量权的滥用，对被告人、辩护人诉讼权利的侵害。

最后，一审法院违反《试点办法》文件具体规定，无视案卷中《认罪认罚具结书》，对认罪认罚案件自行裁量，在执行措施上明显加重了对被告人的刑罚，有违《试点办法》对认罪认罚案件从宽的精神，阻碍认罪认罚从宽制度的试行及推进，产生消极的示范效应，这样的司法判决将会失信于民，应当予以纠正。

2. 本案三被告人不构成共同犯罪，一审法院认定上诉人信某某属于共同犯罪中的主犯，违反法定程序，没有事实依据和法律依据。

（1）案件在侦查阶段、审查起诉阶段、一审阶段，各部门均没有提出关于本案是否属于共同犯罪的意见，一审法院未经法庭质证、辩论，擅自对本案作出属于共同犯罪的认定，同样违反了《刑事诉讼法》第193条的规定，超出了检察机关的起诉范围，剥夺了上诉人信某某就该意见的自行辩护的诉讼权利及辩护人的辩护权。

一审法院在判决书中通过对共同犯罪的论述，不采纳检察院及辩护人关于对被告人信某某适用缓刑的量刑建议，作出判处实刑的裁判不利于被告人，违反刑法有利于被告人原则及刑事诉讼法法院中立裁判的原则。

（2）综观本案事实，一审法院认定共同犯罪并区分主从没有任何事实依据和法律依据。

我国《刑法》第25条规定“共同犯罪是指二人以上共同故意犯罪。二人以上共同过失犯罪，不以共犯论处；应当负刑事责任的，按照他们所犯的罪分别处罚”。我国刑法理论的立法本意是仅在二人以上存在共同故意的情况下才构成共同犯罪，只有共同的故意犯罪才区分主犯、从犯。

本案指控的罪名是虚构增值税专用发票罪，该罪名包括四种不同的犯罪形态：为他人虚开、为自己虚开、让他人为自己虚开、介绍他人虚开增值税专用发票。

本案上诉人信某某是典型的让他人为自己虚开增值税专用发票的情形，被告人张某某是介绍他人虚开增值税专用发票的情形，二人属于不同犯罪形态；二人的主观故意内容也不相同，上诉人信某某的主观故意是购买发票用于抵扣税款，而被告人张某某的主观故意是通过介绍他人虚开增值税发票牟取非法利益。

二人主观故意内容不同，客观上也没有共同的意思联络，结果上也是完全分离的。虽然二人的犯罪行为均侵犯了国家对增值税发票的管理制度，但上诉人信某某是为了偷税，被告人张某某是为了牟取非法利益，二人主客观意思表示不一致，不构成共同犯罪，更谈不上区分主犯、从犯的问题。

结合本案全部案卷材料，上诉人信某某与被告人张某某从未就虚开增值税有过意思联络，更谈不上具有共同犯意，一审法院认为二人构成共同犯罪，被告人信某某是主犯、被告人张某某是从犯,不具有事实依据。

另,上诉人信某某与同案被告是否构成共同犯罪也不属于适用缓刑的除外情形,不影响对上诉人是否适用缓刑的认定。

(3)上诉人信某某符合法律规定适用缓刑的情形。

一审法院对上诉人信某某不适用缓刑,在判决书第六页第二段第十一行表述为"被告人信某某、张某某涉及的犯罪,实为伙同多人的共同犯罪,且涉及的犯罪金额属数额较大,依法应判处三年以上十年以下有期徒刑,并处五万以上五十万以下罚金,故对该二人不宜适用缓刑的处罚"。

《刑法》第 72 条第 1 款规定,对于被判处拘役、三年以下有期徒刑的犯罪分子,同时符合下列条件的,可以宣告缓刑,对其中不满十八周岁的人、怀孕的妇女和已满七十五周岁的人,应当宣告缓刑:

①犯罪情节较轻;

②有悔罪表现;

③没有再犯罪的危险;

④宣告缓刑对所居住社区没有重大不良影响。

上诉人信某某符合《刑法》第 72 条第 1 款中关于适用缓刑的条件,依照法律规定可以适用缓刑,检察机关亦依据该法律规定对上诉人信某某作出了适用缓刑的量刑建议。

具体表现:

①上诉人信某某犯罪情节较轻。

上诉人信某某虽然涉及犯罪金额数额较大,犯罪行为属于法定刑三年以上十年以下的行为,但法院依法认定其构成自首,依法应从轻或减轻处罚,上诉人信某某符合适用缓刑"犯罪情节较轻"这一条件。

②上诉人信某某有悔罪行为。

结合上诉人信某某主动投案后的表现,其在案件侦查阶段能够如实供述,并通过家属主动补缴税款及罚款,当庭表示配合法院认罪认罚积极缴纳罚金,弥补国家税收损失,上诉人信某某这些客观行为均为悔罪行为。

③上诉人信某某没有再犯罪的危险。

上诉人信某某被控罪名属于经济犯罪类型,侵害的客体为国家税收管理制度,而非对他人人身权利的侵害。上诉人信某某此前已经在看守所羁押了四个多月,教训是深刻的,对其适用缓刑不具有社会危险性。

④宣告缓刑对上诉人信某某所居住社区没有重大不良影响。

上诉人信某某自大学毕业来津已经 10 余年,其有稳定的住所,自己经营一家公司,解决了 20 余人的就业问题,对其采取社区矫正,没有不利的影响。如坚持对其采取实刑,不仅是一个家庭的毁灭,20多名员工也即将面临失业,所产生的法律效果、社会效果均是消极的。

一审法院既没有依据该法律规定对被告人适用缓刑,也没有采纳检察机关的对被告人适用缓刑的量刑建议,系滥用自由裁量权作出不利于被告人裁判的行为,应当依法纠正。

综上所述,上诉人信某某对犯虚开增值税专用发票罪并无异议,认为一审法院未能采纳检察机关适用缓刑的量刑建议而是对其判处有期徒刑两年违反法律规定,请求法院依法改判,对其适用缓刑。

■ 裁判结果

天津市南开区人民法院(2017)津0104刑初583号判决,认为被告人信某某伙同他人违反国家税收征管和发票管理制度,让他人为自己虚开增值税专用发票;被告人张某某、毛某某介绍他人为信某某虚开增值税专用发票,三被告人虚开的税款共计98万余元,属数额较大,且从中牟利的行为依法均构成虚开增值税专用发票罪,均应追究刑事责任。公诉机关指控被告人信某某、张某某、毛某某的犯罪事实清楚,证据确实充分,指控罪名成立,本院予以支持。被告人信某某、张某某的各辩护人的辩护意见中,除量刑建议外,其他辩护意见并无不当,可以酌情采纳。被告人毛某某辩护人的辩护意见可以酌情采纳。对控辩双方当庭提出对被告人信某某、张某某判处缓刑的量刑建议,本院认为,被告人信某某、张某某涉及的犯罪,实为伙同多人的共同犯罪,且涉及的犯罪金额属数额较大,依法应判处三年以上十年以下有期徒刑,并处5万以上50万以下罚金,故对该二人不宜适用缓刑的处罚。鉴于被告人信某某在公安警员调查时,接到电话后主动回公司接受调查,并如实供述犯罪事实;被告人毛某某在接到公安警员电话通知后,主动到公安机关接受调查,并如实供述犯罪事实,该二人的行为认定为自首,依法应从轻或减轻处罚。被告人张某某在虚开增值税专用发票的整个事件过程中,受他人委托介绍杨某某为信某某办理虚开增值税专用发票,故其在共同犯罪中起次要作用,是从犯,依法应当从轻、减轻处罚。另考虑三被告人归案后均如实供述共同犯罪事实,均当庭自愿认罪;被告人信某某退缴了全部税款并缴纳了罚款,未再给国家造成进一步的经济损失;被告人张某某、毛某某退交了非法所得,确有悔罪表现等情节,均可依法酌情从轻处罚。本院综合考虑上述量刑情节和控辩双方意见,对三被告人均予以减轻处罚。本院为维护国家对增值税专用发票的监督管理制度,打击刑事犯罪,依照《刑法》第25条第1款、第27条、第45条、第64条、第67条第1款和第3款、第72条第1款和第3款、第73条第2款和第3款、第205条第1款和第3款的规定,判决如下:

1. 被告人信某某犯虚开增值税专用发票罪，判处有期徒刑二年，并处罚金5万元。

被告人张某某犯虚开增值税专用发票罪，判处有期徒刑一年，并处罚金5万元。

被告人毛某某犯虚开增值税专用发票罪，判处有期徒刑一年六个月，缓刑二年，并处罚金5万元。

2. 被告人张某某、毛某某退交的非法所得20万元依法没收。

二审天津市第一中级人民法院(2018)津01刑终152号刑事裁定，驳回上诉，维持原判。

■ 案件评析

本案在审判阶段国家五部委已经深入实施认罪认罚从轻处罚的制度，一审法院未采纳控方的判处缓刑的量刑建议，判处被告人有期徒刑两年，但认定了被告人自首成立，适用减轻处罚。被告人不服一审判决，提起上诉。二审辩护则仅围绕一审法院违反法定程序，适用法律不当为被告人进行辩护。虽然二审维持了一审判决，但是认罪认罚制度在实践中仍然有很多问题值得研究和探索。

根据《试点办法》第11条、第20条、第21条、第23条之规定，向二审法院提出以下问题，围绕着这些问题，展开二审辩护观点。2019年10月24日最高人民法院、最高人民检察院、公安部、国家安全部、司法部发布了《关于适用认罪认罚从宽制度的指导意见》(本案简称《指导意见》)基本上解决了本案遇到的问题。

A. 适用认罪认罚程序审理的案件，法院是否可以不采纳控方的量刑建议？

答：根据《指导意见》第40条第1款的规定：对于人民检察院提出的量刑建议，人民法院应当依法进行审查。对于事实清楚，证据确实、充分，指控的罪名准确，量刑建议适当的，人民法院应当采纳。具有下列情形之一的，不予采纳：

1. 被告人的行为不构成犯罪或者不应当追究刑事责任的；
2. 被告人违背意愿认罪认罚的；
3. 被告人否认指控的犯罪事实的；
4. 起诉指控的罪名与审理认定的罪名不一致的；
5. 其他可能影响公正审判的情形。

B. 如果可以，法院是否有权在没有向控辩双方释明的情形下直接作出判决？

答：不可以。根据《指导意见》第41条第1款的规定：人民法院经审理，认为量刑建议明显不当，或者被告人、辩护人对量刑建议有异议且有理有据的，人民法院应当告知人民检察院，人民检察院可以调整量刑建议。人民法院认为调整后的量刑建议适当的，应当予以采纳；人民检察院不调整量刑建议或者调整后仍然明显不当的,人民法院应当依法作出判决。

C. 法院如果判决改变控方量刑建议,须经过哪些程序?

答:必须经过释明,调整量刑建议,判决。

D. 法院不同意控方量刑建议或被告人及辩护人有异议的情况下,被告人的诉讼权利如何保障?

答:虽然《指导意见》没有涉及这种情形,但是我认为法院仍然没有权利直接判决,应当告知各方终结认罪认罚,按普通程序审理案件。

此外,实务中我们还遇到过这样的案件,在审查起诉阶段被告人与公诉机关在辩护人的参与下签署了《认罪认罚具结书》,开庭前案件事实和证据发生了重大变化,辩方有证据证实控方的指控事实不清,证据不足或者法律适用出现重大瑕疵,被告人可能不构成犯罪。这种情况下如何进行辩护,既要实现被告人“法律利益的最大化”,又要避免无罪辩护失败,使已经达成的《认罪认罚具结书》被撤销,从而导致量刑建议的提高,出现不利于被告人的结果。我们对相关规定的研讨,认为可以采取如下策略:

在与被告人充分沟通意见一致的基础上,由被告人本人坚持自愿认罪认罚,辩护人独立提出无罪的事实证据及辩护意见。此举既不违反法律和律师执业规定,损害委托人利益,又有助于人民法院查明事实,正确适用法律。理由如下:

1. 辩护人参与《认罪认罚具结书》的签署,目的在于维护被告人在起诉阶段所享有的诉讼权利及明确被告人自认所应承担的刑事责任的程度。

2. 辩护人在法庭审理及辩论过程中享有独立辩护权,这种独立的辩护权建立在法律和事实的基础上,尊重当事人的意愿,不得提出不利于当事人的辩护意见。在事实和证据发生变化时,有权依据独立辩护的原则,提出被告人无罪的意见。

3. 辩护人的无罪辩护并不导致被告人《认罪认罚具结书》的撤销,更不必然导致量刑建议的提高。《认罪认罚具结书》是公诉机关与被告人之间对被告人认可指控犯罪事实,构成犯罪以及被告人自愿承担法律责任的确认,辩护律师的介入在于释明法律后果,维护被告人的合法权益。认罪认罚应以被告人主观意愿为依据,在审理中如果被告人同意辩护人无罪的辩护意见,则公诉方有理由认定其违反具结书的约定,相应提高量刑建议,但被告人本人不同意辩护人的无罪辩护,且坚持自愿认罪认罚,应认定被告人与公诉机关签署的《认罪认罚具结书》仍然有效。

4. 这种做法有助于法院查明事实,准确适用法律。根据《指导意见》第40条的规定:对于人民检察院提出的量刑建议,人民法院应当依法进行审查。对于事实清楚,证据确实、充分,指控的罪名准确,量刑建议适当的,人民法院应当采纳。具有下列情形之一的,不予采纳:

(1)被告人的行为不构成犯罪或者不应当追究刑事责任的；

(2)被告人违背意愿认罪认罚的；

(3)被告人否认指控的犯罪事实的；

(4)起诉指控的罪名与审理认定的罪名不一致的；

(5)其他可能影响公正审判的情形。

根据上述规定，人民法院有权对《认罪认罚具结书》进行法律审查，履行的前提首先应当是被告人构成犯罪应当追究刑事责任。而这恰恰也是辩护人维护法律和正义，实现“被告人法律利益最大化”的根本职责。

实务中会不断出现新的问题，有待最高司法机关进一步规范，方能将认罪认罚制度落到实处，节约司法资源，有助于解决同案不同判的司法乱象。

英国人迈克走私珍贵动物制品、走私武器案

——涉外刑事辩护法律适用的国际化思维

■ 案情简介

本案的被告人迈克系英国人，案发前在中国北京潘家园经营一家古董店，销售英式古董家具及工艺品数年。2012 年被告人在英国购买了部分古董家具和装饰工艺品，通过海运运到中国。2012 年 8 月，该批货物进入中国后，天津海关缉私局的工作人员在检查货物时发现其中包括疑似象牙制品一千余件、疑似象足制品九件、枪型物八支，遂对上述物品予以查扣，对该案立案调查。

迈克本人根本没有意识到其行为触犯了中国《刑法》，涉嫌严重的走私犯罪，将会受到中国法律的严厉制裁。2012 年 9 月 4 日，被告人迈克主动从英国来到中国天津，配合天津海关缉私局工作人员对案件进行调查，同年 10 月 11 日，迈克因涉嫌走私珍贵动物制品罪、走私武器罪由天津市人民检察院第二分院批准逮捕。天津市人民检察院第二分院津检二院刑诉(2013)17 号起诉书，指控被告人迈克走私象牙制品 178.968 千克，象足制品 9 件，上述动物制品价值共计人民币7,738,310元；走私能够发射以火药为动力的弹丸枪 6 支。

公诉机关认为，被告人迈克违反我国海关法规，逃避我国海关监管，走私进口象牙、象足制品和枪支的行为，触犯了《刑法》第 151 条之规定，犯罪事实清楚、证据确实充分，应当以走私珍贵动物制品罪、走私武器罪追究被告人刑事责任。

■ 辩护思路

该案系英国驻华大使馆推荐，被告人近亲属委托担任辩护人的涉外刑事辩护案件。涉及的法律关系复杂，涉及国际货物买卖、通关、物流、商检及缴纳海关关税等多重民事、行政法律关系；适用的法律、法规也相对复杂，包括国际公约、《野生动物保护法》、《海关法》及规章、《刑法》及其相关司法解释等。此外还涉及数罪指控，其中关于走私珍贵动物制品的金额估价达到了数额特别巨大的程度，如定罪，依据《刑法》及最高人民法院、最高人民检察院的司法解释即有可能被判处十年以上有期徒刑；关于走私武器的指控，单从数量上判断也达到了“情节严重”的程度，也有可能处十年以上有期徒刑；数罪并罚后被告人迈克极有可能被处以

十年以上,二十年以下有期徒刑,这对于65岁的被告人迈克来讲,意味着判处了死刑。被告人本人仅认可自己可能违反了有关贸易法规,愿接受行政处罚但不认为其行为构成犯罪且不愿受刑罚处罚。针对本案的实际情况,辩护人确定无罪辩护的基本思路,同时在证据采信及法律适用存在较大不确定性的情况下,为保障被告人法律意义上的利益最大化,搜集相关证据,并提出如法院认定罪名成立,被告人具有从轻、减轻处罚情节的辩护意见。

本案焦点有两个,一是象牙制品未经报关进入中国境内是否构成走私珍贵动物制品罪;二是对于被告人在英国的亲属收集的来自英国的证明被告人不构成走私武器罪的证据能否作为定案的依据。

公诉机关认为,本案涉及的象牙制品及象足制品属于我国刑法规定的珍贵动物,对于被告人未经报关运输象牙制品及象足制品进境的行为,应当按照走私珍贵动物制品罪进行定罪处罚。来自英国的三份证人证言经过英国公证机关的公证、英国中央政府外交主管部门及我国驻英国大使馆的认证,形式上满足我国刑事诉讼对证据的形式要求,可以作为证据使用,但对证据内容及证明目的不予认可,被告人未经报关将枪支运输到境内的行为构成走私武器罪。

围绕着控辩双方的上述争议,辩护人在既定的无罪辩护宗旨下,拟定以下的辩护思路:

1. 象牙制品属于"珍贵动物制品",但不属于我国《刑法》规定中"禁止进出口"的珍贵动物制品,现行法律、法规并没有对涉案象牙制品是否属于"禁止进出口"的珍贵动物制品作出解释,而"禁止"与否是认定本案被告人是否构成犯罪的关键。

2. 目前,我国现行的刑法、司法解释与行政法规对象牙制品的出入境管理存在无法衔接的问题,对于象牙制品的管制缺少统一的、权威的具体规范,适用现行法律法规认定被告人是否构成犯罪,有违刑法的谦抑性原则,故被告人贩运象牙制品入境的行为不构成走私珍贵动物制品罪。

3. 根据疑罪从无的刑法定罪原则,仅在被告人进口的货物中发现古董枪支,从该罪的犯罪构成要件入手,在没有其他被告人实行走私武器的相关证据佐证的情况下,不能认定被告人构成走私武器罪。

4. 不排除最终被告人被认定有罪,故同时提出具备法定的从轻、减轻处罚情节,绝不放过任何实现被告人法律利益最大化的机会。

■ 辩护要点

1. 被告人非法贩运象牙制品进境,不构成我国《刑法》规定的走私珍贵动物制品罪。

我国《刑法》第151条第2款规定，走私国家禁止出口的文物、黄金、白银和其他贵重金属或者国家禁止进出口的珍贵动物及其制品的，处五年以上十年以下有期徒刑，并处罚金；情节特别严重的，处十年以上有期徒刑或者无期徒刑，并处没收财产；情节较轻的，处五年以下有期徒刑，并处罚金。该条规定了走私珍贵动物及其制品罪，所谓走私珍贵动物及其制品罪，即违反《海关法》及相关法律的规定，逃避海关监管，采取运输、携带、邮寄等方式，将国家禁止进出境的珍贵动物及其制品运出境外或者运进境内，情节达到应受刑罚处罚的行为。

第一，构成走私珍贵动物及其制品罪，需要满足以下要件：(1)行为人逃避海关监管；(2)行为人走私的珍贵动物及其制品属于国家法律或法规明令禁止进出口的珍贵动物及其制品，情节严重的才构成走私。

本案行为人所涉的物品没有向海关申报，无疑具备了逃避海关监管的行为要件，但所涉及的象牙及其制品是否构成我国刑法意义上的“国家禁止进出口的珍贵动物”，是值得商榷的。我们认为依据我国现有的法律规范，象牙制品不属于“禁止进境的货物和物品”。

(1)从国际法的角度，看对于象牙及其制品贩运的相关规定。

《野生动物保护法》《海关法》《森林法》《野生植物保护条例》《濒危野生动植物进出口管理条例》《进出口野生动植物种商品目录》等法律法规对野生动植物及其物种的保护，目的在于履行国际条约义务。且本案所涉及的象牙及其制品，也是存在于国际贸易过程之中，因此，探讨有关国际法对此类问题的规制，对本案的法律适用尤为重要。

中国于1980年12月25日加入了《濒危野生动植物种国际贸易公约》(又称《华盛顿公约》，以下简称《华盛顿公约》)，该公约于1981年4月8日对中国正式生效。该公约第2条基本原则规定，附录一应包括所有受到和可能受到贸易的影响而有灭绝危险的物种，这些物种的标本的贸易必须加以特别严格的管理，以防进一步危害其生存，并且只有在特殊的情况下才允许进行贸易；附录二应包括所有那些目前虽未濒临灭绝，但如对其贸易不严加管理，以防止不利其生存的利用，就可能变成有灭绝危险的物种。由此我们可以知道，《华盛顿公约》的制定目的是保护濒危野生动物及可能变成有灭绝危险的物种，防止这些物种面临捕杀的危险。对附录一中的物种，公约一般禁止其贸易；对附录二中的物种，公约严格限制其贸易。目前，《华盛顿公约》将亚洲象和部分非洲象列入附录一，将博茨瓦纳、纳米比亚、南非、津巴布韦种群的非洲象列入附录二(近年又发生调整)。

《华盛顿公约》第7条第2款规定，出口国或再出口国的管理机构确认，某一标本是在本公约的规定对其生效前获得的，并具有该管理机构为此签发的证明书，则第3条、第4条和第5条的各项规定不适用于该标本。也就是说，《华盛顿公约》对于公约生效前获得的物种标本进行的是许可证的管理模式,即通过许可证制度限制公约生效前物种标本的贸易,或者说可以理解为这些物种属于限制贸易的范畴而非禁止贸易。

(2)从我国国内法角度出发,看我国法律法规对象牙及其制品的规制。

首先,《刑法》所规定的"禁止进出口珍贵动物",界定"禁止进出口的珍贵动物及其制品"的法律基础及具体规制并不在刑法本身,而在于其所涉及的相关行政法律和法规。从我国目前可查询到的行政法律、法规、规章来看,象牙及其制品属于涉及许可证的限制进境的物品而非禁止进境的物品。

根据《对外贸易法》第 18 条第 1 款的规定,国务院对外贸易主管部门会同国务院其他有关部门,依照本法第 16 条和第 17 条的规定,制定、调整并公布限制或者禁止进出口的货物、技术目录;《货物进出口管理条例》第 8 条第 2 款规定,禁止进口的货物目录由国务院外经贸主管部门会同国务院有关部门制定、调整并公布。至今,相关主管部门分批次公布了六批《禁止进口货物目录》,珍贵动物范畴中只有虎骨、犀牛角被中华人民共和国对外贸易经济合作部 2001 年第 19 号公告列入第一批《禁止进口货物目录》,属禁止进口的货物,而象牙及其制品没有被列入该目录名单,则不属于禁止进口的货物。

2011 年濒管办与海关总署共同发布《进出口野生动植物种商品目录》,规定对列入该目录管理范围的野生动植物或其产品的进出口,必须按照国家有关法律、法规及华盛顿公约要求的程序进行申报和审批,并办理《濒危物种允许进口证明书》。象牙被列为该《进出口野生动植物种商品目录》(详见动物附表 32、41、51、71),国家对象牙及其制品进境采取的是许可证管理制度,海关凭证验收,因此象牙及其制品应属于涉及许可证的限制进境货物。

根据《海关行政处罚实施条例》第 66 条的规定,国家禁止或者限制进出口的货物目录,由国务院对外贸易主管部门依照《对外贸易法》的规定办理;国家禁止或者限制进出境的物品目录,由海关总署公布。海关总署于 1993 年 2 月 26 日颁布实施的《关于修订〈中华人民共和国禁止进出境物品表〉和〈中华人民共和国限制进出境物品表〉重新发布的通知》指出,属于禁止进境物品范畴的动物是指带有危险性病菌、害虫、及其他有害生物的动物;属于禁止出境物品范畴的动物是指濒危的和珍贵的动物;属于限制进境物品范畴的动物是指濒危的和珍贵的动物。由此可见,禁止与限制在海关行政法规中有着不同的含义,就动物而言,国家禁止进境的物品一般是那些可能对我国环境、卫生安全造成危害的动物物种,而不包括濒危和珍贵的动物。海关总署第 43 号令以行政规章的层级对外公布了《禁止进出境物品表》和《限制进出境物品表》,其中"濒危的和珍贵的动物、植物(均含标本)及其种子和繁殖材料"属于禁止出境、限制进境的物品。

为了更好地履行《华盛顿公约》,我国制定了《野生动物保护法》《濒危野生动植物进出口管理条例》及其他行政法规、部门规章,二者在处理象牙及其制品进境问题上,都实行的是许可证管理模式。因此,在我国象牙及其制品入境需提交《濒危物种允许进口证明书》,象牙属于限制许可证的限制进境物品,而非禁止进境的物品。本案中被告人进口象牙制品没有办理相关进口证明书,不影响这些象牙制品从目前的法律规定上来看本质上仍属于限制进境的物品。

其次,从刑法角度来看,非法运送象牙制品进境的行为不能以走私罪论处。

《刑法》第 151 条第 2 款规定了走私珍贵动物及其制品罪,本罪侵犯的客体包括两个基本要素:珍贵动物及其制品和国家禁止进出口的管理制度。

(1)象牙及其制品属于“珍贵动物及其制品”范畴。

《最高人民法院关于审理走私刑事案件具体应用法律若干问题的解释》(法释〔2000〕30 号,已失效)第 4 条规定:“刑法第一百五十一条第二款规定的‘珍贵动物’,是指列入《国家重点保护野生动物名录》中的国家一、二级保护野生动物和列入《华盛顿公约》附录一、附录二中的野生动物以及驯养繁殖的上述物种。”该司法解释对《刑法》第 151 条第 2 款“禁止进出口的珍贵动物及其制品”中的“珍贵动物”作出了明确规定,象牙及其制品属于“珍贵动物及其制品”范畴。

(2)刑法及相关司法解释并未明确将象牙及其制品界定为“禁止进出口”范畴。

走私珍贵动物及其制品罪所侵犯的客体是国家对珍贵动物及其制品禁止进出口的管理制度,具体地说,走私的珍贵动物及其制品还必须为国家禁止进出口的,才能构成本罪。否则,虽为珍贵动物及其制品,但不为国家禁止进出口的,不能构成走私珍贵动物及其制品罪。在刑事法律体系中,虽对“珍贵动物”予以了明确,但没有对哪些“珍贵动物”属于“禁止进出口”的范畴进行界定。因此,界定哪些珍贵动物属于“禁止进出口”范畴,仍需我国相关行政法律、法规给予清楚、明确的规定。

罪刑法定原则作为刑法的核心原则,是指判断一个行为是否为犯罪行为、是否给予刑罚处罚、给予什么样的刑罚处罚,必须以法律明文规定为准则;如果法律未能及时反映在具体罪刑规范上来,则对其是不能作为犯罪来处理的。理论上,法律、法规、规章必须按照严格的立法程序进行制定、公布,内容应当清楚、明确、具体。行政法是认定走私犯罪的基础法律,并没有把象牙制品列为“禁止进口”物品。根据目前的海关行政法律规范,象牙及其制品应属于限制进境的货物和物品,而非禁止进境的货物和物品。本案中,将象牙制品界定为“禁止进口”的珍贵动物制品没有法律依据,公诉人适用《刑法》第 151 条的规定以涉嫌走私珍贵动物制品罪对被告人提起公诉,系适用法律错误。

第二,从刑事司法的国际化、执法的科学性来谈本案的法律适用。

本案所涉的象牙及其制品均不是整根象牙或象牙原材料,而是形成于距今达百年之久的象牙制品,把这些物品是界定为我国《刑法》所规定的珍贵动物及其制品还是古董,是值得商榷的。

在我国,并没有通过法律规定对古董进行定义,对于什么年代形成的古物可以认定为古董也没有具体的依据。鉴于我国已经加入WTO,贸易制度也日趋国际化,对于涉及国际贸易的空白规定,可以借鉴和参考其他国家的相关规定。特别是本案涉及国际贸易过程中的法律冲突,更应当考虑行为人所在的国家或地区对象牙制品的规制。欧盟在履行华盛顿公约时,通过2007年第338号法规将满足下列条件的珍贵动物物种的部分及衍生物定义为古董:(1)这些标本在1947年6月1日以前,已经脱离野外由原始状态被显著地被改变成为珠宝、装饰品、艺术品、实用工具或者乐器;(2)这些标本已经保持这种状态不需要经过再次雕刻、制作或者制造来实现功用。这些古董在欧盟内部进行贸易是不需要任何许可证的,出口欧盟时则需要取得相关的许可证。本案中,被告人出口到中国的象牙制品均形成于1947年6月1日以前,已经被显著地改变成了刷子、镜子、手杖(被告人否认手杖是他的)等,符合欧盟对古董的定义。而此时,对这些象牙制品进行断代的司法鉴定,对于界定这些物品是否属于古董是非常必要的。这些物品在英国境内及欧盟境内是可以自由贸易的,对此辩护人提供的英国古董交易市场的照片、相关机构网站上的官方解答及被告人的供述均能说明这一事实。

作为一个外国人,被告人对中国的法律不了解,并没有意识到将这些在英国甚至欧盟可以自由贸易的古董出口到中国会触犯中国的《刑法》,甚至可能会面临刑事处罚;在我国,海关相关法规对于古董的进口不需要任何许可证,因此对本案涉案物品的属性进行界定显得尤为重要。而我国现行法律并没有对古董的含义进行界定,此时参考欧盟的相关法规对涉案物品的属性进行界定,不仅有利于保护被告人的人权,而且对于今后解决类似的司法冲突起到很好的示范作用。

综上,无论是我国缔结的国际条约还是国内法的相关规定,都对象牙及其制品的贸易采取了许可证限制的管理,而非禁止贸易。因此,辩护人认为被告人贩运象牙制品入境的行为不能以走私罪论处。

第三,关于鉴定结论的法律分析及质证意见。

(1)辩护人对鉴定机构的司法鉴定许可证及鉴定人资质的真实性没有异议,对其与本案的关联性存有异议。

我们从江西野生动植物司法鉴定中心提供的司法鉴定许可证可以看到,该机构的鉴定业务范围包括:野生动植物、林木种子苗木、林业有害生物、林产品、森林食品司法鉴定、林木(地)资源、林业工程(质量)森林火灾司法鉴定。也就是说该机构的鉴定业务包括野生动植物,但不包括野生动植物制品。而两位鉴定人的执业类别也仅包括野生动植物,不包括野生动植物制品。因此,辩护人认为该机构及鉴定人没有鉴定本案野生动植物制品的资质。

(2)辩护人认为该鉴定机构提供的鉴定书形式和内容上均不符合本案的要求。

从鉴定程序上来看,检材没有经过被告人的确认,无法核实哪些物品为本案的被告人所有,哪些需要被排除,不符合法律要求。

从鉴定书的形式要件来看,不符合《司法鉴定程序通则》和《刑事诉讼法》的要求。根据《司法鉴定程序通则》第22条规定司法鉴定人进行鉴定,应当依下列顺序遵守和采用该专业领域的技术标准和技术规范:①国家标准和技术规范;②司法鉴定主管部门、司法鉴定行业组织或者相关行业主管部门制定的行业标准和技术规范;③该专业领域多数专家认可的技术标准和技术规范。不具备前款规定的技术标准和技术规范的,可以采用所属司法鉴定机构自行制定的有关技术规范。《最高人民法院关于适用〈中华人民共和国刑事诉讼法〉的解释》第85条第6项规定,鉴定过程和方法不符合相关专业的规范要求的,不得作为定案的根据。而鉴定书中并没有列明鉴定事项的国家标准、技术规范;《刑事诉讼法》要求鉴定机构只能出具鉴定意见,而不是鉴定结论,该鉴定书的第5项为鉴定结论,不符合法律的要求。

从鉴定书的内容上看,该鉴定书缺乏严谨性、科学性。送检的象牙制品种属不明,是亚洲象还是非洲象并没有进行鉴定,这一结果决定是否适用《刑法》,关乎能否定罪;在进行重新鉴定前,辩护人已经提出对检材的形成年代进行鉴定,年代的鉴定同样关乎本案的法律适用,然而这份鉴定书中并没有相关说明;从鉴定机构的许可证来看,该鉴定机构没有资质、职权对涉案物品确定价值。海关总署关于转发和具体适用《最高人民法院关于审理走私刑事案件具体应用法律若干问题的解释》(已失效)的通知第2条规定,凡涉税走私货物、物品的估价及其偷逃应缴税额的计算,均应由案件查获地海关指定的有关部门来核定,并以查获地海关的名义出具证明。第3条规定,海关不负责非涉税进出口货物、物品的价值估定工作。对查获的走私珍贵动物制品案,需要依据《最高人民法院关于审理走私刑事案件具体应用法律若干问题的解释》(已失效)第4条的规定对其价值进行估定时,可由海关走私犯罪侦查部门委托当地政府的同级物价管理部门设立的价格事务所估定,并由价格事务所出具估价证明。

因此,辩护人认为该鉴定书从形式上、内容上既不符合本案的要求,也不符合法律的规定,不得作为定案的依据。

综上所述,依据我国法律规定,结合案件事实,被告人走私象牙制品进境的行为不构成刑事犯罪,但其没有报关的行为具有行政违法性,应当受到相关的行政处罚。

2. 公诉人指控被告人涉嫌走私武器罪,并没有提供确实、充分的证据。涉案枪支并非为被告人所有,被告人既没有走私武器的故意,也没有走私武器的行为。

针对本案的案件事实,辩护人向法院提交了两份声明:一份来自 David lan Johnson,也就是枪的主人,2013 年 5 月 1 日他出具了这份声明,声明中称出现在被告人集装箱里的枪属于他,这些枪在英国装载集装箱的地方丢失;另一份来自 Leslie Saunders 也就是货物的装卸工人,2013 年 5 月 1 日他出具了这份声明,声明中称他在将被告人的货物装进集装箱时,将一些古董枪支装了进去,事后才知道那些枪支不属于被告人。这两份声明经过了公证认证程序,已经由辩护人提交给了法院。根据这两份声明,我们可以了解到这些枪并不属于被告人,而是工人在装货时由于失误错装到被告人的货物中的。

我国《刑事诉讼法》第 53 条规定(2018 年 10 月 26 日第三次修正后为第 55 条),对一切案件的判处都要重证据,重调查研究,不轻信口供。只有被告人供述,没有其他证据的,不能认定被告人有罪和处以刑罚;没有被告人供述,证据确实、充分的,可以认定被告人有罪和处以刑罚。证据确实、充分,应当符合以下条件:(1)定罪量刑的事实都有证据证明;(2)据以定案的证据均经法定程序查证属实;(3)综合全案证据,对所认定事实已排除合理怀疑。

本案中,公诉人提供的证据仅就涉案枪支是在被告人的货物中发现的这一事实进行了确认,对于这些枪支的来源及归属并没有调查清楚,无法排除涉案枪支确为他人所有、被告人不知自己的货物中夹杂了枪支的合理怀疑。公诉机关在没有清楚查明案件事实、证据不够确实充分的情况下,对被告人提起公诉,违反了法律的规定,没有充分履行审查起诉的职责。

在刑法理论中,危害行为是构成要件该当性或犯罪客观方面最核心的要素,而所谓危害行为,是指行为人在其意志支配下实施的危害社会的身体动静。即只有犯罪嫌疑人是在具有犯罪故意的意志支配下实施的客观上对社会具有危害性的行为,才有可能构成犯罪,反之即使犯罪嫌疑人实施的行为客观上对社会具有危害性,但该行为并不是在具有犯罪故意的意志支配下实施的,该行为不能被认定为危害行为,更不可能构成犯罪行为。

本案中,根据辩护人提供的两份材料以及被告人自己的供述,一致证实被告人既不是这些枪支的主人,也不知道这些枪支被装进了自己的货物,即被告人既没有走私武器的故意,也没有实施走私武器的行为。公诉机关对于上述事实并没有进行调查核实,仅根据这些枪支出现在被告人的货物中,就认定被告人实施了走私武器的行为,缺少事实依据,无法排除枪支系其他人所有的合理怀疑。因此,辩护人认为公诉人在基本事实没有调查清楚、无法排除合理怀疑的情况下，适用《刑法》第151条以涉嫌走私武器罪对被告人提起公诉，系事实不清、证据不足、适用法律错误，辩护人认为被告人涉嫌走私武器罪罪名不能成立。

3. 假设本案法律规定明确，证据确实充分，被告人确实构成犯罪，应当认定被告人有自首情节，可以从轻、减轻处罚。

2012年7月，被告人委托在英国的代理人将家具及象牙制品等物出口到中国，2012年9月接到国内联系人黄某的电话，得知这些货物被天津海关扣押，为了说明情况，被告人主动从英国乘坐飞机来到中国。在案卷中，被告人2012年9月5日14时的笔录、天津新港海关缉私分局出具的抓获经过及公诉人的起诉书中，均对被告人主动投案的事实进行了确认。

在接受天津海关缉私局的调查时，被告人积极配合，如实供述了这些象牙制品的来源、进口到中国的目的及其他相关情况，使得案件的调查工作顺利进展。根据我国《刑法》第67条规定，犯罪以后自动投案，如实供述自己的罪行的，是自首。对于自首的犯罪分子，可以从轻或者减轻处罚。其中，犯罪较轻的，可以免除处罚。

作为一个63岁的老人，被告人主动来到中国说明情况，并愿意接受中国法律的制裁，至今被告人已经被羁押在天津市第二看守所长达17个月，被告人受到了相关的法律教育，对走私珍贵动物制品进境的行为懊悔不已。由于被告人身体不好伴有多种疾病，在羁押期间多次因心脏病、高血压住院治疗，现在仍需每天服用四十余粒药物维持身体健康，并随时有病发的危险，这种情况下被告人已经不适合在看守所继续羁押，辩护人申请法院对被告人变更强制措施。

综上所述，辩护人认为被告人走私象牙制品进境的行为，违反了我国海关监管的管理制度，应当受到行政法规的行政处罚，而非刑事处罚；被告人主观上不具有走私武器的故意，不构成走私武器罪。

■ 裁判结果

天津市第二中级人民法院(2013)二中刑初字第57号刑事判决，认定被告人迈克违反了中华人民共和国海关法规和野生动物保护法规，逃避海关监管，偷运价值630余万元的野生象象牙及象足制品进入我国国境，其行为已构成走私珍贵动物制品罪，且属情节特别严重，应依法惩处。公诉机关指控被告人迈克所犯走私珍贵动物制品罪罪名成立，应予支持。但指控其所犯走私武器罪，证据不足，本院不予支持。鉴于被告人迈克于案发后主动至天津新港海关缉私分局接受调查，应视为主动投案；其归案后能够如实供述自己罪行，属自首，可依法对其减轻处罚。对于辩护人所提，被告人有自首情节，请求法庭对其减轻处罚的辩护意见，本院已在量刑时酌情考虑。据此,依照《刑法》第6条第1款、第52条、第63条第1款、第64条、第67条第1款、第151条第2款,《最高人民法院关于审理走私刑事案件具体应用法律若干问题的解释》(已失效)第4条,《最高人民法院关于处理自首和立功具体应用法律若干问题的解释》第1条,《刑事诉讼法》第16条第1款之规定,判决如下:

1. 被告人迈克犯走私珍贵动物制品罪,判处有期徒刑六年,并处罚金人民币10万元。

2. 在案扣押的象牙制品1633件、象足制品9件依法没收,枪支由天津海关依法处理。

■ 案件评析

虽然本案最终法院没有完全采纳辩护人关于被告人无罪的辩护意见,但是控方关于走私武器罪的指控未予支持,避免数罪并罚,大大减轻了被告人的刑事责任,对于走私珍贵动物制品罪作出了减轻处罚的判决。我们不难看出,该判决并没有对涉案象牙制品是否属于"禁止"进出口的珍贵动物制品作出解释,而"禁止"与否是认定本案被告人是否构成犯罪的关键,也是成文法国家罪刑法定原则在审判实务中的具体体现。

随着我国加入WTO,国际贸易的范围和规模有着日新月异的变化,我国和世界各国之间的贸易交流日渐频繁,同时各国之间的法律制度的冲突也越来越显著。象牙作为工艺品的原材料已经有着悠久的历史,早在1973年为了保护濒危灭绝的野生动物,一百多个国家签署了《华盛顿条约》,并纷纷制定了相应的国内法对于如何保护濒临灭绝的大象及如何限制象牙制品的流通进行具体规定。近几年很多国人在国外通过拍卖会购回的象牙工艺品、古董在进境时被海关扣押,许多购买人以走私珍贵野生动物制品罪获刑。

我国现行的《刑法》、司法解释与行政法规对象牙制品的出入境管理存在无法衔接的问题,对于象牙制品的管制缺少统一的、权威的具体规范,适用现行法律法规认定被告人是否构成犯罪,有违刑法的谦抑性,经不住刑法理论的推敲和时间的考验。根据《华盛顿公约》第7条的规定,公约生效前获得的标本,只要取得相关的进出口许可证,即可取得公约的豁免,自由贸易。这体现出设定公约的实质是为了遏制杀戮,使濒临灭绝的物种得以繁衍生息,而对于已经形成的这些物种的制成品仅予以限制而非禁止。我国和英国同为《华盛顿公约》的缔约国,在履行公约过程中,我国在法律规定出现空白时参考国外的相关规定,既符合法理,又有利于实现科学执法,对刑事司法的国际化起到推动作用。

本案得到了英国驻北京大使馆的关注,负责跟踪案件的领事及助理多次来津与辩护人、检察官、法官见面，为被告人提供生活上的帮助，维护被告人合法权益。同时了解案件的进展并提供英国及欧盟与案件相关的成文规定，法律学者的解释供辩护人参考，对本案的辩护工作起到了积极的作用。

深圳大学法学院左德起教授点评

英国人迈克被公诉机关指控涉嫌走私珍贵动物制品罪和走私武器罪两个罪名，对于指控迈克涉嫌走私珍贵动物制品罪，主要争议点在于象牙制品是否属于我国禁止进出口的珍贵动物制品。宿胜利律师依据我国相关法律、行政法规、司法解释及国际公约等提出将象牙制品界定为“禁止进口”的珍贵动物制品没有法律依据，当中的辩护思路值得读者细致品味、深入思考。

对于指控迈克涉嫌走私武器，宿胜利律师主动收集证明迈克无罪的证据并提交至法院，法院生效判决以证据不足为由对公诉机关指控迈克构成走私武器罪不予支持。在刑事辩护实务中，存在部分律师仅依据在案证据进行辩护，对于收集、提交能够证明被告人无罪的证据材料容易忽视。律师自身的调查取证权和申请人民检察院、人民法院调查取证权是辩护律师的法定权利，辩护律师在实务中应根据案件情况依法行使。

第三部分

侵犯财产篇

白某某诈骗、行贿案

——一起司法腐败窝案引发的民企负责人犯罪案件

■ 案情简介

本案涉及2006年发生在天津市的一起重大的司法工作人员受贿案件，在天津市司法界引起了轰动，特别是在案发单位天津市高级人民法院、第一中级人民法院无异于发生了一起强震。天津市高级人民法院及第一中级人民法院5名法官（包括3名审判长）同时因涉嫌在办理天津宏商发展有限公司（以下简称宏商公司）破产及评估拍卖其名下天津市金摇篮商厦一案中通过某律师事务所律师收受白某某的巨额贿赂被辽宁省盘锦市人民检察院立案侦查并采取强制措施，本案被告人白某某为当时天津宏商公司副总经理及天津金摇篮商厦总经理。此外，案件还涉及负责评估、拍卖的某律师事务所主任姜某某等共计10余名犯罪嫌疑人。通过姜某某的交代，又立案查处了高级人民法院、中级人民法院及基层法院数名法官的受贿行为。最后，仅就天津宏商公司破产一案有关的5名法官，律师姜某某和作为行贿人的本案被告人白某某依法追究了刑事责任，其余均作党纪政纪处理。笔者自被告人白某某被采取强制措施即担任其辩护律师直至案件终审判决。

辽宁省盘锦市检察院反贪局经过13个月的侦查后指令辽宁省大洼县①人民检察院提起公诉。大检刑诉字第6号起诉书认定：1996年12月，盘锦市合作银行中银信用社主任蔡某某（另案处理）盘锦市合作银行副行长王某某（另案处理）采用挪用公款、违法发放贷款的方式，将盘锦市合作银行中银信用社资金数千万元借给盘锦市兴达商场个体户马某某，用于马某某与天津市红桥区人民政府共同开发建设的金摇篮商厦工程，金摇篮商厦建成后，产权所属于马某某任法定代表人的天津宏商公司，因金摇篮商厦经营不善，2003年8月，天津宏商公司被天津市高级人民法院宣告破产，天津宏商公司被多家债权人起诉，导致盘锦市合作银行投入宏商公司金摇篮商厦建设的资金面临无法收回的局面。为了达到通过法院破产程序甩掉债务，以拍卖形式买回金摇篮商厦而后再高价卖掉，从而减少投入资金损失的目的，盘锦市商行决定出资200万元，通过原任职于天津宏商公司副经

---

① 现大洼区，本书出现的地域、发文机关均为案件发生时的名称，不再另行标明。

理的被告人白某某行贿天津市相关司法工作人员，以实现上述目的。随后白某某于2003年8月至2004年12月，多次虚构其向天津宏商公司破产清算组及天津市高级人民法院相关人员行贿的事实，诱骗蔡某某从盘锦市合作银行中银信用社向白某某指定账户转款高达1205万元。除去实际支付给天津某律师事务所主任姜某某（另案处理）用于办理破产的200万元、借给蔡某某145万元及用于宏商公司破产期间的费用367.36万元外，其余资金442.73万元被白某某非法占有。其间，为了获取更多的中银信用社转款，白某某向中银信用社主任蔡某某行贿人民币50万元。

综上所述，被告人白某某以非法占有为目的，虚构事实，隐瞒真相，骗取金融机构数额特别巨大的财物，其行为已触犯《刑法》第266条，犯罪事实清楚，证据确实充分，应当以诈骗罪追究其刑事责任；白某某为达到从中银信用社骗取资金谋取非法利益的目的，向中银信用社主任蔡某某行贿50万元，其行为已触犯《刑法》第389条第1款，犯罪事实清楚，证据确实充分，应当以行贿罪追究其刑事责任。根据《刑法》第69条第1款的规定，白某某犯有诈骗罪、行贿罪，对其应当以诈骗罪、行贿罪并罚。

由于此案涉及地方国有银行资产的流失，案件由盘锦市人民检察院反贪局立案，抽调公安、反贪、纪检部门的干部组成专案组负责侦查，故而初期的律师会见遇到了巨大障碍。辩护律师三次北上盘锦，多次申请会见并向有关执法监督机构反映情况，终得以在办案人陪同下于白某某被带走调查后的第45天，会见了嫌疑人白某某。其间将白某某遭受刑讯虐待的有关情况进行记录并向上级检察机关投诉，同时与监管部门联系密切关注被告人情况，有效地维护了被告人的合法权益。

■ 辩护思路

这是一起被指控犯数罪的案件，特别是被控诈骗罪，被告人被控诈骗金融机构数额特别巨大，且拒不认罪，拒不退赃，没有其他法定从轻、减轻处罚情节，如果罪名成立可能被判处十五年有期徒刑甚至无期徒刑；与行贿罪并罚可能被判处十五年以上二十年以下有期徒刑或者无期徒刑。笔者通过查阅全部案卷材料（9册共计1500余页），多次前往辽宁盘锦看守所会见被告人白某某，在诈骗罪的辩护观点上达成了一致，即公诉机关指控被告人白某某犯诈骗罪依法不能成立。行贿罪系单位犯罪而非自然人犯罪，白某某为具体经办人。以此为核心，确定以下辩护思路：

1. 指出诉讼过程中的程序瑕疵，以此来影响指控事实证据的效力。包括未依法安排律师会见；侦查机关涉嫌刑讯逼供；案件的审判管辖等程序问题。

2. 基于同一事实指控被告人白某某犯行贿罪和诈骗罪本身就是自相矛盾。

3. 紧紧抓住被告人白某某拥有宏商公司职务授权这一事实，其支出相关款项系职务行为，这一主体特征的特殊性有别于诈骗罪的一般主体特征。其行为均在公司法定代表人的授权范围之内，不存在虚构事实，隐瞒事实，因而不具备诈骗罪所要求的客观构成要件。

4. 认定构成犯罪的数额未经审计，且不能作到客观公正，不能作为定案依据。

5. 行贿罪是单位犯罪而非自然人犯罪的意见。

■ 辩护要点

一审辩护要点

一、关于程序问题

1. 侦查机关未能依法保障犯罪嫌疑人的诉讼权利。

2006 年 12 月 27 日中午，嫌疑人白某某（天津盛世锦华投资顾问有限公司企业授权代表，该企业系辽宁省盘锦市有关机构在天津兴办的公司）因涉嫌经济问题被辽宁省盘锦市司法机关带走，据白某某身边工作人员介绍，执行公务的人员称系盘锦市公安局干警，后经律师到天津市公安局有关部门询问核实，确系盘锦市公安局要求天津公安方面协助工作，但没有给家属留下任何通知手续。

作为执业律师，有权依据法律的规定向办案机关了解涉嫌的罪名，申请会见当事人并给其提供法律上的帮助，办案机关也有法定的义务通知涉案人家属关押的地点，依法安排律师会见。但该案直到批准逮捕后才批准律师会见，笔者认为，盘锦市有关司法机关的做法不符合我国《刑事诉讼法》的有关规定，连最起码的当事人涉案的罪名都拒绝告知，此种做法是笔者作为执业多年的刑辩律师从未遇到过的，剥夺了嫌疑人的基本诉讼权利，严重违法。

2. 侦查机关涉嫌刑讯逼供，被告人白某某的有罪供述系刑讯逼供下获取的非法证据，不能作为定案依据。在被告人与律师会见过程中，向律师讲述了遭受刑讯逼供的过程，称在办案单位提审过程中，采取浇冷水（时至严冬，盘锦室外温度零下 20°C），不让睡觉、喝水、吃饭等方式，连续审讯被告人，逼迫被告人在其提前打印好的笔录上签字。特别是其中一次审讯，办案人员竟将被告人双腿打伤，以致看守所拒绝接收被告人，在盘锦有关部门的协调下，看守所将被告人白某某伤情做了详细记录由办案人确认后方接收。

3. 整个办案过程没有同步录音录像。

4. 关于本案的审判管辖。依据《刑法》第 390 条第 1 款的规定，“对犯行贿罪的，处五年以下有期徒刑或者拘役；因行贿谋取不正当利益，情节严重的，或者使国家利益遭受重大损失的，处五年以上十年以下有期徒刑；情节特别严重的，处十年以上有期徒刑或者无期徒刑,可以并处没收财产”。第266条规定:“诈骗公私财物,数额较大的,处三年以下有期徒刑、拘役或者管制,并处或者单处罚金;数额巨大或者有其他严重情节的,处三年以上十年以下有期徒刑,并处罚金或者没收财产;数额特别巨大或者有其他特别严重情节的,处十年以上有期徒刑或者无期徒刑,并处罚金或者没收财产。”如果被告人指控的两项罪名均成立,则需要数罪并罚,并根据其犯罪情节及上述规定,辩护人认为被告人白某某有可能被判处无期徒刑。根据《刑事诉讼法》第20条第2款的规定,本案属“可能判处无期徒刑、死刑的普通刑事案件”应由中级人民法院管辖。此外,本案事实复杂,在盘锦市有重大影响,且被告人本人拒不供认,故认为本案重大、复杂,依法应当由中级人民法院审理。该案的背景特殊,案件的举报人为盘锦市地方金融机构,案件本身牵扯巨大的地方利益。

二、起诉书所指控的白某某涉嫌行贿和诈骗两个罪名之间本身就是矛盾的

根据《刑法》第389条第1款的规定,“为谋取不正当利益,给予国家工作人员以财物的,是行贿罪”。行贿罪的客观方面表现为谋取不正当利益,给予工作人员以财物的行为。既然公诉机关将白某某给蔡某某行贿的50万元认定为是行贿罪,那么1205万元的款项就应是白某某行贿所得的“不正当利益”,也就是说白某某应对这1205万元款项具有占有、使用、收益、处分的权利。因此,起诉书指控白某某占有该款项中的442.73万元为诈骗,与指控其构成行贿罪之间是矛盾的。

三、起诉书指控白某某犯有行贿罪,辩护人认为其行贿事实清楚,但适用法律不当

《刑法》第393条规定,“单位为谋取不正当利益而行贿,或者违反国家规定,给予国家工作人员以回扣、手续费,情节严重的,对单位判处罚金,并对其直接负责的主管人员和其他直接责任人员,处五年以下有期徒刑或者拘役。因行贿取得的违法所得归个人所有的,依照本法第三百八十九条、第三百九十条的规定定罪处罚”。本罪的主观方面由故意构成,这种故意是经单位决策机关或者决策人授权和同意,由其直接负责的主管人员和其他直接责任人员以故意行贿的行为表现出来的。客观方面表现为两种形式:一是为谋取不正当利益而向国家工作人员或者非国有单位行贿的行为;二是违反国家规定,给予国家工作人员以回扣、手续费,情节严重的行为。综观本案事实,被告人白某某于2001年11月受聘于天津宏商公司董事长马某某,出任天津宏商公司的副总经理一职。2003年4月、5月,因许多单位起诉宏商公司并且大部分已进入执行程序,当时宏商公司金摇篮商厦面临被拍卖的局面。在此种情况下,宏商公司的董事长马某某为了能够达到通过申请宏商公司破产拍卖金摇篮商厦、然后由其掌控的其他公司低价回购后再高价卖出而保住公司资产的目的,其找到白某某,并授权白某某全权运作该事。运作过程中,经马某某、白某某与盘锦市合作银行的行长单某某、副行长王某某、盘锦市合作银行中银信用社主任蔡某某等人达成共识,由盘锦市合作银行中银信用社以向马某某注册的盘锦市兴达商场贷款的方式,提供资金由白某某在天津运作宏商公司破产及金摇篮商厦的评估、拍卖等事宜。以上事实,有被告人白某某的供述、另案被告人马某某、王某某、蔡某某等人供述以及其他相关证据予以佐证。

作为宏商公司的副总经理,在公司董事长授权的情况下,以行贿的手段为公司取得了不正当利益,其犯罪事实是不容置疑的。但其行为应认定是一种职务行为,是公司董事长代表公司授权和同意后的职务行为,而不是个人行为。故辩护人认为其行贿行为应认定为单位行贿罪,而非自然人行贿罪。被告人白某某作为单位行贿的直接负责的主管人员,应当根据《刑法》中单位行贿罪的规定予以定罪量刑。

四、起诉书指控白某某涉嫌犯有诈骗罪,辩护人认为事实不清、证据不够确实充分、适用法律错误,对被告人白某某不应以诈骗罪定罪处罚

1.起诉书中认定的诈骗金额为442.73万元未经司法审计,无合法依据。

关于盘锦市合作银行中银信用社向白某某转款1205万元的去向,应当经司法审计予以认定。现公诉机关仅仅以白某某的供述及其他证人的证言来计算该笔资金的走向,缺乏科学依据。证据显示,白某某多次供述的资金去向的数额均有差异,其他人的旁证也无法真正证明资金的去向,而且证据中能够证明资金去向的部分(如应该补发给白某某的工资180万元),公诉机关也未在该数字中予以扣除。

另根据辩护人取证结果表明:(1)在宏商公司申请破产后,员工工资表的数额虽然比破产前要低,但为了金摇篮商厦的日常维护,白某某以现金方式将清算组发放工资以外的差额部分补给员工。每月每人补发金额在200元至1000多元不等,该数额一直补发到大胡同集团接手金摇篮商厦。根据工资表显示,当时在职人员每月平均在40人以上,该笔费用至少应支出几十万元。(2)员工的加班费、补助、津贴、年终红包、节日礼品等费用支出至少十几万元。(3)宏商公司食堂设在金摇篮商厦的七层,该食堂一直到2006年年底大胡同集团接手后才取消。根据相关证人证言,食堂每月支出应在1万元左右,从2003年8月宣告破产之日至2006年年底取消,食堂支出约40万元。以上费用在公诉机关所提交的证据中未有显示,也就是说白某某自宏商公司宣告破产后在金摇篮商厦的日常经营和维护上的费用,并未体现在1205万元的支出中。

综上,辩护人认为公诉机关所指控的犯罪数额缺乏科学的、合法的依据,应当经过司法审计予以认定。

2.若经过司法审计后,尚有款项无法查明去向,且被告人白某某也不能证明其去向的合法性，故本案不构成诈骗罪。

为了通过法院破产程序甩掉债务，以拍卖形式买回金摇篮商厦而后再高价卖掉，从而减少投入资金损失，盘锦市商行决定出资200万元，由盘锦市合作银行中银信用社以向马某某注册的盘锦市兴达商场贷款的方式，通过原任职于天津宏商公司副总经理的白某某在天津运作，以实现上述目的。后因资金不够，盘锦市合作银行中银信用社主任蔡某某又相继以向盘锦市兴达商场贷款的方式转款1000余万元，共计1205万元。该事实有被告人白某某的供述、另案被告人王某某、蔡某某及其他相关证人证言予以佐证。而且起诉书中也认定了盘锦市合作银行中银信用社向盘锦市兴达商场个体户马某某违法发放贷款的事实，则更进一步证明了1205万元的贷款系发放给盘锦市兴达商场的。马某某将该笔款项授权给时任宏商公司副总经理白某某代为保管、支配，作为用于公司破产清算、审计、评估、拍卖等事项的资金。其中支付了办理破产的200万元、借给蔡某某145万元及用于公司破产期间的各项支出367.36万元，该事实在起诉书中已予以认定。

另根据起诉书中指控的“白某某于2003年8月至2004年12月，多次虚构其向天津宏商发展有限公司破产清算组及天津市高级人民法院相关人员行贿的事实，诱骗蔡某某从盘锦市合作银行中银信用社向白某某指定账户转款高达1205万元”事实，如构成诈骗，则应按照该数额予以确定。这与前述起诉书中所认定的事实也是相矛盾的。

结合以上事实，辩护人认为1205万元的款项系盘锦市合作银行中银信用社发放的贷款，该款项也确实用于宏商公司破产、清算等费用的支出，白某某保管、支配该款项系一种经授权的职务行为。至于442.73万元不明去向的款项，还有待进一步的查明和司法审计。即便经过司法审计后尚有白某某本人不能证明去向的资金数额，也应该根据我国《刑法》第271条关于职务侵占罪的规定定罪处罚。

综上所述，辩护人认为检察机关对犯罪嫌疑人白某某涉嫌行贿罪的指控事实清楚，但适用法律不当；对其涉嫌诈骗罪的指控事实清楚、证据不够确实充分、适用法律不当。

一审判决认定被告人白某某犯职务侵占罪，判处有期徒刑十年，并处没收个人财产400万元；犯行贿罪判处有期徒刑三年，决定执行有期徒刑十二年。被告人不服一审判决，提起上诉。

二审辩护要点

1. 起诉书所指控的白某某涉嫌行贿和诈骗两个罪名之间本身就是矛盾的。根据《刑法》第389条第1款的规定，“为谋取不正当利益，给予国家工作人员以财物的,是行贿罪”。行贿罪的客观方面表现为谋取不正当利益,给予国家工作人员以财物的行为。既然公诉机关将白某某给蔡某某行贿的50万元认定为是行贿罪,那么1205万元的款项就应是白某某行贿所得的“不正当利益”,也就是说白某某应对这1205万元款项具有占有、使用、收益、处分的权利。因此,起诉书指控白某某占有该款项中的442.73万元为诈骗,与指控其构成行贿罪之间是矛盾的。

然而,一审法院通过开庭审理,认为被告人白某某占有1205万元中的3,546,100元构成职务侵占罪。辩护人认为该认定实际上肯定了两点事实:第一,白某某在天津宏商公司是具有一定职务的;第二,白某某行贿所得的非法利益1205万元的银行汇款是属于天津宏商公司的财产。白某某在公司法人马某某的同意下向蔡某某行贿的目的是使中银信用社给宏商公司拨付运作该公司破产等事宜的资金,其行贿目的完全出于公事,是一种职务行为。而且行贿所得的非法利益也被一审法院认定了是属于宏商公司的财产,那么该事实就与一审法院认定白某某构成个人行贿也是自相矛盾的。反之,如果一审法院认定白某某个人行贿成立,那么其个人行贿所获得的利益应当属于白某某个人所有,即白某某对该笔1205万元的款项具有占有、使用、收益、处分的权利,白某某如何支配该款项都是他个人的权利,根本不存在侵占的事实。试问,对于自己有权占有和支配的财产如何能够构成职务侵占犯罪?

2. 一审法院认定白某某涉嫌犯有行贿罪,辩护人认为其行贿事实清楚,但适用法律不当。该部分在一审辩护要点三中已阐述。

3. 一审法院认定白某某犯有职务侵占罪,辩护人认为事实不清、证据不够确实充分。

首先,一审法院认定的职务侵占金额为3,546,100元未经司法审计,无合法依据。该部分在一审辩护要点四中已阐述。

其次,对于公司董事长马某某承诺补发白某某的180万元工资的工作结论,是合法、有效的。白某某将这180万元的工资在1205万元中扣除,虽然其在占有形式上有瑕疵,但并不影响该行为的合理性。辩护人认为白某某合法拥有该债权,该笔款项的支出,应属于双方民事上的争议,而不应上升为职务侵占犯罪。

综上所述,辩护人认为一审法院认定被告人白某某构成行贿罪的判决事实清楚,但适用法律不当;对其构成职务侵占罪的判决事实不清、证据不够确实充分。

■ 裁判结果

一审判决结果

辽宁省盘锦市大洼县人民法院(2008)大洼刑初字第00016号刑事判决书认

定，被告人白某某接受盘锦市合作银行中银信用社和宏商公司的委托，在运作宏商公司破产及竞拍天津金摇篮商厦期间，利用其担任宏商公司副总经理的职务便利，侵吞本单位资金人民币3,546,100元，数额巨大，其行为构成职务侵占罪；被告人白某某为了争取中银信用社向宏商公司注入更多的资金，进而达到侵吞资金的目的，向蔡某某行贿50万元，其行为构成行贿罪，公诉机关指控其行贿罪的罪名成立，予以支持。关于公诉机关对被告人白某某犯诈骗罪的指控，因被告人白某某接受委托使用宏商公司资金运作宏商公司破产及竞拍天津金摇篮商厦，其主观没有诈骗盘锦市合作银行资金的故意，客观上也将宏商公司的资金用于破产费用和请托事宜，其行为不具备诈骗罪的犯罪构成要件，故此项指控不予支持；但其利用职务便利谎称将宏商公司1205万元资金全部用于破产请托事项的支出，并让蔡某某、王某某和马某某在其制作的虚假支出表格上签字确认，而实际却将其中3,546,100元非法占为己有的行为，符合职务侵占罪的犯罪构成特征，故公诉机关指控被告人白某某犯诈骗罪的罪名错误，予以纠正。对于辩护人提出白某某以现金方式给职工发放差额部分工资、补助费、红包和开设职工食堂费用，应当从犯罪数额中予以扣除的辩护意见，因庭审查明，发放差额工资及开设职工食堂的事实存在，应将实际支出结合相关标准予以扣除，辩护人的相关辩护意见予以采信；对于辩护人提出应将补发给白某某的180万元工资从犯罪数额中予以扣除的辩护意见，因被告人白某某让蔡某某、王某某、马某某签字确认的虚假支出表格内，并无此项支出，表明被告人白某某想继续拥有180万元工资债权，其虚列假支出平账能够反映侵吞宏商公司资金的主观故意，故此意见不予采信。对于被告人白某某称所有支出都是经过马某某同意的辩解，因马某某对此不予认可，且未提供相应证据，故不予采信。依照《刑法》第59条、第69条、第271条第2款、第389条第1款、第390条第1款及《关于执行〈中华人民共和国刑事诉讼法〉若干问题的解释》（已失效）第176条第1项、第2项之规定，判决如下：

被告人白某某犯职务侵占罪，判处有期徒刑十年，并处没收个人财产人民币400万元；犯行贿罪判处有期徒刑三年。合并后，决定执行有期徒刑十二年，并处没收个人财产人民币400万元。

二审裁判结果

辽宁省盘锦市中级人民法院（2008）盘中刑二中字第00092号裁定书，认定上诉人白某某身为宏商公司副总经理，在运作宏商公司破产及竞拍金摇篮商厦活动期间，利用职务便利，非法占有本单位资金3,546,100元，数额巨大，其行为已构成职务侵占罪；上诉人白某某为了争取中银信用社向宏商公司注入更多的资金，进而实现侵吞更多单位资金的目的，向信用社主任蔡某某行贿50万元，其行为已构成行贿罪。关于上诉人及其辩护人提出的马某某欠白某某180万元应被认定为补发白某某的工资,白某某虽在占有形式上存在瑕疵,但应属白某某与宏商公司马某某之间的民事争议,不应上升为犯罪的上诉理由和辩护意见,经查,证人马某某证言、上诉人白某某在侦查阶段的供述证实,马某某的确同意给白某某180万元工资,并在《工作结论》上签了字,但欠款与白某某处理破产拍卖没有关系,故马某某欠白某某的180万元工资款与白某某非法占有单位资金不能混淆。检察机关提供的证人马某某、树某等人的证言、盘锦市商业银行证实材料、银行转款书证、宏商公司工资表、记账凭证、各种费用支出的书证、宏商公司破产清算组费用清单、明细账、费用账等证据与白某某的供述相互印证,证明白某某采取虚列假支出的方式套取本单位资金3,546,100元的事实,天津12060075号彩票站业主曹某某的证言、白某某投入彩票资金说明、证人孙某、强某某等人的证言及白某某在侦查阶段供述证实,白某某将单位资金2,899,386.25元用来个人购买彩票,挥霍单位资金,且白某某对余款656,713.75元拒不交代下落,故对该上诉理由和辩护意见本院不予支持。关于辩护人用其向本院提供的情况说明、孙某证言等九组新证据证明白某某向员工支付的加班费、补助费、津贴费等合理费用,原判没有从非法占有数额中扣除,并请求二审重新开庭的辩护意见,经查,辩护人该辩护意见已在一审法院提出过,其向本院提供的九组新证据也在一审庭审中举证,并经庭审质证,原判采纳了辩护意见的合理部分,将白某某为单位的合理费用支出从犯罪数额中扣除,故该辩护意见本院不予支持。关于辩护人提出的白某某行贿应定单位行贿罪,原判适用法律不当的辩护意见,经查,上诉人白某某虽名义上是为宏商公司获取更多贷款而向中银信用社主任蔡某某行贿,但本案已有充分证据证明白某某行贿主要是为其个人能更多地占有单位资金,上诉人白某某已对其犯行贿罪认罪、悔罪,故该辩护意见本院不予支持。原判事实清楚,证据确实充分,定罪准确,量刑适当,适用法律正确,审判程序合法。故依照《刑事诉讼法》第189条第1项之规定,裁定如下:

驳回上诉,维持原判。

判决生效后,被告人白某某在天津服刑,现已刑满释放。后继续向盘锦市商业银行及有关单位主张民事权利。

■ 案件评析

该案侦查中对犯罪嫌疑人刑讯逼供,体罚虐待获取了大量虚假供述和证人证言。甚至对有法官身份的犯罪嫌疑人采取刑讯,据辩护人后来了解有的伤痛至今未愈。无奈会见时只能通过记录留存,没有其他任何介质能够将这些事实固定下来。但是由于辩护人及时将这些情况反映给各级执法监督部门,甚至最高人民检察院，通过向看守所领导多次反映情况，得到了重视。犯罪嫌疑人后来向律师反馈，由于律师的工作，促使看守所每次在办案单位所外提讯后必须进行体检并详细记录嫌疑人身体状况，遇有刑讯伤情，看守所拒收或反映到工作记录中，最大限度地维护被告人合法权益。

这个案件充分暴露了1996年《刑事诉讼法》修改后的10年间，司法实践中刑事辩护环境仍然存在问题，个别地方出于地方保护的目的，妨碍辩护律师行使权利，非法侵害犯罪嫌疑人合法权利的情形仍有发生。尤其是刑辩律师异地办案则更为严重，有时甚至面临人身的安危。辩护人通过这个案件认识到，不论在何种情况下，充分了解案件发生的背景，不屈不挠，坚守法律的底线，绝不越过雷池半步。在具体事务的处理上，避免针锋相对，讲求维权艺术，方式方法上更加接地气，定能取得良好的辩护效果。

法学专家张翔点评

维度思维是一种很强的思维模型，思维是一种很奇妙的东西，思维是有模型的，就像建筑师设计的房子，各有各的风格，而人与人的区别就在于思维模型。

本案中，作为一名有经验的刑辩律师，首先的思维模型是初步研究罪名及犯罪构成要件，了解案件发生背景及涉及的行业术语、专业技术等，同时做到对罪名的有关法律规定及犯罪构成心中有数，有些涉及专业领域的商业行为，还应对该专业知识进行了解和梳理。其次，如涉及贪贿类案件，律师还必须对政治环境、反腐形势有深刻了解。

本案中，宿胜利律师，早年曾从事过刑事检察业务工作，因此对刑事法律与刑事诉讼程序了然于心，这对于“白某某行贿案”中被告人白某某的辩护是非常裨益的。

纵观此案，笔者认为宿胜利律师关于行贿罪的维度思维如下：

行贿罪是《刑法》第八章中贪污贿赂犯罪中最常见的罪名之一。行贿罪和受贿罪是对合犯罪，因此，有行贿罪一般都会有受贿罪。

一、行贿罪必须具有谋取不正当利益

所谓不正当利益，笔者认为：第一类是有资格得到、应该得到的合法的利益，如果不行贿就得不到，或被拖延、被克扣；第二类是没有资格得到、不应该得到的非法利益，如果行贿就能够得到，或能够变相地得到；第三类是介于两者之间，如果行贿就能够得到，或更快、更多地得到，如果不行贿就得不到，或得到的慢、得到的少。但是，不管是哪一类，控制权和主动权都掌握在受贿的一方。因此在立法层面上，国家对行贿罪与受贿罪的打击力度是不一样的。相比之下，虽然“行贿、受贿一起打”，但受贿犯罪依然是打击重点。

刑法之所以将贪污贿赂罪单独规定为一章,是因为该罪侵犯了国家工作人员职务的廉洁性,因此,重点打击涉嫌受贿犯罪的国家工作人员,保护国家廉政建设制度,所以,对于行贿罪的犯罪嫌疑人来说,除了行贿罪相关司法解释中明确应予从重处罚的之外,是重大利好。

二、对个人行贿罪(我们常说的行贿罪)对单位行贿罪、单位行贿罪三个罪种的区别

对个人行贿罪的立案标准目前除了特殊要求以外,以3万元为立案标准;对单位行贿罪的立案标准是20万元,相应的数额较大、数额巨大与情节严重的情形也会有区别。单位行贿罪的立案标准虽然也是20万元,但犯罪构成要件要求是必须为单位谋取不正当利益,且量刑也比对个人行贿罪、对单位行贿罪相对较轻。

三、行贿罪与非罪的界限

1. 看是否被勒索、是否获得不正当利益。

因被勒索而给予国家工作人员财物,而且实际上没有获得不正当利益的,不构成本罪。但是,如果行为人不是被勒索或者虽被勒索而实际获得了不正当利益的,给付财物的行为达到立案标准的,构成行贿罪。

2. 行贿罪和一般行贿行为的界限。

关键在于行贿行为情节的轻重:(1)行贿数额是否达到1万元;(2)如果行贿数额没有达到1万元,那么是否具备如下情形之一:行贿的目的是谋取非法利益;向三个以上的国家工作人员行贿;行贿的对象是党政领导、司法工作人员、行政执法人员;行贿的行为致使国家或者社会利益受到了重大损失。

3. 行贿与馈赠行为的界限。

(1)目的不同。行贿是为了使国家工作人员利用职务之便帮自己实现不正当利益。而馈赠行为是为了维护和增加亲友的情谊,联络感情。

(2)方式不同。行贿一般是秘密进行的,行为人之所以将财物给国家工作人员,是为了让国家工作人员利用职务便利帮自己实现不正当利益,是有条件的;而馈赠行为一般是公开的,无须隐瞒的,并没有想通过馈赠而让国家工作人员利用职务便利帮自己的目的,是无条件地给予国家工作人员以财物。

4. 行贿与不当送礼行为的界限。

两者的关键在于行贿人送礼是否具有利用国家工作人员的职务行为实现自己的不正当利益的目的。

不当送礼行为包括:(1)行为人给予国家工作人员以财物,以谋取某种正当利益。(2)行为人为答谢国家工作人员的帮助而给予少量财物,达不到犯罪数额。(3)行为人之所以给国家工作人员以财物,是因为被其勒索,而且没有得到不正当利益。

根据上述,行贿罪跟日常生活中的馈赠行为、不当送礼行为之间的界限在很

多案件中不是很明确，存在比较大的无罪辩护的空间。

四、行贿犯罪在科罪量刑中从轻、减轻或免除处罚的相关法律和司法解释

1.《刑法》第390条第2款规定：行贿人在被追诉前主动交代行贿行为的，可以从轻或者减轻处罚。其中，犯罪较轻的，对侦破重大案件起关键作用的，或者有重大立功表现的，可以减轻或者免除处罚。

2. 2016年4月18日颁布的《最高人民法院、最高人民检察院关于办理贪污贿赂刑事案件适用法律若干问题的解释》第14条规定：根据行贿犯罪的事实、情节，可能被判处三年有期徒刑以下刑罚的，可以认定为《刑法》第390条第2款规定的“犯罪较轻”。具有下列情形之一的，可以认定为《刑法》第390条第2款规定的“对侦破重大案件起关键作用”：(1)主动交代办案机关未掌握的重大案件线索的；(2)主动交代的犯罪线索不属于重大案件的线索，但该线索对于重大案件侦破有重要作用的；(3)主动交代行贿事实，对于重大案件的证据收集有重要作用的；(4)主动交代行贿事实，对于重大案件的追逃、追赃有重要作用的。

3. 2012年12月26日发布的《最高人民法院、最高人民检察院关于办理行贿刑事案件具体应用法律若干问题的解释》第7条规定：因行贿人在被追诉前主动交代行贿行为而破获相关受贿案件的，对行贿人不适用刑法第六十八条关于立功的规定，依照刑法第三百九十条第二款的规定，可以减轻或者免除处罚。

单位行贿的，在被追诉前，单位集体决定或者单位负责人决定主动交代单位行贿行为的，依照《刑法》第390条第2款的规定，对单位及相关责任人员可以减轻处罚或者免除处罚；受委托直接办理单位行贿事项的直接责任人员在被追诉前主动交代自己知道的单位行贿行为的，对该直接责任人员可以依照《刑法》第390条第2款的规定减轻处罚或者免除处罚。

第8条规定：行贿人被追诉后如实供述自己罪行的，依照刑法第六十七条第三款的规定，可以从轻处罚；因其如实供述自己罪行，避免特别严重后果发生的，可以减轻处罚。

第9条规定：行贿人揭发受贿人与其行贿无关的其他犯罪行为，查证属实的，依照刑法第六十八条关于立功的规定，可以从轻、减轻或者免除处罚。

在本案中，基于以上维度思维，宿胜利律师的辩护策略得当，为当事人白某某争取到了诉讼利益的最大化，实现罪轻的辩护目的。

本案虽然是21世纪之初的案件，且侦查机关涵盖公安机关与检察机关，但对于现在实施国家监察体制改革的今天，无论是查办职务违纪违法的纪检监察机关办案人员还是从事刑事辩护的律师，从维度思维的角度去看待案件无疑是有帮助的，需要注意的是，2018年3月21日颁布实施的《监察法》没有规定与律师的对接，因此刑事辩护的开始，应该从检察机关受理职务犯罪案件开始。

粟某职务侵占、非国家工作人员受贿案

——混合所有制公司管理人员的刑事法律风险

■ 案情简介

因本案案情特殊，故隐去涉诉当事人、司法机关名称，法律文书案号。

被告人粟某系原国有企业改制为混合所有制企业后继续聘用的企业管理人员。

天津市某区人民检察院津检刑诉（2014）××号起诉书指控：被告人粟某自2007年至2013年8月担任天津某制药有限公司销售总监兼销售部部长，负责销售部全面工作，具体包括负责组织实施企业营销工作、根据市场情况采取指定销售让利政策并决定让利比例的销售让利策略、通过组织营销人员旅游等方式落实对营销人员的培训等工作。

2008年至2013年，被告人粟某利用负责组织营销人员外出旅游培训工作的职务便利，将旅游业务交给翁某所在的云南风光旅行社有限公司和昆明旅行社有限公司具体实施，被告人粟某先后四次收受翁某给付的好处费共计人民币55,100元，非法据为自有。其间，被告人粟某还将翁某给付天津某制药有限公司的两笔旅游退款共计78,445元予以截留并据为已有。

2012年1月，被告人粟某利用负责制定、实施销售让利政策的职务便利，向安徽某医药股份公司药材分公司经理陈某某索要好处费382,544元据为已有，并在任职期间，多次在让利比例、品种、金额上为陈某某谋取利益。

本院认为，被告人粟某身为国家工作人员，利用职务上的便利，侵吞公款78,445元，同时索取、非法收受他人财物共计人民币437,644元，为他人谋取利益，其行为已分别触犯《刑法》第382条，第383条第1款第1项、第2项，第385条，第386条之规定，犯罪事实清楚，证据确实、充分，应以贪污罪、受贿罪追究其刑事责任。根据《刑事诉讼法》第172条的规定，提起公诉，请依法判处。

■ 辩护思路

辩护人在本案审查起诉期间接受被告人亲属的委托，担任其辩护人直至终审。被告人在侦查、审查起诉多次讯问中始终拒不认罪，认为指控的全部款项均系受单位负责人指使，私设的“小金库”，私存在其名下，款项大部分已经交给公司总经理韩某某使用或者用于日常公务支出，剩余部分仍存在其个人银行卡内，案发后被反贪局收缴。通过查阅案卷，被告人所陈述的事实有部分书证、证人证言能够证实，控方据以定案的证据存在疑点。故而在与被告人达成一致的基础上，确定无罪辩护的基本意见，以此为核心，拟定以下辩护方案：

1. 通过查阅立案、批捕、提讯等相关法律文书，指出本案侦查机关违反法定程序，违法立案并侦查，导致定案证据有失客观性、公正性、合法性。

2. 通过案发单位企业性质的分析，对控方认定的被告人主体身份提出不符合刑法规定的贪污罪、贿赂罪应具有国家工作人员的主体构成要件。

3. 通过控方证据之间的矛盾以及辩护人调取的相关书证、证人证言说明本案事实不清，证据不足。

4. 利用已经指出的证人证言的瑕疵和事实陈述的矛盾，申请法院通知证人出庭接受质证。

5. 用其他相关事实证明被告人主观上不具有贪污、受贿的故意，其行为性质为私设“小金库”，公款私存。

■ 辩护要点

一审及发回重审辩护要点

第一部分，本案侦查程序违法，依法应当由公安机关管辖。

天津市某区人民检察院于2014年1月3日以犯罪嫌疑人粟某涉嫌受贿罪的名义对其立案侦查并以该罪名对其刑拘。另于2014年1月17日对辖区同级公安局提请批准逮捕的犯罪嫌疑人粟某某以职务侵占罪和非国家工作人员受贿罪的批准对其进行逮捕。

根据《刑事诉讼法》第18条第1款、第2款规定，“刑事案件的侦查由公安机关进行，法律另有规定的除外。贪污贿赂犯罪，国家工作人员的渎职犯罪，国家机关工作人员利用职权实施的非法拘禁、刑讯逼供、报复陷害、非法搜查的侵犯公民人身权利的犯罪以及侵犯公民民主权利的犯罪，由人民检察院立案侦查。对于国家机关工作人员利用职权实施的其他重大的犯罪案件，需要由人民检察院直接受理的时候，经省级以上人民检察院决定，可以由人民检察院立案侦查。对于国家机关工作人员利用职权实施的其他重大的犯罪案件，需要由人民检察院直接受理的时候，经省级以上人民检察院决定，可以由人民检察院立案侦查”。另据第107条规定，公安机关或者人民检察院发现犯罪事实或者犯罪嫌疑人，应当按照管辖范围，立案侦查。

我们在案卷中看到某区人民检察院在2014年1月17日向天津市公安局某分局送达的《批准逮捕决定书》中表述,“你局于2014年1月10日以××公法提捕字(2014)第14号提请批准逮捕书提请批准逮捕犯罪嫌疑人粟某,经本院审查认为,该犯罪嫌疑人涉嫌职务侵占、非国家工作人员受贿犯罪,符合《中华人民共和国刑事诉讼法》第七十九条规定的逮捕条件,决定批准逮捕犯罪嫌疑人粟某。请依法立即执行,并将执行情况在三日以内通知本院”。据此,可以清楚地看到,被告人粟某是以非国家工作人员身份被批准逮捕的,其被批准逮捕后该案已经不属于检察院立案侦查范围,应由相应的公安机关立案侦查。然而某区检察院无视案件事实,在粟某被批准逮捕后继续侦查该案,显然本案侦查程序违法。检察院行使立案、侦查权力,故意规避上级检察机关对自侦案件的立案监督。有意对本案管辖,无合法合理之处,其滥用司法权力对案件证据进行搜集,无法保证侦查工作客观、全面、公正,其通过违法程序搜集的证据不得作为本案定案的依据。

第二部分,关于身份的认定:被告人粟某不具有国家工作人员身份,对其涉案行为不宜定性为贪污罪和受贿罪。

根据《刑法》第382条、第385条之规定,贪污罪和受贿罪的主体均为国家工作人员。另《刑法》第93条规定,国家工作人员包括在国有单位从事公务的人员、国有单位委派到非国有单位从事公务的人员,及其他依照法律从事公务的人员。

1. 被告人粟某并非国有公司工作人员:原国企制药厂改制后的性质为非国有公司,其身份也变更为非国有公司工作人员。

(1)经过改制原国企制药厂的性质变为国有资本参股的股份公司。

①原国企制药厂改制后的性质由国有公司变为国有资本参股的股份有限公司。

被告人粟某最早任职于天津市某国企制药厂,天津国资委于2007年12月15日批准原国企制药厂进行改制,改制后更名为天津××××制药有限公司(以下简称××制药公司),股东由天津市医药集团有限公司(以下简称天津医药集团)独资,变更为天津××制药有限公司(以下简称××制药公司,该公司有自然人股东)控股52%、天津医药集团参股48%。显然,改制后原国企制药厂的性质随之由国有公司变更为国有资本参股的股份有限公司。

②国有资本参股的股份公司,非刑法意义上的国有公司。

最高人民法院2001年5月23日颁布了《关于在国有资本控股、参股的股份有限公司中从事管理工作的人员利用职务便利非法占有本公司财务如何定罪问题的批复》(法释〔2001〕17号),该批复明确规定“在国有资本控股、参股的股份有限公司中从事管理工作的人员,除受国家机关、国有公司、企业、事业单位委派从事公务的除外,不属于国家工作人员,对其利用职务上的便利,将本单位财物非法占为己有，数额较大的，应当按照刑法第二百七十一条第一款之规定，以职务侵占罪定罪处罚”，据此可知，最高人民法院采纳的是国有全资说，即国有控股、参股的公司不是国有公司，这意味着改制后的国企制药公司的性质为非国有公司，粟某显然不属于国有公司工作人员。

（2）并非受委派：改制后被告人粟某在××制药公司的职务未经国有公司委派，其不代表国有投资主体行使监管职能，不能认定为国家工作人员。

2003年最高人民法院关于印发《全国法院审理经济犯罪案件工作座谈会纪要》（以下简称《2003年经济犯罪座谈会纪要》）规定，国有公司、企业改制为股份有限公司后，原国有公司、企业的工作人员和股份有限公司新任命的人员中，除代表国有投资主体行使监督、管理职权的人外，不以国家工作人员论。

何为代表国有投资主体行使监督、管理职权呢？《最高人民法院、最高人民检察院关于办理国家出资企业中职务犯罪案件具体应用法律若干问题的意见》（法发〔2010〕49号）第6条规定，经国家机关、国有公司、企业、事业单位提名、推荐、任命、批准等，在国有控股、参股公司及其分支机构中从事公务的人员，应当认定为国家工作人员。具体的认定机构和程序，不影响国家工作人员的认定。或经国家出资企业中负有管理、监督国有资产职责的组织批准或者研究决定，代表其在国有控股、参股公司及其分支机构中从事组织、领导、监督、经营、管理工作的人员，应当认定为国家工作人员。

控方提供的粟某在国企制药公司的任命文件显示，改制后××制药公司以该公司的名义分别于2008年、2009年、2013年对粟某进行了任命，因上述任命均发生于改制之后，粟某此时在××制药公司的职务系基于非国有公司的任命，其不代表国有投资主体行使监管职能，依据上述规定，粟某此时的身份为非国家工作人员。

（3）被告人粟某在改制后的××制药公司的职务，不属于非其他从事公务的人员。

根据《刑法》第93条之规定，国家工作人员还包括其他依法从事公务的人员，另据《2003年经济犯罪座谈会纪要》规定，《刑法》第93条第2款规定的“其他依照法律从事公务的人员”应当具有两个特征：一是在特定的条件下行使国家管理职能；二是依照法律规定从事公务。本案粟某显然不具有该特征，故其不属于依法从事公务的人员。

2. 公诉机关指控被告人涉案行为发生于改制后，因该期间粟某为非国家工作人员，其行为不宜定性为贪污罪、受贿罪。

《起诉书》指控粟某涉案行为发生于2008～2013年，系改制之后，此时粟某的身份为非国家工作人员，其不符合《刑法》第382条和第385条规定的贪污罪和受贿罪的主体要件,故即便认定其涉案行为构成犯罪,其行为亦不应认定为贪污罪和受贿罪。

第三部分,关于行为性质:《起诉书》认定事实不清、证据不足,适用法律不当。

1. 关于翁某给付被告人粟某13万余元,性质具有同一性,不应以两罪并罚。

辩护人对《起诉书》认定翁某给付被告人粟某13万余元的客观事实没有异议,但对于控方做出受贿和贪污两种定性持有异议。关于该款项的性质只有翁某和被告人粟某口供能够证实,本案中该二人的口供不足以区分涉案款项属于受贿和贪污两种性质。

(1)证人翁某的证言:使用了大量可能性语言且属于经过看银行明细和经过回忆才得出的结论,属于看图说话。

(2)被告人粟某的供述:存在否认、不能确定钱性质、是旅游退款及好处费三种说法。

①粟某庭前供述:存在否认其与翁某之间存在资金往来、不能确定其与翁某之间资金往来究竟系何种性质(可能是旅游退款、个人之间的借贷、给孩子的钱或给其的消费补偿)旅游退款7万余元和好处费5万余元三种说法,即便其在被批准逮捕之后比较统一的供述为,旅游退款7万余元和好处费5万余元,但该供述也是经过回忆、看银行明细,同样属于看图说话。

②粟某庭审期间供述:对翁某给付的涉案13万余元没有明确区分是什么钱,均为旅游返款。

《最高人民法院关于适用〈中华人民共和国刑事诉讼法〉的解释》(法释〔2012〕21号)第83条明确规定,审查被告人供述和辩解,应当结合控辩双方提供的所有证据以及被告人的全部供述和辩解进行。被告人庭前供述和辩解存在反复,但庭审中不供认,且无其他证据与庭前供述印证的,不得采信其庭前供述。经过上述分析可知,关于涉案13万余元的性质,粟某庭前供述存在反复,且庭前、庭审中供述不一,翁某的证言也存在不确定性,不能完全佐证粟某的庭前供述,据此辩护人认为依据上述规定,应当采信粟某的当庭供述,不区分涉案13万余元的性质,一并将该款项认定为旅游退款。

2. 关于陈某胜给付被告人粟某的涉案38万余元:《起诉书》部分事实认定不清、证据不足。

辩护人对《起诉书》认定被告人粟某收取了涉案38万余元的客观事实不持异议,但对公诉机关将粟某收钱的定性有异议。本案中能证实涉案款项性质的有粟某、安徽某医药公司的陈某胜、被告人粟某所在单位××制药公司总经理韩某某。

(1)证人陈某胜证实:粟某向其索要涉案38万余元的事实不清,证据不足。

①陈某胜没有到庭参加质证,其证言没有其他证据佐证;

②该证人本身系关系人；

③陈某胜的证言缺乏合理性：其证实其本人因为××制药公司给的返利比例低曾经跟粟某提出让粟某提高让利比例，此种情况下其不可能毫无异议地将涉案肝素钠的全部让利全额返还给粟某。

(2)被告人粟某口供：自始至终坚称是公司总经理韩某某说公司用钱，让其倒钱，其经过韩某某的同意后才找陈某胜倒钱，且能够提供证据佐证其供述(该证据在下文详细论述)。

(3)证人韩某某：粟某提供的证据能证实韩某某明知××制药公司销售部存在用于发展公司业务的账外资金，并使用该账外资金的客观事实。然而韩某某对此却极力否认，其证言显系虚假陈述，与其原二审当庭所述前后矛盾、自相矛盾，加之其本身系利害关系人，故其证言的证明力低，不足以采信。

综上，公诉机关在不区分涉案38万余元性质的情况下，就认定被告人粟某存在索贿行为，显系部分事实不清，证据不足。

第四部分，关于定罪：被告人粟某不具备贪污罪、受贿罪的主观故意，其行为不构成贪污罪、受贿罪。

根据《刑法》第382条和第385条之规定，贪污罪和受贿罪要求行为人具有以非法占有公共财物的目的和非法收受他人财物据为己有的故意，本案被告人粟某缺乏此种犯罪的主观故意。

1. 现有证据能够证明，××制药公司存在独立于公司财务部门且用于发展公司业务的账外资金。

庭审期间，被告人粟某供述××制药公司存在着独立于财务部门，用于发展公司业务的“小金库”也就是账外资金。该账外资金在2001年、2002~2007年、2007~2008年分别由公司销售部的粟某德、帅某某、韩某保管，2008年以后公司总经理韩某某授意被告人粟某保管账外资金。

(1)辩方以下证据证实案发单位销售部历来存在账外资金：

①证人张某生的证言明确承认天津××制药公司销售部存在小金库。

②被告人粟某保管的2001年和2002年分别以粟某德名义和帅某某名义开具的工行存折，正常情况下被告人粟某不可能保管有该证据。

(2)辩方证据证实××制药公司总经理韩某某知悉并为公使用账外资金。

今天向法庭出示的2012年5月8日由案发单位刘某、韩某某签字的支款凭证，明确显示因办理公司驰名商标事宜从公司销售部支取5万元，能够证实韩某某知悉且默许公司销售部存在独立于公司财务部门的账外资金，并且实际使用其中款项用于公司公务支出。

2. 被告人粟某不具有非法占有的目的，其并未将手中掌管的账外资金据为己有，而是用于公务，原一审中据以定案的证据中，并没有被告人非法占有的证据，而辩方提供的证据能够证明这些账外资金均用于公务支出。

（1）被告人粟某向总经理韩某某至少支付现金37.8万元用于公务支出。

①被告人粟某供述：证实××制药公司总经理韩某某经常以公司用钱为由，以现金形式向其索要账外资金；

②证人郭某琴所书的《情况说明》和其存折的取款记录：从2009年9月至2012年5月，总经理韩某某因公务支出多次向粟某索要现金，粟某因没有时间取钱，由证人郭某琴帮忙经手取钱累计27.8万元；

③被告人粟某的建行账户流水显示其于2012年6月1日给证人周某冬的账户转入10万元，该款项为总经理韩某某临时急用10万元办公，证人周某冬交给韩某某10万元后，被告人粟某转账归还该笔款项的事实。

（2）为某制药公司办卡：证据证实被告人粟某保管的部分账外资金中至少有10.2万元（4.2万元、3.5万元、2.5万元）用于办卡，根据办理商联卡的缴费凭证可推定有约5.5万元用于办卡支出，该支出必然为公用，个人不可能办理大量卡进行消费。

（3）有明确记录证实总经理韩某某于2012年5月8日手写支款凭条，因办理公司驰名商标事宜向销售部支现5万元，被告人手写原始支出记录1.55万元。

（4）被告人粟某管理的账外资金有至少12万元用于员工福利支出。

证人唐某五证言证实，曾因孩子生病，收到被告人粟某代表公司给其的2万元慰问金，用于孩子治病。

另，有证据证实被告人粟某保管的账外资金中有数万用于举办“贤内助大会”及会上奖金的发放。证人张某生、严某宁、范某喜的证言、补充的证人任某莉、李某的证言及大会的现场照片，均能证实某制药公司销售部举办过两次“贤内助大会”，且参会的员工家属均收到公司发放的奖金，这两次大会共支出10万元左右。有照片为证，总经理韩某某参加了“贤内助大会”，并亲自发放了奖金，对这项支出其是知悉并许可的。

辩护人在原二审庭审中向证人韩某某发问“贤内助大会”开过几次，其回答为一次，与被告人粟某供述的两次不同，另有证人任某莉、李某的证言证实其参加过两次这样的大会。辩护人在当庭要求证人韩某某辨认其参加的该大会的照片时，证人韩某某认可其参加了2011~2012年年度的“贤内助大会”。但辩方提供的证据能够证实该照片为2009年第一次“贤内助大会”的照片，即通过上述证据可以证实“贤内助大会”共举办过两次，而非一次。

上述证人证言能够证实参会的员工家属收到了现金，而该现金的来源总经理韩某某无法证实来自案发单位财务部，证人韩某某声称的“孙某已向单位报销”，并没有证据能够证实。上述款项均来自被告人粟某保管的账外资金，支出的具体金额可以通过查证确认。在此次庭审中证人韩某某也没有出庭参加质证，对于其证言的前后矛盾做出解释。

综上所述，现有证据能够证实××制药公司存有独立于该公司财务部门的账外资金，被告人粟某保管该资金的行为确实违反财务纪律。但客观评析本案，因公司总经理知悉并默许该账外资金的存在，且现有证据亦能证实被告人粟某确实将其保管的涉案款项均用于公务支出，未据为己有，其对涉案款项不具有非法占有之目的，故其行为不符合贪污罪、受贿罪主观要件，其依法不构成贪污罪、受贿罪。

第五部分，对于本案证人未到庭证人证言证据效力的意见。

辩护人在开庭前，经过阅卷后，提请法院通知本案数名证人到庭，而这些证人的证言对于查明本案案件事实具有重要作用，但无一人到庭。根据《刑事诉讼法》第 187 条的规定，公诉人、当事人或者辩护人、诉讼代理人对证人证言有异议，且该证人证言对案件定罪量刑有重大影响，人民法院认为证人有必要出庭作证的，证人应当出庭作证。《最高人民法院关于适用〈中华人民共和国刑事诉讼法〉的解释》第 78 条第 3 款规定，经人民法院通知，证人没有正当理由拒绝出庭或者出庭后拒绝作证，法庭对其证言的真实性无法确认的，该证人证言不得作为定案的根据。由于本案相关证据能够证实现有证人证言存在矛盾，而相关证人均未到庭，对证明内容的真实性无法确认，辩护人认为应当依法排除这些证据。

综上所述，现有证据能够充分证实××制药公司销售部存在独立于公司财务部的账外资金，公司总经理韩某某知悉且默许该账外资金用于公用支出，被告人粟某将涉案款项均用于公用支出，不具有据为己有的主观要件和客观要件，辩护人认为被告人粟某无罪。恳请合议庭在查明案件事实的基础上，对被告人粟某作出客观、公正的评判。

二审辩护要点

辩护人认为一审判决书中对被告人构成非国家工作人员受贿罪、职务侵占罪的定性是错误的，被告人不具有《刑法》第 163 条、第 271 条规定的非法占有他人财产、利用职务便利非法占有公司财产的主观故意，不构成非国家工作人员受贿罪、职务侵占罪。具体意见如下：

1. 现有证据能够证明，案发单位有独立于财务部门，用于发展公司业务的“小金库”也就是账外资金。该部分已在一审及收回重审辩护要点第四部分中阐述。

2. 被告人粟某不具有非法占有的目的，其并未将手中掌管的账外资金据为己有，而是用于公务，一审中据以定案的证据中，并没有被告人非法占有的证据，而辩方提供的证据能够证明这些账外资金均用于公务支出。该部分已在一审及发回重审辩护要点第四部分中阐述。

3. 一审认定被告人粟某构成两罪系认定事实不清、证据不足。

(1)关于翁某给付被告人粟某13万余元,性质具有同一性,不应以两罪并罚。

辩护人对于翁某给付被告人粟某13万余元的客观事实没有异议,但对于控方做出受贿和贪污的定性持有异议。证人翁某的证言使用了大量可能性语言、且属于经过看银行明细和经过回忆才得出的结论,属于看图说话;被告人粟某的供述否认其收到翁某的好处费,该13万余元应认定为旅游退款。

(2)辩护人对于认定被告人粟某收取了陈某胜给付的38万余元事实不持异议,但对公诉机关将被告人粟某收钱行为的定性有异议。现有证据无法认定粟某向陈某胜索要38万余元的事实,因此在对38万余元性质无法确认的情况下认定被告人存在索贿行为,显然事实不清、证据不足。

综上所述,现有证据能够证实案发单位存有独立于给公司财务部门的账外资金,被告人粟某保管该资金的行为确实违反财务纪律。但客观评析本案,因公司总经理知悉并默许该账外资金的存在,且现有证据亦能证实被告人粟某确实将其保管的涉案款项均用于公务支出,未据为已有,其对涉案款项不具有非法占有之目的,故其行为不符合非国家工作人员受贿罪、职务侵占罪的主观要件,其依法不构成非国家工作人员受贿罪、职务侵占罪。

4. 本案侦查程序违法,本案依法应当由公安机关管辖,而非检察机关自侦案件。

某区人民检察院于2014年1月3日以犯罪嫌疑人粟某涉嫌受贿罪的名义对其立案侦查并以该罪名对其刑拘。另于2014年1月17日以非国家工作人员受贿罪和职务侵占罪的名义批准对其进行逮捕。

本案被告人粟某是以非国家工作人员的身份被批准逮捕的,其被批准逮捕后该案已不属于检察机关立案侦查范围,应当由相应的公安机关立案侦查,然而某区人民检察院仍然继续自侦,违反《刑事诉讼法》第18条和第107条的规定。另外,某区人民检察院在侦查中已经取得被告人粟某并非国家工作人员的主体材料,且以非国家工作人员受贿罪和职务侵占罪的名义批准逮捕被告人粟某后,无视案件事实,仍然坚持以受贿罪和贪污罪对被告人粟某提起公诉,显然是故意违背事实和法律。某区人民检察院无视案件事实,以重罪名提起公诉,对被告人是不公平的。辩方对某区人民检察院侦查案件的客观性和公正性表示怀疑。

5. 对于本案一审认定证据的意见。

辩护人在一审开庭前,经过阅卷后,提请法院通知本案数名证人到庭,而这些证人的证言对于查明本案案件事实具有重要作用,但无一人到庭,结果一审判决书认为控方提供的证人证言是客观的合法的并予以采信;对于辩方提供的证人证言却认为经审查无法证实关联性、真实性,内容矛盾不予采信。同样是未经证人到庭参加质证的证言,一审法院作出不同的对待,对被告人粟某是不公平的。对于辩方提供的证人证言哪些没有关联性?哪些存有矛盾?一审判决对此并没有进行评判。辩护人认为一审法院审查证人证言的程序不公正,导致本案案件事实不清,适用法律不当。

综上所述,现有证据能够充分证实案发单位销售部存在独立于公司财务部的账外资金,公司总经理韩某某知悉且默许该账外资金用于公用支出,被告人粟某将涉案款项均用于公用支出,不具有据为己有的主观要件和客观要件,辩护人认为被告人粟某无罪。恳请合议庭在查明案件事实的基础上,对被告人粟某作出客观、公正的评判。

■ 裁判结果

一审判决

天津市××区人民法院(2014)×刑初字第×××号刑事判决书,认定,天津××制药公司系国有控股公司,被告人粟某在该公司中担任的销售总监兼销售部部长的职务,系经公司总经理聘任的,并非受国有公司的委派在该公司中从事领导、管理工作,被告人粟某不属于国家工作人员,其利用职务上的便利非法收受他人财物的行为以及侵吞公司财务的行为,应以非国家工作人员受贿罪及职务侵占罪定罪处罚。公诉机关认为被告人粟某系国家工作人员,根据上述犯罪事实指控被告人犯有受贿罪及贪污罪意见有误,本院予以纠正。

被告人粟某利用职务上的便利,非法收受他人财物 390,561 元,为他人谋取利益,数额巨大,其行为构成非国家工作人员受贿罪。被告人粟某利用职务上的便利,非法占有本公司财物 55,528 元,数额巨大,其行为构成职务侵占罪,依法应予以处罚。被告人粟某犯有数罪,应实行数罪并罚。

辩护人认为被告人粟某不具备贪污罪、受贿罪的主体资格的意见正确,本院予以采纳。另根据本案的相关证据能够认定被告人粟某利用职务便利侵吞了公司财产并收受了他人财物的事实成立,辩护人认为翁某给付被告人粟某的款项连同陈某胜给付的款项,总计 51 万余元存进了销售部的小金库,陆续用于公司的意见,本院不予采纳。

鉴于被告人粟某在家属的帮助下退缴了部分赃款,故对被告人粟某可酌情从轻处罚。

综上,本院依照《刑法》第 64 条、第 69 条、第 163 条第 1 款、第 271 条第 1 款之规定，判决如下：

1. 被告人粟某犯非国家工作人员受贿罪，判处有期徒刑六年；犯职务侵占罪，判处有期徒刑二年六个月，数罪并罚，决定执行有期徒刑八年。

2. 被告人退缴的赃款140,000元，其中55,528元发还天津××制药有限公司，余款84,472元予以没收。继续追缴被告人粟某的犯罪所得人民币306,089元。

二审裁定

天津市第×中级人民法院(2014)二中刑终字第×××号刑事裁定书认定，原审判决认定上诉人（原审被告人）粟某犯非国家工作人员受贿罪、职务侵占罪的部分事实不清，证据不足，依照《刑事诉讼法》第225条第1款第3项的规定，裁定如下：

1. 撤销天津市某区人民法院(2014)×刑初字第×××号刑事判决；

2. 发回天津市某区人民法院重新审判。

重审一审判决

天津市某区人民法院(2015)×刑重字第1号刑事判决书认定，被告人粟某作为国有控股公司的工作人员，利用其担任本公司销售总监兼销售部长的职务便利，截留他人退还公司的公款76,660元据为己有，数额较大，其行为已构成职务侵占罪；同时其还利用同样职务便利，收取他人给付的好处费55,100元，索取他人好处费382,544元，总计437,644元，数额巨大，其行为又构成非国家工作人员受贿罪，均应予以处罚。被告人粟某一人犯数罪，应予并罚。鉴于被告人粟某归案后，在其家属的帮助下退缴了部分赃款，可从轻处罚。被告人粟某其余非法所得应继续追缴。

公诉机关指控事实清楚，予以确认。但公诉机关认为被告人粟某的行为构成贪污罪和受贿罪，由于被告人粟某供职的公司非国有独资公司，其销售总监兼销售部长的职务系由本公司总经理聘任，被告人粟某不属于受国有公司的委派在非国有公司中从事公务的人员，不具有国家工作人员的主体身份，因而公诉机关指控罪名不当，应予变更。

被告人粟某及其辩护人认为被告人粟某不具有国家工作人员身份的意见正确，予以采纳。

综上，本院依照《刑法》第64条、第69条、第163条第1款、第271条第1款，《最高人民法院关于适用〈中华人民共和国刑事诉讼法〉的解释》第241条第1款第2项、第2款之规定，判决如下：

1. 被告人粟某犯非国家工作人员受贿罪，判处有期徒刑六年；犯职务侵占罪，判处有期徒刑二年六个月，数罪并罚，决定执行有期徒刑八年。

2. 被告人退缴的赃款 140,000 元，其中 76,660 元发还天津××制药有限公司，余款 63,340 元予以没收。继续追缴被告人粟某的犯罪所得 374,304 元。

重审二审裁定

天津市第×中级人民法院(2015)二中刑终字第×××号刑事裁定，驳回上诉，维持原判。

■ 案件评析

此案历经四审终审，以判决被告人有罪告终。但是，辩护人认为案件从立案侦查到法院审判存在诸多问题值得深思，作为非国有企业的管理人员要时刻警惕经手管理财物过程中的刑事法律风险。本案的判决结果，对于目前部分企业的经营管理人员具有一定的风险警示意义。根据《中共中央关于全面深化改革若干重大问题的决定》提出的积极发展混合所有制经济等相关政策要求，目前各地都对其所属的国有企业进行混合所有制改革，吸引民间资本进入国有企业共同投资经营。在这过程中就要求各方严格按照法律和政策要求界定产权，明确各方权利义务，依法依规行使企业的管理权和决策权，避免再出现“出资不清、权属不清、身份不清”等情形，产生重大法律隐患。

闫某某诈骗案

——通过庭审发问，厘清案件事实，导致控方证据不足，判决无罪

■ 案情简介

公诉机关认定：2003年2月，犯罪嫌疑人韩某某伙同张某某利用北京市炼焦化学厂（以下简称焦化厂）第一制汽车间拆迁之机，谎称已与该厂签订拆迁协议，目前资金短缺，以合作为名，取得天津开发区燕兴置业发展有限公司（以下简称燕兴公司）信任，在2003年2月至8月，先后以虚构的交付焦化厂工程款名义，从燕兴公司分15笔骗取资金共计249万元；以购买焦化厂、北京玻璃厂钢材为由，以虚构的交付定金，钢材预付款名义从燕兴公司分6笔骗取资金共计155万元，以上21笔款项共计404万元。经查：焦化厂第一制汽车间拆迁工程系国有资产转让，依据《北京市产权交易管理规定》，应通过产权中心进行交易，不得与任何一家单位直接签订产权出让协议，在交易前，焦化厂不得收取工程款或其他各种费用。2003年9月5日该拆迁工程在北京市产权交易中心的监督下，由北京炎黄拍卖有限公司通过公开拍卖方式完成交易，受让方为帅克林，成交价为585万元人民币，而在整个交易过程中，焦化厂厂方及厂内有关人员未从张某某等人处收取过任何财物。

案发后，在燕兴公司多次催要下，犯罪嫌疑人韩某某共退还给燕兴公司33万元人民币，并以实物折抵退还60万元；犯罪嫌疑人张某某共退还给燕兴公司147万元人民币，尚有164万元被犯罪嫌疑人韩某某、张某某二人非法占有。

2003年3月，犯罪嫌疑人闫某某伙同张某某及韩某某，谎称可通过给评估人员好处费，降低焦化厂基建仓库内钢材的评估价格，从燕兴公司骗得现金10万元，并从犯罪嫌疑人张某某处取走，被犯罪嫌疑人闫某某非法占有。

综上所述，犯罪嫌疑人韩某某、张某某、闫某某之行为触犯了《刑法》第266条之规定，构成诈骗罪。

■ 辩护思路

本案系一起诈骗共同犯罪案件，法律关系虽不复杂，但涉案被告人较多，举报人一方有近数十名证人。各被告人之间关系复杂。被告人闫某某自始至终不承

认其有诈骗犯罪行为，坚持要求辩护人做无罪辩护。在确定无罪辩护的大方向后，辩护人仔细查阅了全部案卷材料，从中抽丝剥茧，将所有涉及被告人闫某某的全部控诉证据进行归纳整理，力求在诈骗犯罪的客观构成要件上找到突破口。

■ 辩护要点

1. 被告人闫某某主观上不具有非法占有他人财物的故意（略）。

2. 被告人闫某某在客观上也没有实施故意隐瞒事实，虚构事实，骗取他人财物的行为。

（1）被告人闫某某从未向被害人讲过其系北京焦化三产经理，此事实有报案单位的经办人也是本案证人杨某某在2004年6月19日向公安机关所做的陈述予以证实（见预审卷第66页第11～17行）。

（2）焦化厂拆迁的项目是客观存在的，闫某某在整个拆迁项目中的作用是替被告人张某某联系，协调与焦化厂的关系，帮忙解决处理拆迁事宜，其本人收取了张某某支付的4万元，其中2万元为联系协调过程中的正常花费，另2万元为张某某在拆迁即将结束时给闫某某的劳务费。以上行为与举报单位燕兴公司没有任何关系，且行为本身不违反我国刑事法律，以上事实有同案被告张某某当庭供述予以为证。

（3）起诉书指控“2003年3月，被告闫某某伙同张某某及韩某某，谎称可通过给评估人员好处费，降低焦化厂基建仓库钢材的评估价格，从燕兴公司骗得现金10万元，被非法占有”。这一指控辩护人认为证据不足。

首先，关于闫某某谎称可通过给评估人员好处费，降低焦化厂基建仓库钢材的评估价格这一指控缺少充分证据，起诉书据以指控的证据，为报案人杨某某、闫某向公安机关所做的陈述，除此之外，既没有其他无利害关系的其他证言，又无本案其他被告人的供述予以证实，故该指控证据不足，不能成立。

其次，关于指控被告人闫某某非法占有10万元的指控，辩护人认为亦不能成立。对于此项指控，公诉机关提供了以下证据：杨某某、闫某的证言材料，证实闫某某收10万元的详细经过。对账单等书证材料证实闫某某收取了10万元款项已反映在燕兴公司账内。辩护人认为，通过仔细查阅分析上述证人证言与书证，不难发现证据之间存在较大的矛盾，故不能作为立案的依据。本辩护人归纳为以下几个方面：

①燕兴公司2004年3月21日举报信是举报人向司法机关提供的最早、最原始的一份材料，在该举报信中，涉及被告人闫某某的问题仅为第44页中张某某讲“该款一部分用于还债了，15万给了焦化厂三产经理闫某”。丝毫未提及燕兴公司经办人杨某某、闫某直接在张某某处且张某某在场的情况下给了闫某某10万

元一事。从举报信对这一问题的表述来看系张某某给了闫某某 15 万元,这与杨某某、闫某的证言中所叙述的过程截然不同,且数额不对。而这一情节在杨某某 2004 年 4 月 19 日证言中根本未提及。

②关于给闫某某 10 万元的时间,存记人(经办人)杨某某的证言中陈述为 2003 年 3 月中旬(见预审卷 114 页杨某某自书材料,及 2003 年 6 月 19 日杨某某证言材料,预审卷第 70 页、第 71 页、第 73 页),而证人杨某某在 2004 年 4 月 19 日的证言材料中仅提及了给闫某某的一笔钱,“第三卷是在 2003 年的 4 月 8 日,我们去北京交给张某某给焦化厂三产经理(闫)的款项,共计 5 万元(预审卷第 58 页)”。此外本案书证中燕兴公司出具的付款对账单中涉及闫某某的款项有两笔,一笔为 2003 年 4 月 8 日的 50,000 元,记录为焦化厂小闫款,另一笔为 2003 年 4 月 17 日的 100,000 元,记录为焦化厂须导款。而 2004 年 4 月 14 日燕兴公司出具的对账单中仅记录了 2003 年 4 月 8 日的 50,000 元工程款,交张某某给焦化厂三产闫经理款,无论如何,这两份对账单均能反映出一个事实,即在 2003 年 4 月 1 日之前,没有给过闫某某任何款项。证人证言与书证之间的这种巨大矛盾,足以造成这样的证据不能作为立案的依据。

③关于给付闫某某 10 万元具体地点的陈述,证人杨某某在其自书的材料陈述为在张某某的家中(见预审卷第 71 页、第 73 页)。付钱的地点证人证言前后不一致。

④关于给闫某某 10 万元钱包装物的陈述,证人杨某某的自书材料中描述为“我当时在办公室找了一个纸包装提袋装的钱”。而杨某某在 2004 年 6 月 19 日证言中描述为“我们是提着现金去的,是用一个塑料兜子装着的”(见预审卷第 73 页),在给款的细节描述上证人前后又不一致。

综上证据矛盾,辩护人认为公诉人据以指控闫某某非法占有 10 万元的证据不够确凿充分,不足以认定该事实。

(4)被告人闫某某前后供述一致,均否认其曾经收取过杨某某给付的 10 万元现金。

(5)同案被告人张某某当庭记录杨某某给闫某某 10 万元的事实根本不存在,其供述其本人曾给过闫某某运作费及劳务费共计 4 万元,此点与闫某某的预审供述及当庭供述一致。

综上所述,辩护人认为被告人闫某某未实施虚构事实,非法占有他人财物的行为,故不构成诈骗罪。

■ 裁判结果

天津市第二中级人民法院(2005)二中刑初字第 73 号刑事判决,认为辩护人提出认定被告人闫某某构成诈骗罪证据不足的辩护意见,符合客观事实,予以采纳。

被告人闫某某无罪。

■ 案件评析

案件一审判决生效后,当事人闫某某申请了国家赔偿,最终获得了 10 万余元的国家赔偿金。

这个案件法院判决被告人无罪的理由是采纳了辩护人认为“证据不足”的辩护意见。由此我们引申出在刑事辩护中对于控方待证事实的证明标准的考量问题,也就是法律规定的运用证据证明待证事实所要达到的程度的要求。在辩护实务中,除了法律适用争议的案件之外,绝大多数案件的无罪辩护,全是基于对控方待证事实运用法律规定的证明标准来进行考量,判断是否达到了据以定罪的证明标准,最终得到法院支持,判决无罪。那么,这个证明标准的具体内容是什么,法律又是如何规定的呢?

1996 年《刑事诉讼法》规定的证明标准是“事实清楚,证据确实充分”。后《办理死刑案件判断证据若干问题的规定》对“证据确实、充分”做了细化的解释,2012 年《刑事诉讼法》第 53 条和 2018 年《刑事诉讼法》第 55 条,对“证据确实、充分”作出了具体的规定,“证据确实、充分,应当符合以下条件:(一)定罪量刑的事实都有证据证明;(二)据以定案的证据均经法定程序查证属实;(三)综合全案证据,对所认定事实已排除合理怀疑”。在辩护实务中,注意从以下五个方面进行把握。

第一,定罪量刑的事实都有证据证明。

第二,据以定案的证据均经法定程序查证属实。这里所说的法定程序主要是指开庭质证的程序,这就要求据以定案的证据必须经过庭审质证来确定,这也是“未经质证不得认证原则”的根本要求。我们在庭审辩护中经常遇到质证不充分、走过场的情况,甚至有的法官随意打断辩护人发表质证意见,让辩护人将质证意见留到辩论时再说,辩论时又以辩论中不再重复质证意见而打断辩护人发言,严重影响法庭对证据展开全面、客观、深入的调查核实。按照《刑事诉讼法》这一证明标准的要求,辩护人应当有意识地影响法庭强化质证的实质化。对于认定案件重要事实的关键证据,要求法庭“一证一质”,拒绝捆绑质证。只有对于证明事项确实存在关联的多个证据,才接受作为一组证据出示并接受质证。特别是开庭后控辩双方补充的证据,如果是量刑证据,可以接受提交书面质证意见,如果是定罪证据,则必须要求法庭开庭质证。

第三,结合全案证据,对所认定事实已排除合理怀疑。这里的合理怀疑并非凭空的猜测或推断,而是关注被告人事实上无罪的现实的可能性。综合全案证据，如果证据与证据之间、证据与案件事实之间不存在矛盾或矛盾得以合理排除；共同犯罪案件中，被告人的地位、作用均已查清；根据证据认定案件事实的过程符合逻辑和经验规则，由证据得出的结论为唯一结论，实际上也就排除了合理怀疑。针对死刑案件，应适用更高的标准。

第四，坚持疑罪从无，有条件地接受疑罪从轻。这主要是指对于定罪事实清楚，证据确实、充分，但影响量刑的事实的证据存有疑问的案件，通过认罪认罚程序，能够让法庭在量刑上留有余地并作出有利于被告人的处理。

第五，对于辩方证明被告人无罪的证明标准并不要求达到事实清楚，证据确实、充分。比如那些对被告人有利的和从宽处罚的事实以及程序法事实，应当遵循优势证据的标准。这些事实主要包括：作为对被告人无罪的事实，从轻、减轻或者免除处罚理由的事实；回避等影响程序公正的事实；违反法定程序的事实；其他应当证明的程序事实。在辩护实务中要善于发掘和提出，进而形成定罪疑点，为适用“疑点利益归于被告人的原则”做好铺垫。

通过此案的辩护成功，辩护人还意识到，通过庭审发问及质证对于一个案件查明事实、认定事实的重要性。2017 年 2 月 17 日最高人民法院发布的《关于全面推进以审判为中心的刑事诉讼制度改革的实施意见》，更进一步强调了庭审的重要性。同时对刑辩律师在庭审过程中运用发问技术，引起合议庭对待证事实疑点的重视，提出了更高的要求。特别是对于多被告的共同犯罪案件，庭审中对各被告人发问要在庭前精心准备，一个刑辩律师的水平，不仅仅体现在法庭辩论阶段，庭审发问和质证更是刑辩能力的精髓。因此，善于运用庭审发问技术，不仅有助于协助法庭查明案件事实，还可以为发表辩护意见，进行法庭辩论铺垫事实基础。随着庭审方式改革的不断深入，控辩式的庭审方式将不断得到加强。笔者曾经在美国访学期间参加了由俄克拉荷马州联邦法官 COUCH 主持的模拟法庭训练，整个庭审对被告人、证人和鉴定人询问和交叉询问占据了庭审的绝大部分。法官和陪审团正是通过听审，形成内心的确信和判断，最终得出罪与非罪的结论。本案也正是通过庭审的发问和质证，将控方已经认定的事实陷入存疑，最终导致合议庭认为证据不足，宣告无罪。

实践中应注意以下几个方面：一是牢牢把握住发问内容与争议事实的关联性；二是连续发问的问题之间的逻辑性；三是迅速归纳出被告人当庭陈述与讯问笔录是否具有一致性，围绕差异，反复发问，加深法官对这一事实差异的重视；四是避免用控方发问的方式向委托人或同案被告发问相同的问题而造成审判长终止辩护人发问，影响庭审效果；五是鉴于我国庭审中没有对发问规则进行统一的规制，没有英美审判体系中的所谓 Leading question and Unleading question 的严格界定和运用规则，故而辩护人通过适当带有引导性的发问（不得采用诱导式发问），对控辩双方争议较大的事实剥茧抽丝，为后面在举证程序中发表质证意见打下基础，一旦法官和控方提出异议，立即进行调整纠正。

庭审发问确实是一项值得总结、精炼的刑辩技巧，实践中可能会因为不同的法官产生不同的效果，但绝不能就此放弃思考、总结和提高。

第四部分

妨害社会管理秩序篇

韩某某提供伪造、变造的出入境证件案

——国际版本的“高考移民”引发的犯罪案件辩护实务

■ 案情简介

近几年来，部分家长为了让孩子顺利进入大学深造，不惜花钱为孩子在大城市购买户口，这种现象被称为“高考移民”。近些年这种“高考移民”又衍生出新的国际“版本”，为了让子女进入国内重点大学，部分家长花费数十万元委托中介为孩子办理外国护照，然后让高中毕业的孩子变身为该国“留学生”，持该国护照回到国内“留学”，顺利就读国内重点高校，本案就是在这一背景下发生的。

由于案件涉及护照所在国的主权问题，案情重大复杂，同时涉案的30多名学生（已办理完毕13本外国护照）及具体行为涉及多个省、市和境外。故而由国家公安部指定天津市公安局和天津市公安局河西分局成立专案组负责案件侦查。其间，新闻媒体也多有报道，就这种“高考移民”所涉及的法律问题在学术界和实务界也展开了广泛的讨论。

经过了12个月的侦查和审查起诉，天津市河西区人民检察院西检刑诉(2007)177号起诉书指控:2006年，被告人韩某某与薛某某、魏某某（二人均在逃）预谋向国内学生提供菲律宾护照并以菲律宾留学生的身份进入国内高校学习，三人从中牟利。2006年9月、10月间，先后有付某、师某等13名学生通过被告人韩某某的安排以到菲律宾旅游的名义进入菲律宾，以此种方式在菲律宾境内通过魏某某取得菲律宾护照或回国后从韩某某、薛某某等人处取得菲律宾护照。2006年10月，被告人韩某某联系安排上述学生以菲律宾学生身份进入天津国际文化进修学院学习，后该学院发现该批学生情况异常，遂向出入境管理局和公安河西分局报案，经侦查立案。

综上，被告人韩某某向他人提供伪造、变造的出入境证件13份，情节严重，其行为触犯了《刑法》第320条、《最高人民法院关于审理组织、运送他人逃越国（边）境等刑事案件适用法律若干问题的解释》（已失效）第4条之规定，犯罪事实清楚，证据确实充分，应当以提供伪造、变造的出入境证件罪追究其刑事责任。

天津市河西区人民法院经审理于2007年11月2日作出了一审判决，认定了检察机关指控的部分犯罪事实和从犯，罪名成立适用减轻处罚，判处有期徒刑四年，罚金人民币 30,000 元。被告人韩某某不服一审判决，提出上诉，二审维持原判。

■ 辩护思路

笔者接受委托后，由于这种类型的案件并不多见，特别是涉案的出入境证件为外国护照的案件更不多见。依据《刑法》的规定并结合被告人的具体情节，如果罪名成立则可能被判处五年以上有期徒刑。经过认真研究刑法的规定，概括出本罪的犯罪构成要件，围绕着本罪的犯罪构成要件，仔细分析案情及涉案书证材料，确定以下无罪辩护的方案：

1. 被告人主观上是否存在犯罪故意，即行为人明知为他人提供的是伪造、变造的护照、签证等出入境证件是非法的，依然向他人提供。法律并未对犯罪目的作出特别规定，司法实践中大多具有营利目的。

2. 涉案的所谓 13 本“外国护照”是否能够全部确定为伪造或变造，证据材料中国驻外大使馆的证明文件中文译本与英文原本所表达的含义不一致，直接关系到涉案标的物的性质。

3. 被告人韩某某客观上实施了哪些行为，这些行为性质上是否是犯罪行为。

4. 本案被告人韩某某的行为侵害的客体是《刑法》第 320 条所保护的国家对出入境证件的管理秩序还是国家对教育资源的管理秩序。

结合具体证据，通过对以上四个方面的问题进行分析，得出公诉机关的指控事实不清，证据不足，适用法律不当的无罪辩护意见。

■ 辩护要点

一、目前现有证据并不能认定这些涉案的出入境证件是伪造或变造的

涉案学生所持的 13 本护照经过菲律宾大使馆和我国公安部物证鉴定中心的检验。但以上这些检验并没有得出这些涉案护照是伪造或变造的结论。

1. 控方据以认定涉案护照为伪造的关键证据 9 是本案定案的重要根据。即公安部物证检验鉴定书及菲律宾大使馆出具的对 13 本护照的声明书，证实 13 本护照系偷换照片变造。但该份证据的英文翻译存在严重问题，经过专业的翻译机构重新翻译后，所表达的意思大相径庭。公安机关委托翻译的译文将此处错误的翻译为“菲律宾政府确认这些护照均系伪造”。严重歪曲了英文声明的原意。根据 2007 年 3 月 14 日《菲律宾驻北京大使馆的回函》编号为 123/2007，该回函正文第二、三个自然段的英文正确的译文应为：“菲律宾外交部确认以上护照发放给了菲律宾籍人，但护照申请表格上的照片和天津市公安局提供的护照上的照片不一致。由此，菲律宾政府希望有机会能对这些护照由菲律宾的护照制作部门进行实

验室的检验。”通过以上逐字逐句对原文进行翻译，我们不难看出，即使照片不符，菲律宾政府实际并没有确认这些涉案护照就是经过伪造或变造的，也无法依据现有材料判定护照的真假，仍然需要菲律宾的护照制作部门进行检验方可确定。综上所述，目前并没有证据认定这些护照是伪造或变造的，相反，菲律宾政府在 2007 年 3 月 14 日《菲律宾驻北京大使馆的回函》编号为 123/2007 的网函件也明确指出，这些护照确系菲律宾有关部门签发的，只是照片不符。

2.《公安部物证检验报告》公物证鉴字(2006)6590 号的“十、检验结果”部分明确表明：1.13 本检材护照与样本不是同一版本，无法确定真伪；3. 检材 1 – 9 本护照中的“中国边防检查”验讫章系伪造。由是观之，公安部物证鉴定中心的结论是护照无法确定真伪，虽然报告同时认定了“中国边防枪查”验讫章系伪造，但提供伪造、变造的出入境证件罪的犯罪对象即被伪造、变造的出入境证件和范围仅仅是护照及签证，并不包括“中国边防检查”验讫章，也就是说，这份鉴定报告并没有说明护照就是伪造的。

3. 菲律宾大使馆也没有认定护照是伪造或变造的。

根据 2006 年 12 月 18 日《菲律宾驻北京大使馆的回函》编号为 589/2006，本次要求菲律宾大使馆予以确认的护照编号为 5 本，分别是 TT0752009、SS0888075、TT0838075、SS0807345、TT07520490。根本就没有包括在《公安部物证检验报告》公物证鉴字：(2006)6590 号的检验范围中。而且，在 2006 年 12 月 18 日《菲律宾驻北京大使馆的回函》编号为 589/2006 中，正文第二个自然段的英文明确写明：“7 位数的护照只是在 1997 年和 2000 年这两个年份没有颁发。”而该回函的翻译件错误地将之翻译为：“7 位数的菲律宾护照自 1997 年至 2000 年已经停止签发了。”一下子将停发的年份由 1997 年和 2000 年两个年份改为了 1997 年至 2000 年四个年份，中文翻译严重曲解了英文函件的原意。诉讼中我们委托了专业的翻译机构对菲律宾大使馆出具的数份回函英文件进行了重新翻译，没有一份函件表达过涉案的护照确定是伪造或变造的，由于侦查机关没有向菲律宾大使馆提供护照原件，故无法判定涉案护照是伪造还是变造。

根据《刑法》的有关规定，“伪造”是指无权制作护照、签证等出入境证件的人，非法制作假的出入境证件；而“变造”系指用涂改、抹擦、拼接等方法，对真实的出入境证件进行加工改制，改变其真实内容的活动。也就是说，只有在行为人所提供的出入境证件确系伪造或变造的情况下，才具备了本罪的客观构成要件，才可能认定本罪成立。而目前现有的证据，均无法证明控方所认定的“菲律宾护照均为伪造或局部伪造即变造形成”的论断。

事实上，被告人韩某某不可能了解菲律宾政府的护照签发程序，而对这一签发程序，我国的司法机关也不得而知，护照签发程序关乎一国主权，他国无权干涉。而在实践当中，世界上很多国家也确实存在法律允许外国人通过交纳一定费用或投资获得在其国内的居留权，获得其本国护照的做法。在我们对菲律宾的护照签发程序上不了解，在不能确定涉案的 13 本护照真伪的情况下，就草率认定韩某某有罪有违客观公正。

二、韩某某没有提供伪造、变造的出入境证件的主观故意

根据《刑法》第 320 条的规定，提供伪造、变造的出入境证件罪是指为他人提供伪造、变造的护照、签证等出入境证件的行为。本罪的主观要件是故意，包括明知是伪造、变造的出入境证件而有意提供给他人，或者放任地将可能是伪造、变造的出入境证件提供给他人。因此，如果指控韩某某犯有本罪，就必须证明韩某某对提供给这 13 名学生伪造、变造的护照有直接或间接的故意，才有可能构成该犯罪。而该案相关的证据均显示：韩某某与该案其他犯罪人之间并不存在共同的犯罪故意。

1. 韩某某在事发之前与其他犯罪嫌疑人和相关的经办人并无通谋。所谓事前通谋，是指在实施犯罪行为之前，各犯罪人之间就存在共同的犯罪故意，并用该故意指导犯罪行为的进行。如认定本罪事前有通谋，就应当认定韩某某在策划该事件之初就明知涉案护照的真伪，或是在证件的伪造、变造过程中与其他犯罪人有通谋。而这一点，从案件的现有证据来看，并不能得出肯定的结论。据韩某某本人的供述，薛某某和魏某某的相识是由韩某某介绍的，但韩某某在二人之间仅仅起到介绍人的作用，并没有和魏某某或薛某某串通伪造、变造护照。而且，韩某某在经人介绍认识魏某某以后，首先询问魏某某护照是否真实，在魏某某承诺护照肯定是真实有效的这一答复以后才介绍魏某某与薛某某等人认识并帮助联系事宜的。在此期间，韩某某也曾多次询问过护照的真实情况，得到的答复都是肯定的。韩某某没有也不可能指使魏某某与薛某某等人的行为，魏某某没有义务、也没有必要告诉韩某某护照不是真的，按常理推断，魏某某也不会告知韩某某护照是伪造或变造的，而且，伪造、变造护照这一事实魏某某根本就不用和韩某某事前通谋。本案也没有其他证据证明韩某某事前与相关的经办人具有事前通谋的故意。

2. 在本案的整个进行过程中，韩某某也没有得知护照为假的可能性。在整个案件中，学生取得护照的途径主要有三种：第一种是由魏某某在菲律宾直接交给学生；第二种是直接寄送到接受学校；第三种是由薛某某交给韩某某，再由韩某某转交给学生的。除此之外，就没有其他方式了，这一点都有相关的证据佐证。而且，三者中以前两种不通过韩某某的方式为主，在前两种方式中，韩某某根本没接触过护照，不可能知道护照是假的。韩某某经营的旅行社只从事国内的旅游业务，韩某某对外国护照接触甚少，而且，辨别护照的真伪也不是非专业人员可以做到的，所以，在最后一种由韩某某转交的方式中，韩某某也不可能知道护照是假的。由此可知，自始至终，韩某某都不可能知道护照系伪造或变造的，也就更不可能和其他犯罪人通谋，这就排除了韩某某对犯罪具有故意的心理态度。

3. 在涉案的诸多人员中，多人下落不明，甚至有些经办人都无法查证了，只有韩某某留的电话号码、家庭住址等个人信息是真实的，试问：如果韩某某具有提供伪造、变造的出入境证件主观故意，又怎么可能不提前做好手脚，而留下真实的身份资料呢？

三、被告人韩某某不具备提供伪造、变造的出入境证件的客观行为

1. 大部分涉案护照并不是被告人韩某某提供给学生的。

此点前面已经有所涉及，此不赘述。

2. 许多学生家长并没有与韩某某有过实质性接触。

从受害人陈述中可以看出，整个事情这些家长是和李某、胡某等人联系的，和被告人韩某某素不相识，直到现在也不认识韩某某。钱也并没有直接交给韩某某。即使有个别家长或学生见过韩某某，也只是和韩某某在联系好的学校里见过，并没有过实质性的接触，甚至不知道韩某某的名字。庭审中控方称“有证据显示，韩某某帮助学生填写过虚假的英文姓名、家属情况及在菲律宾的虚假学籍等材料”。事实上，韩某某只是个帮助填写人，因为这些资料非常庞杂烦琐，又有不少是英文，韩某某怕学生填写有误，才代为填写的，韩某某没有去过菲律宾，不懂得如何向菲律宾政府申请护照，她派去和学生们同去菲律宾的人员也根本不了解这些，派人员随同只是韩某某为了学生们的安全考虑，派人临时陪同。这些虚假的英文姓名、家属情况及在菲律宾的虚假学籍等材料只是通过韩某某转交到学校这边的。

3. 被告人韩某某并没有在整个事件中谋利。

在整件事中，韩某某只是起到介绍人、转交人的作用。对薛某某和魏某某而言，韩某某起到的也只是增加二人互信的作用。没有学生家长将费用直接交到韩某某的手上，从韩某某账户上转出转入的资金有一部分与该案无关，是韩某某的个人收支问题，与该案有关的部分也是魏某某、薛某某等人利用韩某某的账户进行转账，韩某某仅仅是被其他犯罪人利用的经手人。从支付给相关人员的费用中可以看出，韩某某并没有从整个事件中谋利。

四、被告人韩某某的行为并没有侵害我国《刑法》第320条所保护的客体

《刑法》设立提供伪造、变造的出入境证件这一罪名，是为了保护我国正常的出入境管理制度。犯罪人的行为只有侵害了《刑法》所保护的相应社会关系，才是侵犯了犯罪客体，才有可能构成犯罪。而在此案当中，韩某某只是经手人、介绍人、转交人，在这些护照还没能认定真伪的情况下，韩某某的行为只是侵犯了我国正常的留学制度，以及外籍学生入读我国高校的相关管理制度，而这显然不是提供伪造、变造的出入境证件罪所要维护的客体。

根据犯罪构成理论，犯罪人的行为必须符合刑法分则规定的四个构成要件，而在本案当中，被告人韩某某既没有实施提供伪造、变造的出入境证件的行为，又没有提供伪造、变造的出入境证件的犯罪故意，也没有侵犯到法律规定所要保护的相应的社会关系，即犯罪客体。韩某某是利用了国家有关政策的一些漏洞，其行为也确实在一定程度上扰乱了国家的留学秩序，但这并不能认定被告人韩某某触犯了我国《刑法》，尤其不能认定其触犯了提供伪造、变造的出入境证件罪。

我国在1997年《刑法》修改之时明确将罪刑法定原则写进了《刑法》，法无明文规定不为罪，法无明确规定不处罚。纵然韩某某的行为违法，侵犯了我国教育资源的合理配置和部分相关人员受教育的平等权利，也只能依据相关的行政法规予以处罚，而不能适用刑法对其进行刑事处罚，这是现代法治的基本要求，也是法治的基本精神和必然结果。

裁决结果

一审判决

天津市河西区人民法院(2007)西刑初字第246号刑事判决，认定被告人韩某某目无国家法律，伙同他人非法从事中介移民活动，并向他人提供伪造、变造的出入境证件罪，且系共同犯罪。天津市河西区人民检察院指控被告人韩某某犯提供伪造、变造的出入境证件罪，事实清楚，证据确实、充分，罪名成立，本院予以支持。公诉机关指控被告人韩某某提供伪造的菲律宾护照13本，经查，菲律宾大使馆声明中对中国学生伍某某、张某某、付某持有的TT0866040、TT0866031、TT0664241 3本护照相应号码不符，不能说明相应护照的真伪性，故应将该3份护照刨除，以10份护照认定，故对公诉机关的相应认定予以纠正。被告人韩某某在共同犯罪中起次要作用，因主犯在逃，其所起作用系从犯，依法应减轻处罚。依照《刑法》第320条、第25条第1款、第27条、第64条、《最高人民法院关于审理组织、运送他人偷越国(边)境等刑事案件适用法律若干问题的解释》第4条第1项之规定，判决如下：

被告人韩某某犯提供伪造、变造的出入境证件罪，判处有期徒刑四年，罚金人民币30,000元。

二审判决

上诉后，天津市第二中级人民法院经两次开庭审理，作出(2007)二中刑终字第597号裁定：

驳回上诉,维持原判。

■ 案件评析

本案是一起新类型的犯罪案件,在当时,这种国际版本的"高考移民"并不多见。如今社会中仍有部分家长为了让孩子能够进入重点大学,甚至是清华、北大等名校,更是使尽浑身解数,不惜花重金移民或通过不法手段为考生购买外国护照,以外籍身份享受国家特殊的入学政策。由于出入境证件这种标志一国主权的特殊证件,不同的国家取得的方式、途径、颁发的标准和条件千差万别,因此,在判定涉案出入境证件是否为伪造、变造时,必须考虑颁发国的相关规定及相关国家外交部门的认证。

虽然无罪辩护没有成功,但是通过这种犯罪构成四要件全方位抗辩的思路,有效地达到了"被告人法律利益最大化"的目的。庭审中控辩双方你来我往,在审判长灵活而不失原则的庭审控制下,就犯罪构成要件的争议焦点进行了多轮辩论,让控辩双方充分表达了各自的观点。公诉人的客观、公正、机智和博学值得辩护人学习。最终该案法官也充分运用了审判智慧,兼顾了法律正义和社会效果,在被告人拒不认罪的情况下,仍然作出了减轻处罚的判决。

法学专家陈辉点评

本案虽然无罪辩护没有成功,但不失为一场成功的辩护,本案的判决结果也证明了这一点。事实上,由于控方和辩方所拥有的组织证据的资源悬殊,辩方能够在控方严密的证据体系中找到对被告人有利的疑点绝非易事,但是本案辩护律师思路清楚,从翻译的准确性入手,围绕证据疑点精心组织辩护逻辑体系,将对被告人有利的方面进行了精心打磨,从而实现了控辩双方在对抗中的平衡。审理者得以全面关照案件。在维护刑法所保护的社会秩序的同时,最大限度地保护了被告人合法权益。

辩护律师围绕犯罪的四个构成要件对韩某某不构成伪造、变造出入境证件罪进行了阐释,但是控方认为综合本案证据,韩某某构成提供伪造、变造的出入境证件罪事实清楚、证据确实充分。

一、现有证据可以认定涉案的出入境证件是伪造或变造的

"伪造"是指无权制作护照、签证等出入境证件的人非法伪造真的出入境证件;"变造"是指在真的出入境证件上采用剪贴、挖补、揭层、涂改等方法予以加工改造。

辩护律师根据自行委托的专业翻译机构的翻译指出,"即使照片不符,菲律宾政府实际并没有确认这些涉案护照是经过伪造、或变造的……"然而照片不符已

经说明护照最低限度也是经过变造的。辩护律师提出的翻译不准确的问题仅系一家之言，控方也对翻译问题阐明了自己的观点，公安部委托的翻译机构的翻译是准确的。且《公安部物证检验报告》同时认定了“中国边防检查”验讫章系伪造，作为护照的有机组成部分，无论是照片还是验讫章都不具有真实性，可以得出护照是伪造、变造的结论。

二、韩某某具有提供伪造、变造出入境证件罪的主观故意

首先，韩某某对13名学生是中国籍而不是菲律宾学生是明知的。她伙同他人安排13名学生以旅游的名义进入菲律宾，在短暂的旅游结束后即以菲律宾学生身份进入天津国际文化进修学院学习，13名学生所持有的菲律宾护照真实性即使从一名普通的理性人角度来看也值得质疑。

其次，13名学生取得护照的途径也证实了菲律宾护照来得蹊跷。一种途径是魏某某直接寄给学生，一种是直接寄到学校，一种是由韩某某直接交给学生的，13名学生无一持菲律宾护照进入国境。而韩某某直接交给学生的护照上中国边防检查验讫章已证明是伪造，韩某某对菲律宾护照存在作伪应为明知。

最后，证据证明韩某某帮助学生填写过虚假的英文姓名、家属情况及在菲律宾的虚假学籍材料，韩某某对学生的真实国籍是中国是明知的，对菲律宾学籍的虚假情况是明知的，联系到护照的来源和交接方式，韩某某对学生所持菲律宾护照系伪造、变造应为明知。

综上所述，韩某某明知菲律宾护照为伪造、变造而提供，具有主观故意。

三、客观方面，韩某某实施了为他人提供伪造、变造出入境证件罪的行为

辩护律师提出韩某某是被其他犯罪人利用的经手人，并没有从整个事件中谋利。提供伪造、变造出入境证件罪不以谋利为目的，一经提供即构成犯罪。而韩某某在伙同他人预谋让中国籍学生冒充菲律宾留学生免试进入大学之初，就具有为学生伪造菲律宾国籍的故意，客观上也实施了将盖有伪造的入境印章的出入境证件提供给学生的行为。

四、韩某某的行为侵害了《刑法》第320条保护的客体

《刑法》第320条保护的客体是国家对出入境证件的管理秩序。护照系伪造、变造已经论证，韩某某组织学生出入国境，并提供伪造、变造菲律宾护照等行为已触犯国家对出入境证件的管理秩序。

梁某、程某国、程某达流氓(聚众斗殴)案

——个案辩护中对《刑法》追诉时效问题探析及罪名适用研究

■ 案情简介

被告人梁某系黑龙江省个体经营者,常年在天津机场从事独联体包机运输服务。由于是在机场这一敏感区域,与他人斗殴过程中使用了枪支并造成人员伤害,在当时造成了较大影响,区、市两级公安机关及党政领导给予高度重视,被告人梁某案发当时即驾车出逃,案发后近11年才被抓获归案。

天津市东丽区人民检察院津丽检刑诉(2008)461号起诉书指控:1997年9月24日,被告人梁某与天友公司的齐某等人因争夺联体货运包机装运货物,而产生矛盾。遂纠集被告人程某国、程某达二人在天津机场货运代理楼内,持枪与天友公司的齐某等人进行殴斗。并开枪将齐某打伤,伤情经鉴定为轻伤。2008年3月11日被告人梁某在原籍黑龙江省鸡西市被抓获,被告人程某国、程某达于2008年6月26日在天津归案。

综上所述,被告人梁某、程某国、程某达目无国法,持械聚众斗殴,并枪击致人轻伤,其行为已触犯了《刑法》第292条第4项、第25条之规定。犯罪事实清楚,证据确实充分,应以聚众斗殴罪追究其刑事责任。

■ 辩护思路

本案的特殊性就在于案件发生在1997年9月,而被告人梁某归案的时间为2008年3月,跨越了近11年时间,此期间我国《刑法》发生了重大变化。1997年10月1日修改后的《刑法》正式实施,而本案是发生在新《刑法》实施之前,因此新旧法律的如何适用问题是本案辩护的核心问题。以此为出发点,确定以下辩护方案:

1. 关于适用《刑法》的时间效力的规定,即《刑法》的溯及力问题,新旧刑法的具体条文是否发生了变化,这种变化对于本案的法律适用有何影响?通过具体地论述引导出本案的追诉时效问题,这一问题构成了本案提起刑事控诉程序的合法性,直接关系到追诉被告人梁某刑责的合法性。

2. 指控所依据的具体法律条文和确定的罪名新旧法律是否发生变化,适用新

旧不同的法律对罪名确定的影响，对被告人最终量刑的影响，通过对刑法适用的溯及力问题的论述，本着对被告人有利的原则，指出控方就本案的指控适用法律不当。

3. 本着使被告人法律利益最大化原则，结合相关证据分析本案被告人梁某的行为性质应为故意伤害。

4. 其他从轻、减轻处罚情节。

■ 辩护要点

一、关于本案的追诉时效问题

被告人梁某于1997年9月24日实施了犯罪行为后，2008年3月将被告人梁某抓获，已超过法定的追诉时效。

被告人梁某于1997年9月24日实施犯罪后，2008年3月将被告人梁某抓获。因此被告人梁某的犯罪行为是在1997年《刑法》实施之前所为。根据1997年《刑法》第12条规定，“中华人民共和国成立以后本法施行以前的行为，如果当时的法律不认为是犯罪的，适用当时的法律；如果当时的法律认为是犯罪的，依照本法总则第四章第八节的规定应当追诉的，按照当时的法律追究刑事责任，但是如果本法不认为是犯罪或处刑较轻的，适用本法”。本条规定即《刑法》适用的从旧兼从轻原则，是指原则上适用旧法，新法没有溯及力，但新法不认为是犯罪或者处刑较轻时，则按新法处理。这一原则弥补了绝对从旧原则的缺陷，即符合罪刑法定原则，又能适应实际需要而被我国1997年《刑法》所采用。新《刑法》的本条规定与1979年《刑法》的规定没有大的原则性变化，但其中关于追诉时效适用的具体条文即第四章第八节的规定发生了重大变化。在此我们有必要进行相应的比较。

1979年《刑法》第77条规定：“在人民法院、人民检察院、公安机关采取强制措施以后，逃避侦查或者审判的，不受追诉期限的限制。”1997年《刑法》第88条对追诉时效延长的规定为“在人民检察院、公安机关、国家安全机关立案侦查或在人民法院受理案件以后，逃避侦查或审判的，不受追诉时效的限制”。二者比较而言，1979年《刑法》第77条规定的不受追诉期限限制的条件比较严格，即被追诉人在司法机关依法采取强制措施后逃避侦查或者审判，比1997年《刑法》规定的在司法机关立案侦查或者受理案件后逃避侦查或者审判要严格。换句话说，1979年《刑法》的规定对被追诉人比较有利。依据上述规定以及本案的客观情况，应当适用1979年《刑法》第77条规定来解决本案的追诉时效问题。

本案中被告人梁某自1997年9月24日实施犯罪行为后便逃离天津市，至2008年3月被抓获前从未被采取过《刑事诉讼法》规定的取保候审、监视居住、拘留、逮捕等强制措施,虽然《最高人民检察院关于刑法第七十七条有关采取强制措施的规定应如何适用的批复》(已失效),但该批复是由最高人民检察院在指导检察机关的工作时作出的,不应作为法院裁判的依据,而且该规定已在"中国人民法院网"的法律文库中明示为"失效"。虽然1979年《刑法》也在"中国人民法院网"的法律文库中明示为"失效",但1997年《刑法》第12条明确规定1979年《刑法》在符合该条规定的情况下可以适用。因此辩护人认为同样依据从旧兼从轻的原则,被告人梁某实施犯罪行为后逃跑发生在公安机关作出强制措施决定之前,而1979年《刑法》规定"采取强制措施以后,逃避侦查或者审判的,不受追诉期限的限制"。辩护人不否认1997年《刑法》第88条的规定较1979年《刑法》第77条的规定更为明确、具体,避免了如何确定追诉除外情形引起的歧义,但是在法律或有关司法解释没有明确规定的情形下不得类推解释刑法,应本着有利于被告人的原则来判断被告人梁某的犯罪行为是否已超过追诉时效。

1997年《刑法》第292条规定,被告人梁某所犯罪名寻衅滋事罪,法定最高刑为十年,法定追诉时效期限为十五年。而依据被告人梁某实施犯罪时适用的1979年《刑法》第160条对该罪的法定最高刑为七年,法定的追诉时效期限为十年。依据1997年《刑法》的从旧兼从轻原则,本案应当按照1979年《刑法》第160条"流氓罪"中"聚众斗殴"的最高法定刑七年以下有期徒刑计算追诉时效。1979年《刑法》第76条规定"法定最高刑为五年以上不满十年有期徒刑的,经过十年",因此辩护人认为被告人梁某的犯罪行为自发生之日至2008年3月被采取强制措施已经过十年,超过法定的追诉时效期限。

二、关于本案的法律适用

正如前面辩护人在追诉时效中的有关论述,被告人梁某的犯罪行为发生在1997年9月24日,依据1997年《刑法》第12条第1款的规定,"中华人民共和国成立以后本法施行以前的行为,如果当时的法律不认为是犯罪的,适用当时的法律;如果当时的法律认为是犯罪的,依照本法总则第四章第八节的规定应当追诉的,按照当时的法律追究刑事责任,但是如果本法不认为是犯罪或处刑较轻的,适用本法"。1997年《刑法》的聚众斗殴罪较1979年《刑法》的"聚众斗殴"行为的流氓罪量刑明显较重,根据刑法从旧兼从轻的原则,对被告人梁某应当按照处罚较轻的1979年《刑法》中有关"聚众斗殴"行为构成的罪名,即流氓罪定罪量刑,而不应适用1997年《刑法》,以聚众斗殴罪定罪量刑。

三、被告人梁某行为性质的分析

我们解决了新旧法律的适用问题,再来看被告人梁某的具体行为应当符合何种犯罪的客观要件特征,这样才能正确确定罪名,准确量刑。

控方指控的聚众斗殴罪是指为了私仇、争霸一方或其他不正当目的,纠集多人成帮结伙地互相进行殴斗的行为。因此本罪侵犯的客体是公共秩序，主要表现为对不特定的个人或不特定的公私财物的侵害，在客观方面要求“斗殴”之前，首要分子进行纠集或拉帮结伙的“聚众”行为，主体上本罪属于共同犯罪，根据《刑法》对共同犯罪的规定，要求共同犯罪人必须具备共同的故意及共同的实施犯罪行为。结合上述犯罪构成要件及被告人梁某及其他两名同案被告人的供述，本案被告人梁某从始至终未纠集过他们与其共同实施犯罪行为，也从未与他们达成过共同犯罪的故意，而且被告人梁某在实施犯罪行为时也仅对被害人齐某一人实施了伤害的行为。因此辩护人认为被告人梁某不符合“聚众斗殴”罪的犯罪构成主客观要件的基本特征，不应按照“聚众斗殴”定罪处罚。

辩护人认为被告人梁某所实施的犯罪行为符合故意伤害（轻伤）的主客观要件，应按故意伤害（轻伤）定罪处罚。被告人梁某及其他两名同案被告人程某国、程某达，在讯问笔录中均提到是被害人齐某等多人来到被告人梁某的办公室先对被告人梁某进行威胁后，被告人梁某出于防卫才对被害人齐某实施了伤害行为，而并非被告人梁某纠集程某国、程某达二人与齐某等人进行“斗殴”行为。那么在被告人梁某的主观故意明确，即仅针对被害人齐某一人进行伤害，客观上也仅实施了对被害人齐某一人的伤害行为，且仅造成被害人齐某轻伤的情形下，根据《刑法》的主客观相统一原则，应当按照故意伤害（轻伤）对被告人梁某定罪量刑，而不应按照“聚众斗殴”定罪处刑。

四、其他从轻减轻处罚情节

被告人梁某被抓获后积极配合公安机关工作，认罪态度极好，到案当天便将十一年前发生的事情完全向公安机关供述，符合我国相关法律中的酌定从轻处罚情节。

■ 裁判结果

天津市东丽区人民法院（2008）丽刑初字第537号刑事判决，认为被告人梁某目无国法，伙同被告人程某国、程某达持械聚众斗殴，并致一人轻伤后果，情节恶劣，其行为已构成流氓罪，且系共同犯罪，应予处罚。公诉机关指控三被告人犯聚众斗殴罪的意见不当，本院予以纠正。被告人梁某的辩护人认为被告人梁某于1997年9月24日实施犯罪行为后，2008年3月被抓获归案，已超过法定的追诉时效的辩护意见，经审查本院认为被告人梁某于1997年9月24日实施犯罪行为后逃离天津市，公安机关已对被告人梁某采取强制措施，依照1979年《刑法》第77条的规定，在人民法院、人民检察院、公安机关采取强制措施以后，逃避侦查或者审判的不受追诉期限的限制。故对此辩护意见，本院不予采纳。但被告人梁某的辩护人认为被告人梁某的犯罪行为发生在1997年9月24日，应依据从旧兼从轻原则适用1979年《刑法》第160条流氓罪的法定刑为“七年以下有期徒刑、拘役或者管制”的规定的辩护意见合理,本院予以采纳。鉴于被告人梁某归案后认罪态度较好,可对其酌情从轻处罚。综上所述,本院依据《刑法》第12条第1款,1979年《刑法》第22条第1款、第63条、第67条第1款、第68条第2款、第77条、第160条第1款之规定,判决如下:

被告人梁某犯流氓罪,判处有期徒刑四年。

■ 案件评析

这个案件事实清楚,证据确实充分,与普通该类案件相比本身没有什么特殊性。但是,从案发到被告人归案的时间跨度上看,十多年间经历了我国《刑法》1997年的一次重大修改,追诉原则及涉案罪名、法定刑均发生了重大变化,故而该案在法律适用问题上有着特殊性。分析比较1979年《刑法》和1997年《刑法》在追诉原则的条文表述的不同所得出的结论,这是解决本案应否追究被告人刑事责任的前提;分析比较前后法律涉案罪名及法定刑方面的不同,结合利益归于被告人的适用原则,确定适用哪一罪名及准确量刑。而这两个方面的分析和比较的结果是相互影响,互为条件,不能割裂开来分别进行,最后在实现被告人法律利益最大化这一刑辩终极目标上实现统一。

首先,从法院判决适用法律上看采纳了辩护人认为本案应适用1997年《刑法》的意见,但是在追诉原则的问题上产生分歧,即如何理解1979年《刑法》第77条所表述的“在人民法院、人民检察院、公安机关采取强制措施以后,逃避侦查或者审判的不受追诉期限的限制”。很显然,1979年《刑法》的这一条款规定表述的并不明确清晰,因为依据《刑事诉讼法》的规定,采取强制措施应当是在立案程序之后,而强制措施法律文书则具有严格的指向性和针对性以及法律文书的执行力。我们从1979年《刑法》该条文字面意义理解,应当是指强制措施的法律文书做出之后或者执行之后,虽然《最高人民检察院关于刑法第七十七条有关采取强制措施的规定应如何适用的批复》(已失效)的司法解释已经废止,但能够印证辩护人对1979年《刑法》第77条的理解是正确的。

其次,该案在法律条文适用上,法院采信了辩护人的意见,适用1979年的《刑法》定流氓罪,判处了被告人较轻的刑罚。我们不排除此判决有法官要保证“政治正确”和“社会影响”的因素。

1997年《刑法》第88条第1款将追诉时效的起点明确界定为“在人民检察院、公安机关、国家安全机关立案侦查或者在人民法院受理案件以后,逃避侦查或者审判的,不受追诉期限的限制”。随着时间的推移,这类案件将会越来越少乃至消失,但是对这一原则的探讨和研究,对个案的辩护效果产生积极的意义。

此外，对于法律条文的理解不能单纯局限于字斟句酌，要结合其他相关的法律条文，结合司法解释进行解读才能够得出有说服力的结论。例如，本书中法国人卢卡斯信用卡犯罪一案的“犯罪行为地”的确定问题。我们首先看我国《刑法》第6条第3款关于属地管辖的规定：“犯罪的行为或者结果有一项发生在中华人民共和国领域内的，就认为是在中华人民共和国领域内犯罪。”依据此条规定，被告人卢卡斯的犯罪结果是否应当认定发生在我国领域内？辩护人认为并非发生在我国领域内。通过本案已经确认的事实和相关证据，本案被告人卢卡斯全部使用信用卡透支的行为发生在法国，对此控辩双方并没有争议，有争议的是犯罪结果是否发生在我国领域内。我们再看我国最高审判机关对此类情形的解释，《最高人民法院关于执行〈中华人民共和国刑事诉讼法〉若干问题的解释》（法释〔1998〕23号，已失效）第2条规定：“犯罪地是指犯罪行为发生地。以非法占有为目的的财产犯罪，犯罪地包括犯罪行为发生地和犯罪分子实际取得财产的犯罪结果发生地。”结合本案，被告人的行为地毫无争议在法国，犯罪分子实际取得财产的结果发生地或接受服务的发生地还是在法国，即法国才是犯罪结果地。此外，最高侦查机关公安部也对此类情形作出界定，如《公安机关办理经济犯罪案件的若干规定》（公通字〔2005〕101号，已失效）第3条“犯罪地是指犯罪行为发生地。以非法占有为目的的经济犯罪，犯罪地包括犯罪行为发生地和犯罪嫌疑人实际取得财产的犯罪结果发生地”。《公安部关于受害人居住地公安机关可否对诈骗犯罪案件立案侦查问题的批复》（公复字〔2000〕10号）“诈骗犯罪案件的犯罪结果地是指犯罪嫌疑人实际取得财产地。因此，除诈骗行为地、犯罪嫌疑人实际取得财产的结果发生地和犯罪嫌疑人居住地外，其他地方公安机关不能对诈骗犯罪案件立案侦查……”由此规定再结合本案的事实，被告人获取商品和服务的所在地，即被告人实际取得财产的犯罪结果发生地在法国，因此，辩护人认为本案被告人的犯罪地为法国。

通过这种综合理解得出结论后，直接挑战的就是我国《刑法》对案件是否能够适用，和本案得出的对被告人梁某已经超过追诉时效的结论有异曲同工之妙。

毛某贩卖毒品案

——疑点利益归于被告人原则及“特殊辩护理由”证据开示义务的具体运用

■ 案情简介

被告人毛某系四川省成都市人，个体经营从事酒类销售，有吸毒史。曾因绑架罪被判处十二年有期徒刑，案发前因购买毒品吸食与同案被告人罗某某、肖某某相识。

天津市人民检察院第一分院津检一院刑诉字(2011)第23号起诉书指控：2010年7月月底(日期不详)，被告人肖某某与罗某某联系欲购买毒品，罗某某遂带肖某某到被告人毛某租住的四川省成都市武侯区佳灵路某单元06室，从被告人毛某处购买冰毒300克。后被告人罗某某提供汽车，与被告人肖某某一同携带毒品返回天津。到被告人邢某的租住处后，二人以每克300元的价格将300克冰毒贩卖给邢某并将所获利润平分。后被告人邢某携带300克冰毒到被告人曹某某家，由曹某某将该毒品贩卖给被告人穆某某。

另指控：2010年7月31日，被告人曹某某到肖某某、邢某暂住的宾馆与二人商议毒品交易。曹某某与邢某商定二人共同出资，由邢某与肖某某到四川省成都市购买毒品回津贩卖。被告人肖某某遂与被告人毛某电话联系，商定从毛某处购买毒品。2010年8月1日上午，肖某某与邢某乘飞机到四川省成都市后，再次到被告人毛某的租住处购买冰毒，由肖某某单独上楼与被告人毛某进行交易，后又在毛某租住处楼下由邢某交付所欠毒资400元给被告人毛某，此次二人共同出资从被告人毛某处购买冰毒600克。2010年8月2日，肖某某、邢某携带冰毒乘车返回天津，在邢某租住处将毒品分装，该毒品被存放于邢某租住处的厨房吊柜内，后因冰毒含量低而未与肖某某进行交易。

此外，公诉机关还指控被告肖某某、邢某某、曹某某实施其他贩卖、运输毒品共计1455.69克。

2010年8月2日，被告人肖某某、邢某、曹某某被公安机关抓获归案，在邢某租住处的厨房吊柜内查获白色晶体两包，共计414.85克(经鉴定甲基苯丙胺成分含量为0.58克/100克)，在桌上查获黄色晶体一包，共计9.66克，在床下查获白色晶体6包，共计291.18克（经鉴定甲基苯丙胺成分含量为92.54克/100克）。

2010年8月10日，公安机关将被告人毛某、罗某某抓获归案。

综上所述，被告人肖某某、邢某、毛某、曹某某、罗某某、王某参与跨省贩卖、运输毒品的行为触犯了《刑法》第347条之规定，上述犯罪事实清楚，证据确实充分，应当以贩卖、运输毒品罪追究被告人肖某某、邢某、罗某某的刑事责任，以贩卖毒品罪追究被告人毛某、曹某某、王某的刑事责任。

■ 辩护思路

笔者在审查起诉阶段接受被告人毛某近亲属的委托，担任其辩护人。首先，通过会见被告人毛某，辩护人了解到被告人毛某全部否认指控的事实，按照被告人毛某陈述的事实是：其与被告人肖某某、罗某某是在2010年7月月初通过向罗某某购买1000元冰毒结识，后7月下旬被告人肖某某、罗某某及罗的女友罗某来成都其租住处玩儿，被告人毛某当时正和朋友谢某、杨某、老三、廖某某等六七个人在打牌，罗某某及女友在吸毒，其间没有进行任何与毒品有关的交易，被告人肖某某贩卖的300克毒品与其无关。

关于2010年8月1日在成都其租住处卖给肖某某600克毒品的指控，被告人毛某称其当日根本不在成都，而是在7月31日即驾车与朋友一同前往数百公里之外的西昌，单程驾车需8个小时以上，此后一直在西昌洽谈酒品销售生意、参加西昌“火把节”活动及朋友黄某的安排游览活动，没有离开过西昌，直到8月5日方与朋友返回成都，其不可能于8月1日在成都其租住处向肖某某出售600克毒品，其也从未见过被告人邢某更不可能在租住处楼下收取其400元钱。对此事实抗辩，被告人毛某称已经在侦查机关进行了陈述，同时提供一同前往西昌的证人潘某、杨某、邓某某、西昌当地合作方黄某可以作证，要求律师查证其本人信用卡在西昌当日的消费底单（有本人签字），此外西昌宜必思酒店、明仁酒店的入住登记等均能证实其8月1日根本不在成都。

其次，辩护人通过阅卷发现，被告人毛某自被采取强制措施至审查起诉的数次讯问，供述一致，从未承认过指控的相关事实。指控其贩卖毒品300克的现场唯一与本案无利害关系的证人，即被告人罗某某的女友罗某（本案曾被刑拘后取保候审）5次证言对相关事实的陈述均不一致，前后反复，仅有一次称在被告人毛某家见到了毒品交易。同案被告人罗某某的数次供述也不一致，甚至连到过被告人毛某租住处时间及次数与证人证言及同案被告人供述矛盾。对于其贩卖600克毒品的指控，所谓的“交易”当时同案被告人邢某根本没在现场，仅有同案被告人肖某某的供述能够证实。

鉴于本案被告人毛某罪与非罪将面对大相径庭的处理结果，那就是可能处以极刑或无罪，笔者多次会见被告人毛某，反复就案件细节与之进行沟通，并结合证据进行案件事实认定的评价，最终得出的初步结论是事实不清，证据不足，在与被告人毛某本人意见一致的基础上，拟做无罪辩护。同时制定了以下辩护方案：

1. 考虑到刑事辩护律师调查取证的巨大风险以及被告人在侦查阶段已经向侦查机关提出了证明本人无罪的证据线索。公安机关应当依法予以查证。在审查起诉阶段辩护人向控方提交了调查取证申请书，请求查证如下证据：

（1）证人杨某、潘某、邓某某、黄某的证言；

（2）西昌宜必思酒店、名仁大酒店 2010 年 8 月 1 日至 8 月 3 日被告人毛某的入住登记记录及结算凭证；

（3）由公诉机关再次向证人罗某调查取证；

2. 根据上述证据的补查结果，再决定辩护人是否前往成都、西昌亲自向上述证人取证及向有关单位调取书证。后公诉机关答复称案件退回公安机关并要求补充侦查上述证据，但公安始终没有对上述能够证实被告人无罪的证据开展任何工作。于是辩护人亲自前往成都、西昌走访上述证人和有关单位，获得了被告人毛某没有作案时间及不在案发现场的关键证言和书证材料。

3. 将上述辩护人调取的证据材料提供给控方的同时向控方提出被告人毛某无罪的书面律师意见，但控方未能接受，依然向法院提起了公诉。

4. 庭前向法院提交证据材料并申请法院通知证人罗某到庭接受质证。

5. 制定周密的庭审发问提纲，通过向同案被告人肖某某、罗某某、邢某进行发问，结合辩方向法庭提供的证据，力图将案件疑点通过法庭调查充分展现出来，争取合议庭对案件细节问题的重视。

■ 辩护要点

控方指控被告人毛某参与两次贩卖冰毒共计 900 克，事实不清，证据不足。

一、关于贩卖冰毒 300 克的指控

作为被告人毛某的辩护人，在本案开庭前，通过查阅案件的有关材料，认为本案的唯一无利害关系的证人罗某应当到庭接受法庭质证。

理由是，根据目前现有的证据显示，能够证实被告人毛某被指控贩卖毒品 300 克的现场唯一与本案无利害关系的证人就是罗某，罗某向侦查机关共出具 5 次证言材料，这 5 次证言材料中 2010 年 8 月 13 日 17 时 10 分到 19 时的笔录中罗某完全否认与案件有关的全部事实；在 2010 年 8 月 13 日 20 时 45 分至 8 月 14 日 1 时 20 分的笔录中罗某称：2010 年 7 月 30 日晚她与罗某某去泸州接肖某某后直接去天津，8 月 2 日回四川；而 2010 年 8 月 21 日 8 时 45 分至 11 时 30 分的笔录中罗某又称是 7 月 27 日和罗某某去泸州见了肖某某和“毛毛”，28 日凌晨去了成都，上午

到了毛某家但并未看到毒品交易，7月30日去了天津；在2010年8月24日13时10分至18时50分的笔录中罗某又称在毛某家看到了毒品交易；2010年9月16日14时43分至16日15时55分的在拘留所的笔录中罗某称7月29日23时和罗某某、"毛毛"一起去的泸州见肖某某，而肖某某要他们去成都接自己，7月30日晚和肖某某汇合后去了天津，并不知道和毛某有毒品交易。这几次证言材料中所要证实被告人毛某贩卖毒品300克的情形均不一致，而对于被控贩卖300克毒品的事实，被告人毛某始终未予供述，所以辩护人认为为了查明案件的事实需要该证人罗某出庭接受控辩双方质证。如证人罗某不能到庭接受质证，其证言内容互相矛盾，不能作为定案依据。

依据《刑事诉讼法》及最高人民法院有关庭审程序的规定，对辩护律师通知证人出庭的申请，法院应当在开庭前给予明确的书面答复。但合议庭对于辩护人的申请没有给予任何答复。庭审中控方仅出示了证明被告人有罪的证人罗某证言，故意隐瞒了该证人证明被告人无罪的证言材料，剥夺了被告人基本的诉讼权利。

同案被告人罗某某就此指控的供述数次均不一致，唯一一次供述证明该事实存在的口供是2010年12月1日所做，证明了被告人毛某和被告人罗某某进行了交易，但真正交易的时间与被告人罗某某供述的时间不一致，与证人罗某陈述的时间也不一致。同案被告人罗某某供述这300克毒品交易的时间为2010年7月22日，被告人肖某某供述的时间为2010年7月26日，交易后直接到天津将毒品交给了被告人邢某，而证人罗某则证实是7月28日。此外同案被告人邢某、曹某某则供述被告人肖某某是2010年7月29日到的天津交货。但有一点恳请合议庭关注，除了被告人肖某某供述和被告人毛某进行了亲自交易外，其他任何人都没有亲眼看到被告人毛某与被告人肖某某进行了毒品交易。在庭审询问过程中，被告人肖某某更是对2010年12月1日的供述予以否认，称"那一次只是打算帮被告人肖某某联络被告人毛某买毒品，但肖某某到成都后根本没有向毛某买，好像已经有了其他卖家"。

另外，无利害关系证人罗某在证言中对其在天津看到的毒品外包装与其在所谓的被告人毛某租住地与被告人肖某某交易时的毒品外包装均不一致，一为两大包塑料袋包装，二为米花糖纸的小包包装，因而，即使假设证人罗某在被告人毛某租住处见到过所谓的毒品，那么这些毒品与其在天津所见到的，也就是本案控方指控的300克毒品是否为同一物，依据现有证据不能确定。

二、关于贩卖冰毒600克的指控

控方对这笔毒品犯罪交易的指控细节较为具体，交易时间准确界定在2010年8月1日上午，地点在成都被告人毛某的租住的房间内，接收毒品当时仅有被告人毛某和肖某某。此外在同案被告人邢某、肖某某的供述中均有在被告人毛某租住处楼下由邢某当场又给了一个男子400元，该男子邢某以前没见过，后来听被告人肖某某说叫“二哥”。对此指控，辩护人有充分的证据证实被告人肖某某做了虚假供述，被告人毛某在所谓的案发当天，根本不在成都，不可能实施贩毒行为。

由于侦查机关没有依法履行职责，对被告人毛某提供的证明不构成犯罪的证据拒绝进行调查核实，故辩护人于2011年4月16日至2011年4月20日前往四川成都、西昌进行调查取证，获取了以下证明被告人毛某没有实施贩卖毒品600克给被告人肖某某的证据材料：

1. 证人杨某的证言：证实2010年7月30日其陪同毛某一同开车从成都经乐山前往西昌谈赖茅酒代理生意，潘某、邓某某随同前往，其间在西昌与黄某进行生意洽谈、吃饭及参加火把节游玩，与被告人毛某一直在一起，直至2010年8月5日回成都。

2. 证人潘某的证言：证明内容同上。

3. 证人邓某某的证言：同上。

4. 证人黄某的证言：证明在火把节期间接待过被告人毛某一行，其陈述内容与西昌名仁大酒店提供的相关书证情况一致。

5. 证人陈某某西昌宜必思酒店总经理的情况说明：证实2010年8月1日被告人毛某入住西昌宜必思酒店。

6. 西昌名仁大酒店2010年8月2日入住登记及账单、信用卡刷卡记录及被告人毛某签字的存根。证实被告人毛某没有离开过西昌。

需要说明的是从成都到西昌只有部分路段为高速公路，且山路崎岖，驱车前往最快也要七八个小时，飞机飞行约1小时30分钟，西南航空仅有有限的班次。故而被告人毛某在2010年8月1日到达西昌后不可能在8月1日上午又出现在其成都租住处与被告人肖某某进行毒品交易。那么只有一种可能被告人毛某抵达西昌后半夜乘飞机回成都，与被告人肖某某进行交易后立即飞回西昌，而据辩护人调查了解，当日19时35分后就没有航班飞成都，因此这种假设根本不可能成立。即使能够成立，也是控方举证的范畴，而控方没有就此提供任何证据。

此外，在庭审发问过程中，辩护人问被告人邢某是否能够确认在成都毛某楼下将400元现金交给了今天出庭的这个被告人毛某？被告人邢某当庭经辨认后不能确认。但当庭陈述了一个重要事实，就是在毛某楼下收钱的那个男子当时穿短裤，赤着上身且前胸有文身，而被告人毛某当庭能够向法庭展示其没有一处文身，故而被告人邢某在楼下所见到的那个男子不能确定为本案被告人毛某。是否有其他人，而此人正是本案被告人肖某某的真正上家。同案被告人肖某某与邢某对此情节的供述产生重大矛盾，又没有其他相关证据予以印证，无法排除其他合理怀疑，故而不能定案。

一审认定了控方指控的事实，判处被告人肖某某死刑，缓期二年执行，被告人毛某、曹某某、罗某某、邢某无期徒刑。被告人不服一审判决向天津市高级人民法院提起上诉，令人遗憾的是天津市高级人民法院没有开庭，书面审理维持了一审判决。辩护人提交了书面辩护意见，除坚持一审辩护意见外，增加了对一审判决的意见。

笔者认为，一审法院隐瞒重要证据，造成本案认定事实错误。

一审判决认定“被告人毛某贩卖冰毒891.4克，其中300克系2010年7月28日，由同案被告人罗某某开车接其到‘二哥’（被告人毛某）家，见到被告人肖某某从被告人邢某处买了300克冰毒；另2010年8月1日由被告人肖某某和邢某共同在成都从毛某处购得毒品591.4克”。对于上项事实的认定，一审法院故意隐瞒了案件的有关证据，特别是其中认定被告人毛某在2010年8月1日上午在成都市，毛某卖给肖某某、邢某591克冰毒的事实，更与案件的证据相悖。

在开庭前，辩护人前往本案的案发地成都及关联地四川西昌，调取相关的证人证言及书证，提交给了控方及一审法院。从一审庭审过程中，控方也将公安机关对辩护人调查的证人进行了逐一的核实，并将证言当庭予以出示，均能够证明起诉书中所指控的2010年8月1日被告人毛某根本不在案发所在地成都市，而是在距离成都车程达10余小时的西昌市。证实被告人毛某不在案发现场的最关键的书证是被告人毛某在2010年8月1日中午在西昌市名仁大酒店刷卡登记入住及2010年8月3日结账退房的有关书证。经辩护人了解侦查机关也进行了核实，庭审中控方也提交给了法庭，经辩方质证无异议。但是，如此关键的书证材料，一审判决对该证据未体现。

■ 裁判结果

天津市第一中级人民法院（2011）一中刑初字第112号刑事判决，认定被告人肖某某、邢某、罗某某为牟取暴利，相互配合或单独将大量毒品由四川省贩卖至天津市；被告人毛某、曹某某为牟取暴利，贩卖大量毒品；被告人毛某、曹某某、王某的行为均已构成贩卖毒品罪，均应依法予以处罚。

被告人毛某犯贩卖毒品罪，判处无期徒刑，剥夺政治权利终身，并处没收个人全部财产。

一审判决后，被告人毛某提起上诉，二审法院未开庭，书面审理驳回上诉，维持原判。

■ 案件评析

从本案的判决结果看，一审法院虽对被告人毛某认定贩毒成立，但是没有判处其死刑立即执行，说明辩护人的意见及所提无罪证据促使法官在判决时保持审慎的态度，留有余地，这是本案最大的辩护成果。但是控方对辩方在审查起诉阶段提交的被告人不在犯罪现场的证人证言和书证未作审查核实，令人遗憾。

于是，由本案引申出司法实务中的一个常见问题，即据以定罪的证据之间出现疑点或互相矛盾，导致无法排除的合理怀疑。刑辩律师如何发现这种存疑和矛盾，如何通过调取证据挑战控方的定罪证据，如何在庭审中通过发问、举证和质证向法庭展示存疑和矛盾，如何适时向法官提出存疑有利于被告人的辩护意见，探讨这些问题，将有助于提升辩护效果，特别是对死刑案件，重大职务犯罪案件，涉外刑事案件的辩护会产生相当大的积极作用。下面结合本案以及笔者办理的其他相关案件，就疑点利益归于被告人的具体运用谈几点体会。

一、疑点利益归于被告人的辩护观点应当引用的法律基础

疑点利益归于被告人作为刑事法律原则，在我国已经成为一条比“无罪推定”更具有司法适用性的原则。从《刑事诉讼法》第 55 条对证据确实充分应当符合的条件的具体规定，到《刑事诉讼法》第 60 条规定人民法院作出判决应当遵循的证据标准。这是基本法律的规定。从司法政策的角度来看，无论中央政法委发布的《关于切实防止冤假错案的规定》，还是最高人民法院印发的《关于建立健全防范刑事冤假错案工作机制的意见》中均有体现，尤其在 2017 年 2 月 17 日最高人民法院发布的《关于全面推进以审判为中心的刑事诉讼制度改革的实施意见》中，更为旗帜鲜明地提出“人民法院作出有罪判决，对于定罪事实应当综合全案证据排除合理怀疑。定罪证据不足的案件，不能认定被告人有罪，应当作出证据不足、指控的犯罪不能成立的无罪判决。定罪证据确实、充分，量刑证据存疑的，应当作出有利于被告人的认定”。《关于办理死刑案件审查判断证据若干问题的规定》第 33 条认定被告人有罪的 5 个条件的规定，足见“疑点利益归于被告人”这一原则已被最高司法机关作为重要的审判指导思想。因此，辩方应当在实务中有效地加以运用。

二、“疑点利益归于被告人”的适用范围

目前理论界和实务界在适用范围上存在争议，一种观点认为“疑点利益归于被告人”应当及于事实问题和法律问题。另一种观点认为仅限于对事实、证据的存疑。笔者同意第二种观点，即在辩护中“疑点利益归于被告人”的原则仅适用于对事实、证据的存疑，不适用于实体刑法或者司法解释的存疑。从法律逻辑的三段论去理解，实体刑法及司法解释为大前提，是判断和评价行为的终极标准，在个

案的辩护过程中如果允许存疑的话，必然导致法律虚无主义，辩护也将失去应有的逻辑基础。这一点也是许多律师在辩护中容易出现的常见误区，故而要特别注意回避。

三、“疑点利益归于被告人”原则在辩护中的具体应用

首先，当控方的有罪证据出现矛盾或者与辩方无罪证据就证明同一事实出现矛盾时，利用逻辑推理方法推导出多种可能存在的事实，形成对定罪证据的合理怀疑，提出被告人无罪的辩护意见。例如，本案辩护人提出的不构成贩毒罪的辩护意见。

其次，当事实证据在重罪与轻罪之间存疑时，提出认定轻罪的辩护意见。例如，笔者办理的白某某诈骗、行贿一案，利用其拥有公司经理职务这样一个主体身份，从具体的行为手段的证据存疑入手，提出其可能构成职务侵占罪的辩护意见，在同样金额下，法定刑要远远轻于诈骗罪，最终获得法院支持。

最后，当事实、证据在数罪与一罪之间存在疑问时，提出一罪的意见。比如本书中涉及的梁某某贪污、受贿一案，充分利用被告人主体的特殊条件（受委托经手管理国有财产），行为手段上利用职务之便的存疑，成功将贪污、受贿罪（索贿）指控变为贪污罪一罪，避免了数罪并罚及从重情节。

四、辩护人对特殊辩护理由的证据开示义务

本案辩护人提出被告人不构成犯罪的意见事实依据就在于通过调查取证获得了被告人在控方指控的实施犯罪行为的当时不在犯罪现场的证据，按照相关规定在审查起诉期间即提供给控方进行查证，这是刑辩律师需要特别注意的，在庭审中就特殊辩护理由搞证据突袭，这是刑辩大忌。

修改后的2012年《刑事诉讼法》第40条（2018年《刑事诉讼法》第42条）规定：“辩护人收集的有关犯罪嫌疑人不在犯罪现场、未达到刑事责任年龄、属于不负责任的精神病人的证据，应当及时告知公安机关、人民检察院。”与上述特殊辩护理由相关的证据均属有利于被告方的证据，如果辩护人收集到上述证据，就应当及时开示，进而促使被告人早日摆脱刑事追诉。该规定主要是为了防止诉讼突袭，避免不必要的审判而浪费司法资源。当然，如果被告方提出上诉辩护理由，即使其没有提出相关的证据，人民检察院也需提供证据予以反驳，这一方面是由我国犯罪构成要件的闭合性特点所决定的，另一方面也与法律规定的检察官客观公正义务有关。2019年最高人民检察院《人民检察院刑事诉讼规则》第51条规定：在人民检察院侦查、审查批捕、审查起诉过程中，辩护人收集的有关犯罪嫌疑人不在犯罪现场、未达到刑事责任年龄、属于依法不负刑事责任的精神病人的证据，告知人民检察院的，人民检察院应当及时审查。更进一步强调了控方对有关特殊辩护理由相关证据进行及时审查的职责。

第五部分

侵犯公民人身权利、民主权利篇

晁某绑架案

——关注修法动态，运用程序规则，实务中从旧兼从轻原则，上诉不加刑原则在重审案件辩护中的具体运用

■ 案情简介

天津市河东区人民检察院津河东检诉字(2008)127号起诉书指控:2007年11月至12月，被告人施某某、晁某、贾某某、郝某和王某(另案处理)因故数次预谋绑架被害人王某某勒索钱财并做了相应的准备。2007年12月25日16时许，被告人施某某伙同王某及王某纠集来的被告人韩某等人在本市河东区向阳楼晨光浴池附近将王某某绑架。后被告人晁某、贾某某、郝某将王某某带至本市西青区西琉城村一平房内勒索钱财。2007年12月27日23时许，王某某答应付赎金后被放回。2008年1月3日20时许，被告人施某某、晁某、贾某某在本市悦家快捷酒店的院内收取索要被害人王某某的30万元人民币时，公安机关将被告人施某某当场抓获归案。2008年1月10日，被告人晁某、贾某某到公安机关投案。同日，被告人晁某协助公安机关将被告人郝某抓获归案。案发后，被告人韩某被公安机关抓获归案。公诉机关认为，各被告人以勒索财物为目的绑架他人，其行为构成绑架罪。

天津市河东区人民法院经审理于2008年12月9日作出了一审判决，认定各被告人构成绑架罪，晁某系主犯，且具有自首和立功情节，依法适用减轻处罚，判处有期徒刑八年。被告人晁某不服一审判决，向第二中级人民法院提起上诉，二审阶段被告人晁某近亲属委托笔者担任辩护人。

■ 辩护思路

本案是一起普通的绑架共同犯罪案件，被告人晁某自幼受到良好的教育，曾经留学英国并取得硕士学位，因与被害人王某共同合作生意失败，遂心生恶念，意欲绑架王某勒索钱财。一审法院依据《刑法》第239条之规定，以勒索财物为目的绑架他人的，或者绑架他人作为人质的，处十年以上有期徒刑或者无期徒刑，并处罚金或者没收财产。晁某系主犯，同时认定自首和立功情节，适用减轻处罚，判处被告人晁某有期徒刑八年。一审判决在认定事实和适用法律问题上并无不当。

故而笔者最初的思路仅局限在完成二审程序，充分保护被告人合法的诉讼权利，力争二审改判进一步减轻处罚。

然而，无心插柳之事发生在此案的办理之中。笔者在当时的业务交流和专业研讨中了解到，实务界对《刑法》第239条的规定目前存在较大的争议，认为该条款对绑架罪设定的刑罚层次偏少，不能完全适应处理这类情况复杂的案件的需要，建议对绑架罪法定刑的设置作适当调整，提出对绑架罪的条文增加一档刑罚，规定“情节较轻的，处五年以上十年以下有期徒刑，并处罚金”。同时立法机关正在着手《中华人民共和国刑法修正案（七）》调研和草案的征求意见，其中关于第239条绑架罪的修正案可能在其中，而且近期即将召开全国人民代表大会常务委员会会议通过。那么就意味着《刑法》关于绑架罪的条文可能会发生重大变化，本案如果能够适用修改后的规定判决，将毫无障碍地减轻被告人刑罚。故而调整并确定辩护思路如下：

1. 通过上诉程序中发现一审法院审判程序的瑕疵，争取将案件发回重审，为该案能够适用《刑法修正案（七）》赢得时间。本案作为罪名为绑架的案件，一审法院接受了被害人提出的附带民事赔偿请求，作出了刑事附带民事判决书，一审判决后被害人就附带民事赔偿部分的判项也提起上诉，此类案件的被害人无权提起刑事附带民事诉请，显然违反程序法的有关规定。

2. 对绑架案“情节较轻的”情形进行梳理，结合刑法理论及本案事实，以被告人主动释放人质这一客观事实为依据，将本案的情节锁定在“情节较轻的”范畴。

3. 对“上诉不加刑”原则在发回重审案件中的适用寻找法律依据，消除被告人顾虑，也为将来法院继续适用减轻处罚的量刑原则扫清障碍。

4. 自首和立功情节。

■ 辩护要点

一、辩护人认为本案起诉书指控的相关事实是基本清楚的，辩护人就本案适用的法律发表几点辩护意见

1. 对于本案行为性质的认定。辩护人认为截至目前，绑架罪与绑架罪相关的罪名如敲诈勒索罪与非法拘禁罪的适用，无论在学界还是在司法实践界都存在巨大的争议，至今也没有司法解释作出明确的解释。我们国家刑法确立的是罪刑法定原则，应当以刑法明确的规定确定罪名。因此，作为晁某的辩护人真诚地希望法庭能够依据刑法的相关规定确定晁某的罪名，在争议比较大的情况下，应当本着有利于被告的原则确定罪名及定罪处罚。

2. 我国有权机关作出的司法解释没有明确规定的情况下，辩护人认为起诉书确定的罪名是准确的。但辩护人认为对被告人适用的法律是值得商榷的。本案经历了一审、二审以至于发回重审，在这期间我国《刑法》关于绑架罪的相关规定出现了重大改变，2009 年 2 月 28 日通过了《刑法修正案（七）》。《刑法修正案（七）》第 6 条将绑架罪的构成及法定刑作出了重大修改。我国刑法第 12 条规定“中华人民共和国成立以后本法施行以前的行为，如果当时的法律不认为是犯罪的，适用当时的法律；如果当时的法律认为是犯罪的，依照本法总则第四章第八节的规定应当追诉的，按照当时的法律追究刑事责任，但是如果本法不认为是犯罪或者处刑减轻的，适用本法。本法施行以前，依照当时的法律已经作出的生效判决，继续有效”。依据上述法律规定简而言之，我国《刑法》在时间效力上适用“从旧兼从轻”原则。结合相关法律规定及本案事实，应当对被告人晁某适用相对较轻的法律规定的刑罚，即适用《刑法修正案（七）》的规定。《刑法修正案（七）》的第 6 条规定“将刑法第二百三十九条修改为：以勒索财物为目的绑架他人的，或者绑架他人作为人质的，处十年以上有期徒刑或者无期徒刑，并处罚金或者没收财产；情节较轻的，处五年以上十年以下有期徒刑，并处罚金”……在《刑法》没有修改以前，绑架罪起刑为十年有期徒刑，根据一审法院认定的情节：被告人晁某有自首、立功的法定减轻情节；实施的暴力、威胁程度较轻，没有获得勒索财物，认罪态度较好等一系列法定及酌定情节，应当在十年以下处刑。而在《刑法修正案（七）》颁布实施后应当对被告人晁某适用《刑法修正案（七）》的规定，因为《刑法修正案（七）》比原《刑法》关于绑架罪规定的法定刑要轻。被告人晁某主动释放人质的行为正好符合“情节较轻，处五年以上十年以下有期徒刑”的规定。

二、辩护人对本案事实发表两点意见

1. 从被害人王某某的陈述可以证实，在整个犯罪过程中被告人晁某对被害人的汽车与现金这些容易获取的财物都没有非法获取。

2. 被告人晁某主动释放被害人，在拘禁过程中对被害人没有虐待、伤害行为。具备“被告人主动释放人质”情节，起诉书也对上述事实予以认定。结合《刑法修正案（七）》的规定，在绑架过程中主动释放人质属于“情节较轻”。本案中晁某主动释放人质的行为符合《刑法修正案（七）》中“情节较轻”的规定。

三、恳请法院酌情考虑的相应的事实情节

在整个过程中，晁某没有向被害人家属以及任何第三人索要财物，或者是以本案被害人作为人质向第三人勒索财物。被告人晁某的行为社会危害性相对较小，没有引起更大社会秩序的混乱。另外，被告人晁某没有前科，受过高等教育，利于教育改造。

四、关于本案量刑原则

本案是被告人不服一审判决上诉，二审发回重审的案件。辩护人注意到原审法院判决被告人的有期徒刑为八年，一审判决是在原《刑法》第 239 条基础上结合被告人晁某应当减轻处罚的事实情节作出的减轻处罚判决。减轻处罚的依据是具备法定的自首、立功的情节以及酌定的减轻处罚的情节。在重审过程中，辩护人认为对被告人晁某仍然应当适用减轻处罚，我国《刑事诉讼法》第190条规定（2018年10月26日第三次修正后为第237条）：第二审人民法院审理被告人或者他的法定代理人、辩护人、近亲属上诉的案件，不得加重被告人的刑罚。本条确定的是“上诉不加刑”原则。原判是在原《刑法》第239条法定刑十年的基础上作出的减轻处罚。现在法律发生变化了，刑法修正案颁布出台，那么本案应当适用《刑法修正案（七）》关于绑架罪的规定减轻处罚，即在五年的基础上减轻处罚。

综上，辩护人希望法庭综合考虑本案事实以及法律发生的变化，本着罪刑法定、罪刑相适应的原则给晁某一个公正的判决。

■ 裁判结果

一审裁判结果

天津市河东区人民法院（2008）东刑初字第220号刑事附带民事判决书，认定被告人施某某、晁某、贾某某、郝某、韩某无视国家法纪，以勒索财物为目的绑架他人，其行为构成绑架罪，本案系共同犯罪，依法应予惩处。在共同犯罪中，被告人晁某、施某某参与预谋、策划、指挥和具体实施绑架犯罪行为，起主要作用，系主犯；被告人晁某协助公安机关抓捕同案人，系立功，依法可从轻或减轻处罚。综上，根据被告人犯罪的事实、情节、社会危害性及认罪态度，对被告人晁某依照《刑法》第25条第1款、第26条、第27条、第68条、第239条第1款之规定；判决如下：

被告人晁某犯绑架罪，判处有期徒刑八年。

二审裁判结果

原审被告人施某某以量刑过重、定性错误；原审被告人晁某以情节较轻，量刑过重为由提出上诉，被害人就民事赔偿提起上诉。天津市第二中级人民法院（2009）二中刑终字第31号判决书，认定原审判决认定事实不清，适用法律不当。裁定撤销天津市河东区人民法院（2008）东刑初字第220号刑事附带民事判决，发回天津市河东区人民法院重新审判。

重审裁判结果

天津市河东区人民法院（2009）东刑重字第2号刑事判决书，认定被告人施某某、晁某、贾某某、郝某、韩某无视国家法纪，以勒索财物为目的绑架他人，其行为均构成绑架罪，属情节较轻，依法应予惩处。本案系共同犯罪，在共同犯罪中，晁某、施某某系主犯；案发后，被告人晁某能主动投案，并如实供述自己的主要犯罪事实,系自首,依法可从轻或减轻处罚;晁某协助公安机关抓捕同案犯,系立功,依法可从轻或减轻处罚;依照《刑法》第 25 条第 1 款、第 26 条第 1 款、第 27 条第 1 款、第 68 条第 1 款、第 239 条第 1 款之规定,判决如下:

被告人晁某犯绑架罪,判处有期徒刑四年,并处罚金 4000 元。

重审判决后,被告人晁某服判未上诉。

■ 案件评析

此案经三审最终在重审阶段结案,并且由原一审判处被告人晁某八年有期徒刑,在事实证据没有任何变化的情况下,只是基于《刑法》的修正,重审适用新的修正案而改判四年有期徒刑,带有相当的偶然性。但是偶然当中又有必然,那就是刑辩律师应当关注理论界和实务界对有关法条的研究趋势、国家法律修订动态,在特定条件下,积极主动地将其融入刑辩业务中去,结合《刑法》的具体规定和适用原则,必然会取得良好的辩护效果。此外,充分利用诉讼法的程序设计规则,以时间换空间,使案件的法律适用置于对被告人最有利的诉讼阶段,也是取得最佳辩护效果不可或缺的因素。

此外,这个案件在重审中就量刑问题控辩双方也存在较大争议。控方认为,本案系二审发回重审的案件,由于此期间法律进行了修改,故而重审判决只要在法律规定的量刑幅度内,不加重被告人的刑罚,即不违反"上诉不加刑"的原则,故法院应当在五年以下(含五年)有期徒刑确定被告人刑期。我们认为,这种理解既没有法律依据,也不符合立法本意。"上诉不加刑"的原则应当既适用于二审案件,也适用于发回重审的案件,既适用于具体刑期的确定,也适用于量刑原则。

上诉不加刑原则,是指第二审人民法院审判被告人一方上诉的案件,不得以任何理由加重被告人刑罚的一项审判原则。该原则不仅是被告人在审判阶段行使辩护权的重要保障,更是第二审人民法院确保审判质量的重要条件。

1996 年《刑事诉讼法》对上诉不加刑的规定比较原则,仅一条两款,1998 年《最高人民法院关于执行〈中华人民共和国刑事诉讼法〉若干问题的解释》(已失效)对该规定作了进一步的解释,但仍不够明确、全面,在实务中仍然存在分歧,有时也不被刑辩律师所重视,因为被告人刑期没有加重,往往忽视了量刑原则也应当与原审一并适用减轻。特别是 2012 年修正后的《刑事诉讼法》第 226 条第 1 款规定:"第二审人民法院发回原审人民法院重新审判的案件,除有新的犯罪事实,人民检察院补充起诉的以外,原审人民法院也不得加重被告人的刑罚。"

在理解和具体适用该条款时,应当注意以下几点:

1. 原审人民法院重新审判的案件,只有在"新的犯罪事实"和"人民检察院补充起诉"两个条件同时具备时,才能够加重被告人刑罚。这种情形不包括未改变事实，仅补充新证据的情况。

2. 以下情形，均不得加重被告人刑罚：

(1)原审人民法院虽然在重审时认为有新的犯罪事实，但人民检察院未补充起诉的。

(2)虽然人民检察院补充起诉了新的犯罪事实，但原审人民法院重审时未予认定的。

(3)原审人民法院重审时，将原来没有认定的人民检察院指控的事实予以认定的。

(4)第二审人民法院以事实不清，证据不足为由发回重审，原审人民法院和人民检察院补充了新证据，使原有事实得以查清，证据确实、充分的。

(5)因程序违法发回，原审人民法院重审后没有增加新的事实。

基于上述规定及立法本意，我们认为“上诉不加刑”的原则应当及于原审量刑的原则，这是被告人应当享有的法律利益。最终，合议庭采纳了辩护人的意见，重审依然适用原审减轻处罚的原则，在法定刑五年以下减轻20%处罚，判处了四年有期徒刑。

陈某某故意伤害致人死亡案

——被害人有重大过错,多因一果的辩护案

■ 案情简介

天津市人民检察院二分院津检二院刑诉(2011)第147号起诉书指控:2011年4月7日22时许,被告人陈某某、闯某某、张某某等人聚会后驾驶黑色桑塔纳牌轿车行驶至天津市河西区大沽南路与奉化道交口西北角机动车道时,因行车问题与步行横穿大沽南路的被害人张某发生口角,后被告人陈某某、闯某某下车对被害人张某进行殴打,并将张某追打至该交口东北角机动车道与非机动车道交界附近;被告人张某某下车将上前劝阻陈某某、闯某某二人的周某某摔倒在地后亦伙同陈某某、闯某某二人对被害人张某进行殴打,三人将被害人张某打倒在地后驾车逃逸。次日16时许,被害人张某因颅脑损伤经抢救无效死亡。公安机关接报后,于2011年4月11日先后将被告人陈某某、闯某某、张某某抓获归案。

经法医鉴定,被害人张某系被他人用钝性外力(如拳、脚等)多次打击头部致颅脑损伤死亡。

综上,被告人陈某某、闯某某、张某某的行为已触犯了《刑法》第234条第2款、第25条第1款之规定,犯罪事实清楚,证据确实充分,应当以故意伤害罪追究刑事责任。

■ 辩护思路

这是一个事实情节简单,结果恶劣,众人因琐事在公共场所殴打他人致死的案件,如果各被告人对被害人均不予赔偿的话,个别被告人将可能会被判处死刑,这种情况下,辩护人以罪轻辩护作为立足点,从以下几个方面入手。

1. 被害人有过错。接受委托以后,辩护人申请侦查机关调取事发地点的交通监控,当时的监控显示,被告人车辆正常等待红灯,被害人自人行横道过马路,在被告人车前,双手用力拍打被告人车辆前机盖,监控显示被害人对车内指手画脚,据各被告人供述,及被害人随行的朋友讲述,系由于被告人遇红灯紧急刹车,被害人认为惊扰了他,遂对被告人进行谩骂,随后各被告人从车上下来,分别对被害人及其朋友拳打脚踢,致被害人倒地不起,数人驾车离去。据被害人随行的朋友讲,

其与被害人此前喝了酒，二人共喝了500毫升白酒及十几瓶啤酒。

那么从上述情节能反映被害人在事件起因上负有责任。

2. 被害人的死因。我们不否认各被告人的拳打脚踢是致被害人死亡的原因，案发时间为22时，而被害人在次日凌晨1:48才被送往天津医科大学第二医院就诊，病历显示被害人烦躁不安，不配合治疗，也没有及时进行有效的诊疗检查，在没有进行及时救治的情况下，在次日下午因头部脑出血死亡。从原因分析来看直接原因是殴打，此外不排除饮酒造成血管扩张，且没有进行及时的开颅手术治疗，从一定程度上来看，可以减轻被告人责任承担。

3. 积极做好双方当事人家属工作，各被告人均等赔偿，力争刑事判决前附带民事赔偿达成和解并执行到位，以减轻对各被告人的刑事责任，避免被判处死刑。

4. 有自首情节。罪轻辩护为立足点。

■ 辩护要点

1. 从本案的性质上来看，本案虽系故意伤害致人死亡的共同犯罪案件，但是各被告人之间并无共同的犯罪预备、组织实施等行为。本案完全是突发事件，并且根据下瓦房派出所对被害人朋友周某某的询问笔录中记载的被害人“张某冲汽车里的人骂了一句街……”可以判断本案的被害人大量饮酒后情绪失控，辱骂他人在先，也存在一定的过错。另外被害人与被告人之间素不相识，不存在任何恩怨，没有致人重伤或死亡的主观动机，惨剧的发生完全是因为一场简单的口角。故此，本案不同于有组织、有预谋或者是基于恶劣的主观动机和目的而实施故意伤害致人死亡的案件。

2. 从各被告人的行为方式来看，本案事发偶然，各被告人实施伤害行为时均没有使用任何凶器，只是采用拳打脚踢的行为方式，而且殴打持续时间很短即致被害人倒地不起，整个过程没有更为暴力的情形，依据一般常识进行判断，殴打的程度在没有其他因素的情况下，不足以导致被害人死亡。恳请法院将这一情形与其他持械或手段残忍地持续故意伤害致人死亡的刑事案件加以区分。

3. 从本案被害人死亡时间分析。辩护人注意到本案的发生时间是2011年4月7日22时许，但是在《天津市公安局物证鉴定中心法医学尸体检验鉴定书》中载明“患者于2011年4月8日01时48分入院；于2011年4月8日16时20分经抢救无效死亡”。被害人实际到达天津医科大学第二医院的时间还要早，期间没有医护人员接诊。即使按照病历记录的时间计算，距被害人死亡时间相距14个半小时。在这段时间内，相关病历显示被害人一直没有得到有效的救治（相对应死亡原因而言）。辩护人并不否认被害人死亡是由各被告人的伤害行为所致，但是请求法庭给予关注的是，人体的生命体征在大多数情形下是可逆的，也就是说对人体的某些损伤是可以通过及时有效救治并结合人体的自愈功能得以恢复的，这是人体的生物自然性状，同时也是医疗救治的意义所在。虽然各被告人的伤害行为是致使被害人死亡的直接原因，但并不是造成被害人死亡的唯一原因，被害人本人不配合检查治疗以及医院对被害人救治的延误及措施不当也是不能忽略的重要原因。如果案发当晚被害人送医后配合检查和治疗，那么医院方即能及时确定病因，对症进行开颅手术，从医学上讲被害人体征的这种可逆性是完全能够实现的，至少大大增加了被害人生存的可能性。被害人当天的病历显示有头面部外伤，头痛，情绪烦躁，不配合治疗。通过这些症状，医生基本能够判断出头部损伤出血的可能，在距离被害人死亡的 14 个小时内，完全有时间进行头部影像检查，发现颅脑内出血并及时进行手术，可以大大减少被害人死亡的可能性。因此，从因果关系的角度看，本案造成被害人死亡系多因一果，明确犯罪结果的主要原因、次要原因，直接原因、间接原因，对准确量刑有着重要意义。

4. 本案系共同犯罪案件，从各被告人在共同犯罪中的地位和作用来看，辩护人在上面提到了本案的起因是突发事件，各被告人对案件的发生无预谋、无准备更没有任何事前分工。因此，在犯罪的主观方面来看，各被告人之间谈不上犯意的主从之分。在案发过程中三个人均实施了对被害人的殴打行为，无法分清孰轻孰重。头部外伤为致命伤，但是试听资料、证人证言、被告人供述均无法准确证明是哪一个被告人实施的致命伤。因此辩护人认为，虽然控方在起诉书中对被告人做了排序，但各被告人在本案犯罪中的地位和作用是相同的，应当承担相同的法律责任。

5. 被告人陈某某的认罪态度良好。从陈某某被抓获后，始终如实供述了自己的行为，不隐瞒、推卸责任，在数次提讯的过程中陈某某的供述均一致，这说明被告人陈某某的供述客观、真实。此外，案发后陈某某积极要求家属代其向被害人家属进行赔偿，当他了解到被害人是孤儿寡母还有一个病重的老父亲时对自己的行为更加懊悔，多次跟辩护人说即使倾家荡产也要对被害人进行赔偿。在开庭审理前，被告人陈某某按其应分摊的赔偿款已经到位。上述事实可以清晰地说明被告人陈某某主观恶性不深，认罪悔罪态度诚恳。此外，陈某某作为退伍军人其本质上是善良的，没有任何前科劣迹，通过惩罚、教育是可以将其挽救、改造。

综上所述，辩护人恳请法院采纳辩护人的辩护意见，对被告人陈某某减轻处罚。

■ 裁判结果

天津市第二中级人民法院依法审理，认为被告人陈某某、闯某某、张某某仅因被害人对停车问题言语不当而对其进行殴打，致使被害人死亡，其行为均已构成故意伤害罪，公诉机关指控的罪名成立，本院予以支持。三被告人共同对被害人实施加害行为，均应承担刑事责任。陈某某、闯某某、张某某的犯罪后果严重，应予从严惩处，但其犯罪后认罪态度较好，为弥补过错而委托家人积极赔偿被害人家属的经济损失，并取得被害人家属的谅解，被害人家属亦请求法庭对三被告人从轻处罚。根据被告人的犯罪情节、后果及认罪、悔罪的态度，依法应对三被告人从轻处罚。据此，依照《刑法》第25条、第234条第2款之规定，判决如下：

1. 被告人闯某某犯故意伤害罪，判处有期徒刑十五年。
2. 被告人陈某某犯故意伤害罪，判处有期徒刑十四年。
3. 被告人张某某犯故意伤害罪，判处有期徒刑十三年。

天津市第二中级人民法院经裁定，认为附带民事诉讼原告人自愿撤回对陈某某、闯某某、张某某的起诉，符合法律规定。准予附带民事诉讼原告人撤回起诉。

各被告人均未提起上诉。

■ 案件评析

本案系共同犯罪案件，造成了被害人死亡的结果。但是综观全案，从事件的起因、案发过程、被害人送医后的救治过程进行分析，多种因素的叠加，综合作用造成了被害人死亡的结果。我国刑法罪责自负的基本原则要求：一个人只能对自己的危害行为及其造成的危害结果承担刑事责任。因此，当危害结果发生时，要使某人对该结果负责，就必须查明危害行为（作为或不作为）与该结果之间具有因果关系，这是承担刑事责任的必要条件。

在实践中，对于危害行为与危害结果之间的因果关系，通常并不难确定。但是在某些案件中，由于情况复杂或者与之相关联的因素较多，查明因果关系就必须依靠科学的分析和论证，有时还要借助科学技术鉴定的手段，特别是针对不作为犯罪，鉴定意见或事故报告往往成为定案的核心证据。因果关系的复杂性，具体表现为“多因一果”或“一因多果”。

“多因一果”是指某一危害结果是由多个原因造成的。它最明显地表现在两种情况下：一是责任事故这类过失犯罪，事故的发生往往涉及许多人的过失，而且往往还是主客观原因交织在一起，情况非常复杂。确定这类案件的因果关系，就必须分清主要原因和次要原因、主观原因和客观原因等情况，这样才能正确解决刑事责任问题。二是共同犯罪，各个共犯危害行为的总和作为造成犯罪结果的总原因而与之有因果关系，但根据我国《刑法》的规定，在分析案件时应该分清主次原因即分清每个共犯在共同犯罪中所起作用的大小，并进而确定各个共犯刑事责任的大小。

“一因多果”是指一个危害行为可以同时引起多种结果的情况,这就要分析主要结果与次要结果、直接结果与间接结果,这对于定罪量刑有着重要意义。在辩护中,将因果关系的分析与被告人的刑事责任紧密结合起来,使得特殊案件的辩护入情入理,又不失法律原则,有效地提升庭审辩护效果。

胡某故意杀人案

——从一起荒诞故意杀人案的辩护谈犯罪的预备、未遂和中止等“情节辩”在实务中的运用

■ 案情简介

被告人胡某系在校大学生。

同案被告人周某某与被害人陈某某系同学关系，二人因经济问题发生矛盾，被告人周某某遂怀恨在心，产生了雇用他人杀死陈某某的想法。被告人周某某为达到此目的，在互联网上以45,000元人民币的价格雇用了杀手即同案被告人欧阳某，二人共同预谋杀害陈某某。被告人欧阳某自感力单，又纠集自己的网友即被告人胡某来天津，共同住宿在河东区“快捷酒店”并为作案准备了匕首两把。被告人欧阳某来天津后与被告人周某某在河东区河东公园门前见面，被告人周某某向其提供了被害人陈某某的身份证复印件及陈某某位于本市河东区第六大道住房的房门钥匙，并先后三次向欧阳某、胡某二被告人提供生活费3000余元人民币。被告人欧阳某、胡某为实施追杀，对被害人陈某某的住处进行窥探，并利用被告人周某某提供的陈某某家中钥匙进入陈某某家中，其间，被告人欧阳某从阁楼衣柜抽屉内盗窃玫瑰彩金手链一条，玫瑰彩金耳环一对（经鉴定价值人民币6690元）。

后因被告人欧阳某、胡某自觉杀死陈某某风险太大，遂商议向被害人陈某某敲诈钱财。二被告人多次通过电话威胁被害人陈某某，并以被人雇佣要对其追杀为由，向被害人陈某某敲诈现金人民币80,000元。2008年5月13日16时许，被告人欧阳、胡某在天津市南开区黄河道向被害人陈某某索要钱财时被公安机关抓获。同月14日被告人周某某亦被抓获。

综上所述，被告人周某某目无国法，为私利而雇用杀人，其行为已触犯《刑法》第23条、第25条、第232条之规定，犯罪事实清楚，证据确实充分，应以故意杀人罪追究其刑事责任，并系未遂。被告人欧阳某的行为已触犯了《刑法》第23条、第25条、第232条、第264条、第274条之规定，构成故意杀人罪，系未遂；构成敲诈勒索罪，系未遂；构成盗窃罪。被告人胡某的行为已触犯了《刑法》第23条、第25条、第232条、第274条之规定，构成故意杀人罪，系未遂；构成敲诈勒索罪，系未遂。

■ 辩护思路

本案的发生带有十分荒诞的色彩，但控方指控的罪名故意杀人罪系严重危害人身性质恶劣的犯罪行为，一旦定罪，情节较轻的也将被判处三年以上十年以下有期徒刑。

笔者通过会见被告人胡某，更觉本案完全是由于被告人法律意识淡薄，年少轻狂，受不良读物及影视作品影响而模仿杀手，主观上不具有杀人的故意，也不具备能力和胆量。被告人欧阳某、胡某最初为了骗取被告人周某某的钱财，答应被告人周某某杀害陈某某，最终没有实施也不敢实施杀人行为，故二被告人应当按照诈骗罪而非故意杀人罪追究刑事责任。

在案件审查起诉阶段，辩护人按照确定的思路与公诉机关进行沟通，并提出律师意见。但该意见未能被公诉机关采纳。在庭审辩护阶段，笔者从委托人法律利益最大化角度出发，并取得被告人同意的情况下，从二被告人被控故意杀人罪的犯罪形态和具体情节入手，提出属于犯罪预备，其后自动有效地中止了犯罪行为，作从轻、减轻处罚辩护。

■ 辩护要点

1. 辩护人认为公诉机关指控胡某涉嫌构成故意杀人罪（未遂），犯罪事实清楚，但适用法律不当，其行为应属故意杀人罪（预备中止）。

根据《刑法》第 22 条的规定，“为了犯罪，准备工具、制造条件的，是犯罪预备。对于预备犯，可以比照既遂犯从轻、减轻处罚或者免除处罚”。犯罪预备，作为一种犯罪形态，是指在故意犯罪过程中，犯罪分子开始实施为犯罪制造便利条件的行为，但由于犯罪分子意志以外的原因而未能着手犯罪实行行为的犯罪的未完成状态。犯罪预备具有以下特征：

（1）行为人已经开始实施犯罪预备行为。所谓犯罪预备行为，就是为犯罪的实行与完成创造便利条件的行为。其在现实中的表现形式是多种多样的，如准备犯罪工具、调查行为、途中行为、尾随行为、守候行为、排除犯罪实施的障碍、进行犯罪预谋等。结合本案来看，被告人胡某与同案被告人欧阳某事先预谋杀害被害人、二人到被害人所居住的小区“认门”以及 2008 年 5 月 5 日二被告人再次进入被害人的家进行守候等行为均属于犯罪预备行为。

（2）犯罪分子尚未着手犯罪的实行行为是区分犯罪预备与犯罪未遂的显著特征。所谓犯罪的实行行为，是指刑法分则中规定的构成某一具体犯罪所需要的要件行为，譬如故意杀人罪，法律规定的实行行为只是一个杀人行为。而本案被告人胡某至被公安机关抓获前一直未着手实行杀害被害人的行为，故不应属于故意杀人罪的未遂,而是故意杀人罪的预备。

(3)犯罪分子未能着手犯罪实行行为,是由于犯罪分子意志以外的原因造成的。犯罪分子在着手犯罪实行行为以前由于其意志以外的原因而使犯罪停止下来,这是犯罪预备形态区别于犯罪预备阶段犯罪中止的显著特征。在犯罪预备阶段,如果犯罪人出于害怕或者真诚悔悟而停止了继续犯罪,就不能认为是由于其意志以外的原因而停止,从而不应认定为犯罪预备,而应是预备中止。本案中,被告人胡某在等待被害人回国的过程中,就与同案被告人欧阳某商量好了,因“杀人风险太大,一起骗点儿钱就走人”。这说明被告人因害怕杀人风险太大,会受到严厉的制裁,在没有着手实行行为之前就已经自动放弃了杀害被害人的念头,是在其可以继续实施并完成犯罪的前提下,出于本人的意志而停止了犯罪。根据《刑法》第24条的规定,“在犯罪过程中,自动放弃犯罪或者自动有效地防止犯罪结果发生的,是犯罪中止。对于中止犯,没有造成损害的,应当免除处罚;造成损害的,应当减轻处罚”。对于自动放弃犯罪,这种停止犯罪的表现形式发生在犯罪预备阶段或犯罪的实行阶段。而在此预备阶段和实行阶段不可能出现犯罪的危害结果,所以只要是放弃了犯罪的继续预备或实行行为就应当适用《刑法》第24条的规定对被告人适用“应当免除处罚”的罚则。

综上,辩护人认为被告胡某的行为应当属于犯罪预备中止,因没有造成损害结果,应当免除处罚。

2. 辩护人认为公诉机关指控胡某涉嫌构成敲诈勒索罪(未遂),犯罪事实清楚,适用法律适当。但其在共同犯罪中应属从犯,应当从轻、减轻处罚或者免除处罚。

《刑法》第27条规定:“在共同犯罪中起次要或者辅助作用的,是从犯。对于从犯,应当从轻、减轻处罚或者免除处罚。”本案中,被告人胡某是被欧阳某自网上联络出来的,并被欧阳某告知凡事都听从于他就可以了。后来,由于害怕杀人风险太大,放弃杀害被害人的念头后,也是被告人欧阳某出谋划策要骗钱走人,而被告人胡某仅仅是听从于欧阳某的指挥。在敲诈被害人的过程中,一直是由被告人欧阳某打电话给被害人,实施恐吓、吓唬被害人的行为,只是在被害人相约给钱时才由胡某与其共同前往,后被公安机关抓获而敲诈勒索犯罪未遂。在整个敲诈勒索的共同犯罪过程中,被告人胡某仅仅起着陪同被告人欧阳某壮胆的辅助作用,系从犯,应当从轻、减轻处罚或者免除处罚。

3. 被告胡某捕前尚系湖北省仙桃职业学院机械电子工程学院应用电子技术专业的大专在校生,其所在的学院证明胡某自2005年入校以来,一直认真学习专业技术知识,努力参加实践训练,团结同学、尊敬师长,在校期间从未出现过违规违纪现象。在此之前被告人胡某也未有任何前科劣迹,此次犯罪,是因其涉世不深、在网络上交友不慎、一念之差下的举动，现其本人对自己的行为非常后悔，并表示将来一定洗心革面、好好学习，做一个对社会有贡献的人。为此，辩护人恳请法庭念其为初犯，且考虑到其未完成的学业及其本人前途等因素，能够给年轻人一个迷途知返、改过自新的机会。笔者相信被告胡某在未来的生活中，定会吸取此次的教训，并以感恩之心回报社会。

综上，辩护人认为被告胡某具有法定从轻、减轻或者免除处罚的情节，并念其为初犯，且认罪态度较好，请合议庭评议案件时予以充分考虑，对被告胡某作出减轻或者免除处罚的判决。

■ 裁判结果

天津市南开区人民法院(2008)南刑初字393号刑事判决，认为公诉机关指控被告人周某某、欧阳某、胡某犯故意杀人罪(未遂)，被告人欧阳某、胡某同时犯敲诈勒索罪(未遂)，被告人欧阳某还犯有盗窃罪，事实清楚，证据确实充分，罪名成立，本院依法予以支持。对于被告人的辩解、辩护人所提被告人属犯罪预备及属犯罪预备中的犯罪中止的辩护意见，事实及法律依据不足，本院依法不予采纳。被告人周某某为私利雇凶杀人，并积极为受雇人提供各种实施条件、透露被害者行踪及催促实施行动等；被告人欧阳某受雇杀人，并纠集被告人胡某参与，积极为杀人准备作案工具，且在收到被告人周某某行动通知后，带领被告人胡某实施了到被害人住处由其进入被害人家中行凶的行为，因被害人未在家中而未得逞。本案三被告人的上述行为，侵害了他人的人身权，危害了社会，依法均已构成故意杀人罪，情节较轻，应判处三年以上十年以下有期徒刑。三被告人依法均属已经着手实施犯罪，由于意志以外的原因而未得逞，是犯罪未遂。对于未遂犯，可以比照既遂犯对三被告人从轻或者减轻处罚。被告人周某某、欧阳某在共同犯罪中起主要作用，依法属主犯，应予酌情惩处。被告人欧阳某还以非法占有他人财物为目的，伙同被告人胡某采用语言威胁等手段，勒索他人现金80,000元，数额巨大，该二被告人的行为依法已构成敲诈勒索罪，应判处三年以上十年以下有期徒刑。鉴于二被告人在实施勒索他人钱财犯罪行为中，因被公安机关及时抓获而未逞，依法属犯罪未遂，可以比照既遂犯从轻或者减轻处罚。被告人胡某在上述两起共同犯罪中起次要作用，依法属从犯，应对其从轻、减轻处罚或者免除处罚。另，被告人欧阳某以非法占有他人财物为目的，乘失主家中无人之机，秘密窃取财物，价值6690元，数额较大，其行为又构成盗窃罪，亦应依法惩处。且对于被告人欧阳某、胡某分别所犯数罪，依法应予以数罪并罚。三被告人均系初犯，庭审中均能认罪；被告人欧阳某所盗窃赃物已收缴发还，未给失主造成实际经济损失；故依法可对三被告人予以酌情从轻处罚。综合以上法定、酌定及本案被告人胡某系在校学生等情节，本院依法对被告人周某某、欧阳某予以从轻判处，对被告人胡某予以减轻判处。为维护社会治安秩序，保证公民的人身权利及财产所有权不受侵犯，打击刑事犯罪活动，依据《刑法》第23条、第25条第1款、第26条、第27条、第47条、第69条、第232条、第264条、第274条之规定，判决如下：

1. 被告人周某某犯故意杀人罪，判处有期徒刑三年。

2. 被告人欧阳某犯故意杀人罪，判处有期徒刑三年；犯敲诈勒索罪，判处有期徒刑三年六个月；犯盗窃罪，判处有期徒刑二年，并处罚金5000元；决定执行有期徒刑八年，并处罚金5000元。

3. 被告人胡某犯故意杀人罪，判处有期徒刑一年六个月；犯敲诈勒索罪，判处有期徒刑一年，决定执行有期徒刑二年。

一审判决生效后，各被告人均服判息诉。

■ 案件评析

本案案情虽然简单且带有一定的荒诞色彩，但是从控辩双方对本案犯罪形态的争议，控方认为是故意杀人未遂，可以从轻或减轻处罚，辩方认为是故意杀人的预备中止，没有造成损害，应当免除处罚。这由此引申出一个在刑事辩护中不容忽视的问题，那就是如何正确界定犯罪的预备、未遂和中止，对量刑会产生较大的影响。我们首先对三种犯罪形态刑法规定的量刑原则作一个比较，然后对三种犯罪形态进行分析，以便在刑事辩护中具体运用，提高刑辩技术。

《刑法》第22条第2款规定“对于预备犯，可以比照既遂犯从轻、减轻处罚或者免处处罚”。

《刑法》第23条第2款规定“对于未遂犯，可以比照既遂犯从轻或者减轻处罚”。

《刑法》第24条第2款规定“对于中止犯，没有造成损害的，应当免除处罚；造成损害的，应当减轻处罚”。

我们从上述量刑的规定可以看出，未遂犯由于不得免除处罚，故量刑上要重于预备犯，且二者都赋予量刑主体自由裁量权。对于中止犯，则是“应当”免除处罚或减轻处罚，并非“可以”免除处罚或减轻处罚。之所以要对中止犯减轻处罚或免除处罚，是因为犯罪中止不仅客观上没有发生预期的危害结果，而且中止犯本人的危险性也比较小，所以，相对于犯罪预备和犯罪未遂，对中止犯的处罚应当更轻。另外，对中止犯的从宽处罚，还可以鼓励犯罪分子在犯罪既遂之前自动中止犯罪，有助于犯罪的预防，这是立法本意使然。我们从刑事辩护的角度去考量，当以中止辩，预备辩，未遂辩这样的顺序选择。

其次，在运用犯罪形态理论进行辩护时应注意以下几个方面的问题：

第一,犯罪预备行为在现实中的表现形式是多种多样的,并不局限于我们通常理解的准备犯罪工具,概括起来包括准备犯罪工具、调查踩点儿、途中行为、尾随行为、守候行为、排除犯罪实施的障碍、进行犯罪的谋划等。不论何种形式,判断预备阶段的基本标准就是行为人尚未着手实施刑法分则中规定的构成某一具体犯罪所需的要件行为。行为人没有着手实行行为是区分犯罪预备与犯罪未遂的显著特征。这一特征把犯罪预备严格限定在从开始实施犯罪预备行为到着手犯罪实行行为以前这一犯罪阶段之中,实务中应当严格把握,正确界定行为人所处的犯罪阶段。

第二,在锁定行为人所处的犯罪阶段后,首先进行是否符合犯罪中止形态的考量。根据中止发生的犯罪阶段可以分成预备中止、实行中止、实行后中止。这三种中止的社会危害性是不同的,在相同条件下,预备中止最小,实行后中止最大,因为它发生于犯罪实行后阶段的犯罪中止,是指犯罪分子实行行为终了以后,自动地采取积极措施而有效地防止了作为既遂标志的犯罪结果发生的情况。在辩护实务中,有效地将上述理论应用于法庭辩护实践,对于"有罪轻辩"的辩护策略起到积极作用。

第三,正确理解犯罪分子"意志以外的原因",是正确区分犯罪中止和犯罪未遂的关键。所谓犯罪意志,是指犯罪分子希望把犯罪进行到底,积极追求犯罪结果发生或者犯罪行为完成的心理态度。那么"意志以外的原因"则是未遂形态中阻碍犯罪意志和犯罪活动的主客观因素,这些主客观因素都是不利于犯罪进行,与犯罪分子完成犯罪的主观愿望相冲突的。而犯罪分子意志以外的原因,只是对犯罪意志进行了阻止,而不是消除。犯罪未能完成违背了犯罪意志,该犯罪意志没有改变而且依然存在,这是认定犯罪未遂的一个关键,也是犯罪未遂与犯罪中止相区别的重点。在实务辩护中,紧紧把握住犯罪中止的消除犯罪意志的自动性、自觉性、消除侵害行为的彻底性,即能抓住认定犯罪中止的精髓所在,为取得减轻处罚或免除处罚创造条件。

魏某某故意杀人案

——命案辩护第一案，积极促成和解，二审改判死缓

■ 案情简介

天津市人民检察院第二分院(2001)津检二院刑诉186号起诉书认定:2000年11月30日，被告人魏某某因琐事与陕西籍民工翟某某发生争吵，遂至另一工地纠集其兄及同乡李某某(现外逃)，当天18时许，在中建六局技校院内被告人魏某某与翟某某再次发生争执，相互厮打中，魏某某持榔头朝翟某某头部猛砸一下，致翟某某倒地后，被告人其兄过去将翟某某手中菜刀夺下，魏某某再次持榔头连续打击翟某某的头部，后三人逃离现场。被害人翟某某被打成重伤，于2000年12月4日死亡。2001年6月5日，魏某某及其兄被抓获归案。

综上所述，被告人魏某某及其兄目无国法，持械行凶，致人死亡，其行为已触犯了《刑法》第232条之规定，构成故意杀人罪。

同时，被害人之子提起了刑事附带民事诉讼，要求被告人赔偿相关费用共计8万元。

■ 辩护思路

这个案件是笔者执业以来办理的第一个故意杀人罪辩护案件，事关委托人生死，接受委托后，查阅了全部案卷材料，及时会见了被告人魏某某。按照我国《刑法》的规定及当时刑事审判实践经验，如果认定被告人魏某某构成故意杀人且造成被害人死亡的后果，被告人极有可能被判处死刑，立即执行。会见过程中被告人的态度也令辩护律师十分惊讶，从外表来看，此人30岁出头，身材矮小瘦弱，面色白净，五官周正。谈话时双眼始终平视，语气温和，很难将被告人与凶残的杀人犯联系起来。律师了解到，被告人系外地来天津务工人员，老家在河北农村，父亲早亡，家有七旬老母，靠其与哥哥(同案被告人)供养。对指控的基本事实不予否认，同时也向辩护人陈述了案发当天的全过程，被害人系大量饮酒后挑起事端，被告人在被逼无奈的情形下，一时冲动将被害人致伤。对于附带民事赔偿，表示目前无力赔偿，也没有近亲属能代为赔偿。针对案件的具体情况，以不判处死刑立即执行为辩护的基本目标，确定以下辩护思路:

1. 本案的犯罪行为性质为故意伤害致死而非故意杀人；

2. 案件起因，被害人有过错；

3. 被告人具有防卫情节；

4. 被告人行为手段一般，无手段残忍，情节特别恶劣的法定从重处罚情节；

5. 通过与被害人一方就民事赔偿进行调解，争取获取被害人一方书面谅解；

6. 其他酌定从轻处罚情节。

■ 辩护要点

一审辩护要点

1. 起诉书认定相关事实证据不够确实充分。

(1)关于事件的起因：起诉书认定"被告人魏某某因琐事与陕西籍民工翟某某发生争吵，遂至另一工地纠集其兄及同乡李某某在当晚与翟某某再次发生争执"。这一事件起因的认定是不准确的。本案起因的基本事实：被告人魏某某在公司经理的指令下，将住处更换至被害人处，但遭到了被害人的辱骂且被害人将其行李物品扔出屋外并毁坏，当被告人向其提出捡回物品的合理要求并与其评理时，不但遭到拒绝，而且引来被害人更为恶劣的辱骂和威胁，致使被告人魏某某不敢在民工宿舍居住，遂找其兄商议准备回河北老家。由此可见系被害人挑起了事端。此点有一同打工的证人杨某某、李某、杨某、李某某、奔某某、王某某等证言为证。后当被告人再次与其兄等人回到工地收拾东西准备回家时，再一次遭到了被害人的辱骂，在这种情况下，双方才再次发生争执，以致动用凶器，酿成了悲剧的发生。故辩护人认为在事件的起因上，被害人翟某某自身负有不可推卸的责任。

(2)双方系在相互殴打中致被害人重伤，而非起诉书中认定的"魏某某持榔头朝翟某某头部猛砸一下，致翟某某倒地的。魏某某其兄过去将翟某某手中菜刀夺下，魏某某再次持榔头连续打击翟某某的头部，后三人逃离现场"。上述事实认定有误。

①没有证据证明是被告人魏某某先动的手，用榔头朝翟某某头部猛砸一下。反而却有证据能证实翟某某在从门房出来前预先准备了菜刀一把，已经做好了伤害被告人的准备，根据证人证言客观地分析案发当时的情节，可以推断出，被害人翟某某当时已经拿出了菜刀，准备对被告人实施伤害行为。

②关键证人被害人之子郭某（随母改嫁后继父姓）的证言前后矛盾，疑点重重，与被告人口供及其他相关证据冲突太多，包括被害人伤的部位，是谁打的被害人，打击的次数与鉴定意见都存在矛盾，故不能采信。况且其系未成年人，又是被害人亲儿子，系法律上的利害关系人。该现场唯一的目击证人至今下落不明，无

法对这些关键的情节进行核实，故案件的核心事实无法查清。

③魏某某也没有再次持榔头连续打击翟某某的头部，此点从尸检报告反映的被害人头部损伤数量予以为证。

2. 起诉书指控被告人魏某某犯有故意杀人罪，辩护人认为适用法律不当。

根据《刑法》第232条的规定，故意杀人罪是指故意地非法剥夺他人生命的行为。该罪须具备以下构成要件：主观上必须具有杀人的故意；客观上具体实施了非法剥夺他人生命的行为。

就本案的客观情况去分析，被告人魏某某主观上不具有剥夺他人生命的故意。首先，被告人与被害人同为外地打工人员，平素也无矛盾，案发当日因被害人酗酒后故意挑衅，遂引起被告人不满，但也不至于产生杀死他人的念头，且无犯罪的预备，完全出于案发当时一时激愤，故被告人不具备杀人的主观故意；其次，被害人的死亡后果是有相当的偶然性与巧合性，已经超出了魏某某的预见能力，且在案发现场的当时，被害人并未造成死亡的后果，被害人是在住院后，经开颅手术的4日后死亡的，这一点通过尸体检验报告可以反映出来。

尸检报告关于“结论”（一）部分认为，死者系重型颅脑损伤休克死亡。从这一结论我们不难看出，被害人死亡的最终原因是休克，造成休克的原因是颅脑损伤。但辩护人认为该尸检报告没有依据认定死亡和颅脑损伤之间存在必然的因果关系。所谓休克，仅仅是人体的微循环障碍，它不是脑损伤必然的、唯一的结果，从法医学角度讲，休克往往为多种原因的并发症。只要找到休克的原因，给以对症治疗，休克是可以缓解直至恢复正常。就本案来看，被害人首次病历记载出现了失血性休克，但并没有立即死亡，而是经过了4天的治疗且实施了开颅手术后死亡的。既然是出现了失血性休克，那么在治疗过程中是否采取了输血的治疗措施，公诉人没有向法庭提供治疗病历。在此辩护人不否认被害人所受到的伤害与被告人有着直接的因果关系，但被害人在受到伤害后被及时送到医院抢救，当时并没有死亡。造成被害人休克死亡的结果，原因是多方面的，并不是唯一的。我们不能排除被害人自身机体的原因（因为有证据证实在案发当时被害人已经大量饮酒），抢救是否及时，措施是否得当，在开颅手术时是否发生了医疗事故等。

综上所述，辩护人认为该案应定故意伤害罪更为恰当，此外被告人有防卫的情节，恳请合议庭依据本案其他证据，客观地分析案件的事实，对这一情节予以考虑，在量刑时参考。

3. 被告人实施犯罪行为的手段一般，无“手段残忍，情节特别恶劣”。

二审辩护要点

1. 起诉书认定相关事实证据不够确实充分（同一审辩护意见）。

2. 一审判决中存在的几点问题：

（1）一审判决所依据的重要证据之一尸体检验报告存在疑点，不能采信作为本案定案的依据。

一审判决所依据的重要证据之一“尸体检验报告”，“损伤检验”一项中记载：“左颞部有5cm×0.2cm创口，右颞部有3cm×2.5cm创口，右耳上有4cm×0.2cm创口，右颞顶部有一弧形手术切口，为19cm×0.2cm，以上创口均已缝合。……”尸体检验报告“分析说明”得出两点结论：

“（1）经检验：死者头部的创口为钝器打击造成，系生前损伤。（2）经检验：死者头部的创口非自身所能形成，系他人加害所致。”从以上“损伤检验”和“分析说明”中不难看出以下问题：左颞部5cm×0.2cm创口和右耳上4cm×0.2cm创口到底是钝器伤还是锐器伤？从一般法医学的常识方面分析，宽为0.2cm的创口应为锐器伤；从死者右颞顶部手术切口宽为0.2cm这一方面比对也可以得出同样的结论。因此，尸体检验报告“分析说明”得出的第一点结论令人质疑；死者在大量饮酒并持刀和被告人对打的情况下，其左颞部创口、右耳上创口是否绝对“非自身所能形成”？由此可以看出尸体检验报告“分析说明”得出的第二点结论具有强烈的主观色彩，缺乏科学性、客观性。综上，根据被害人翟某某尸体检验报告损伤检验所记载的情况可以得出如下结论：被害人翟某某的头部只有一处“右颞部有3cm×2.5cm创口”系钝器伤，因而可以推断出被害人翟某某受伤倒地后，被告人魏某某没有“再次持榔头连续击打被害人翟某某头部”。因此，一审判决认定的有关证据和事实存在错误。

（2）一审判决书中记载的尸体检验报告的内容与“翟某某尸体检验报告”所记载的内容有诸多不一致之处，不仅伤口的部位的表述不同，而且凭空还多出一处“右顶枕部有3.5cm×1.5cm创口”。

（3）证人被害人之子的证言存在较多疑点：

①证人郭某即被害人之子的证言“我父亲出去时拿了一把菜刀，插在了腰带上，我知道那人是来打仗的，我也跟了出去。到了房子外面我看见跟‘小卫’（被告人魏某某）一起来的还有两个年轻人。我父亲一出去，门外的两个人对我父亲说：‘你能怎么的’，说着话两个人上前将我父亲插在腰带上的菜刀抢过去。……”被害人儿子的这段证言中，有两点不可信。其一，有证据证实：翟某某事发之时身穿皮卡克，时间为11月30日20~21时，且从当天下过雪天气阴暗，事发现场没有灯光的情形上去判断，不难得出：腰上插着菜刀，身上穿着皮卡克的翟某某（即使敞怀），在冬季20~21时，周围没有灯光的环境下，根本不可能在他一现身时，就被对方发现腰间的菜刀，出现像证人证言中，“说着话两个人上前将我父亲插在腰带上的菜刀抢过去……”的描述。因此不难看出，证人在撒谎。其二，在证人王某

某、杨某的证言中均有“翟某某一会出去了,过了一会他儿子出去找他,没过几分钟哭着跑回来……”的表述。以上二人一致的证言,说明翟某某与其子是一前一后出现在事发现场。至少其儿子没有时间也没有机会看到整个事情的经过。除非他在撒谎或在隐瞒什么或者把仅看到的某一幕给重新排列,或者……从另一个角度去分析,也就是说从翟某某出屋到其儿子哭着跑进来,这段时间究竟发生了什么,除了翟某某本人及其子、魏某某及其兄、李某某明白,没有任何人能说清楚。而翟某某已死、李某某在逃,剩下的只有魏某某、魏某某其兄、被害人其子三人。本案唯一的证人被害人其子的证言与二被告人的口供冲突太多,且系唯一证人,又与本案有利害关系,故其证言不能采信。

②被害人之子的证言“我看见‘小卫’,第一个用羊角锤打我父亲的头,打了四五下……穿黄西服上衣的青年用锤子也打了我父亲的头部,打了几下没看见……”先不去分析在当时的环境下能否分清衣服的颜色,若依其子的描述,翟某某的头部至少应有七处以上的钝器伤,但整个尸检报告及病历记载死者头部仅右额顶部有3.5cm×2.5cm创口为钝器伤。被害人之子的证言中那几处羊角锤敲打的创伤难道在瞬间愈合?还是其子的证言有问题?

(4)被害人之子在证言中称自己打电话报警,其他数人的证言则称是奔某某报的警。由此可见证人郭某的证言极不客观。被害人之子的证言到底有几分可信程度?被害人之子:案发时年仅15岁——未成年人、被害人的儿子——利害关系人、事发后唯一的一次证言又存在矛盾。一审法院正是依被害人之子的证言及一些模棱两可的证据判决魏某某故意杀人罪成立,判处死刑,这不符合事实清楚,证据确实充分这一基本的定案要求,同时也与“要把死刑案件办成经得起历史检验的案件”精神相悖。

(5)被害人翟某某的病历、诊断证明证实:被害人翟某某头部有4处皮裂伤、开放性颅骨骨折、颅内出血、出血性休克。从一般的法医学原理上分析,锐器伤容易造成开放性颅骨骨折,钝器伤易造成闭合性颅脑损伤。那么在本案中,被害人翟某某头部“开放性颅骨骨折”是如何造成的?是锐器伤所致,还是钝器伤造成的?而本案重要的物证——羊角锤,至今下落不明。

(6)收缴在案的菜刀应做物证鉴定。鉴定的目的在于:(1)刀刃上是否有血迹存在?如果有血迹的存在,该血迹是否系被害人翟某某的血迹?也就是说不排除翟某某在酒后重心不稳的情况下挥刀自伤的可能性。(2)菜刀上是否有与硬物撞击的痕迹?如果有撞击的痕迹,说明有对打的经过,也彻底推翻被害人之子的证言中所说的其父亲一出现就被夺刀之说。如果没有以上鉴定的话,本案的客观事实就不能有效还原。

(7)即使被告人事先确备有羊角锤在身,但当翟某某喝了好多酒,挥舞菜刀乱砍、情绪失控的情况下,魏某某的人身显系受到威胁,而且情况紧急(没有路灯、20~21时、黑暗中根本无法辨认刀的方向)魏某某用锤子防卫,实属正当,双方对打难免伤亡,并不能以此认定魏某某有杀人的故意。相反,被告人魏某某的行为完全符合正当防卫的构成要件。而侦查阶段魏某某曾供述“在被害人倒地后又用锤子连击数下”并非客观真实,此点已经被尸检报告中所记载钝器伤只有一处(右额顶部有3.5cm×2.5cm创口)所否认。

3. 一审判决认定被告人魏某某犯有故意杀人罪,辩护人认为适用法律不当(同与一审辩护意见)。

4. 被告人实施犯罪行为的手段一般,无“手段残忍,情节特别恶劣”,依法不应判处极刑,一审法院量刑畸重(同一审辩护意见)。

5. 被告人魏某某认罪悔罪态度良好,在量刑时应考虑从轻处罚。

■ 裁判结果

一审判决结果

天津市第二中级人民法院(2002)二中刑初字第25号刑事判决,认为被告人魏某某目无国法,仅因琐事,竟纠集多人对被害人进行报复,并在聚众殴打被害人的过程中,持铁质榔头多次猛击被害人头部,致其重度开放性颅脑损伤休克死亡,其行为已触犯《刑法》第292条关于“聚众斗殴致人死亡的,依照本法第二百三十二条的规定定罪处罚”规定,应依照《刑法》第232条关于“故意杀人的,处死刑、无期徒刑或者十年以上有期徒刑”的规定,对被告人魏某某以故意杀人罪定罪处罚。被告人魏某某在犯罪过程中,纠集其兄和李某某,事先准备作案工具并持械猛击被害人头部数下,致其死亡,犯罪手段凶残,犯罪情节、后果均特别严重,依法应当判处死刑。据此,依照《刑法》第57条、第232条、第292条之规定,判决如下:

被告人魏某某犯故意杀人罪判处死刑,剥夺政治权利终身。

二审判决结果

天津市高级人民法院(2002)津高刑终字第118号刑事判决,认定上诉人魏某某与人发生纠纷后,纠集他人报复殴打对方,并持械朝被害人头部打击,导致被害人重型颅脑损伤休克死亡,其行为构成故意杀人罪,应依法惩处。鉴于被害人在案件起因上负有责任及本案的相关情节,上诉人魏某某尚不属判处死刑必须立即执行的犯罪分子。原审法院认定的事实清楚,定罪准确,审判程序合法,但对被告人魏某某的量刑偏重,应予改判。上诉人魏某某及其辩护人所提原判量刑过重,请求从轻处罚的意见,本院予以采纳。依照《刑法》第292条、第232条、第48条第1款、第57条第1款及《刑事诉讼法》第189条第2项(2018年10月26日第三次修正后为第 236 条第 2 项）的规定，判决如下：

撤销天津市第二中级人民法院一审刑事判决的第一项，即被告人魏某某犯故意杀人罪判处死刑，剥夺政治权利终身；改判上诉人魏某某犯故意杀人罪判处死刑，缓期二年执行，剥夺政治权利终身。

■ 案件评析

这个案件是笔者律师执业以来接受委托辩护的第一起故意杀人案，检察机关的工作经验告诉我，如果没有特别的法定从轻减轻处罚情节或被害人一方谅解，在当时的审判实践中，极有可能判处死刑，而被告人又来自偏远的农村，律师费都无力支付，更不可能拿出巨额的赔偿款。故而怀着忐忑的心情开始会见、阅卷工作。

这个案件通过一审、二审辩护及与被害人亲属达成和解，成功挽救了被告人的生命。一审过程中由于多种原因未能与被害人一方就民事问题达成调解，一审法院也没有采纳辩护人的上述辩护意见，认定被告人魏某某构成故意杀人罪，判处死刑。这个判决结果大大出乎被告人以及笔者的预料，被告人遂提起了上诉。二审中除了坚持一审的辩护意见外，对一审判决认定事实及适用法律提出新的辩护意见。同时仍不放弃与被害人一方进行附带民事赔偿部分的调解，辩护人的积极态度也得到了二审法院主审法官的大力支持，同时也顶着巨大的压力。要知道，当时的审判实践中轻微刑事案件的和解在理论和实务上均已达成共识，但重案、命案是否可以适用和解却存在激烈的争论。这背后，既有人道主义者对生命权的力挺，也有百姓对“花钱买命”的担忧。这个案子的被害人早年离异后前妻携子改嫁，儿子刚刚成年离家打工，现主张赔偿。经过不懈努力，终于用真情感动了被害人一方，由笔者出资 2 万元替被告人赔偿了被害人一方，取得了被害人一方当庭谅解，最终二审法院采纳了辩护人部分辩护意见，改判被告人魏某某死刑，缓期二年执行。

在案件了结几个月后的春节前，笔者办案回到办公室，闻到整个楼道里全是芝麻油的香味儿，我办公室墙角放着一个大编织袋。同事告诉我有个姓郭的年轻人，也就是本案被害人的儿子，从河北饶阳专程来看望我，带来了自己经营的香油坊给我特制的香油和自家地里种的新花生。由于路途遥远，转了两趟长途汽车，故而打碎了一只香油瓶子。那天正巧赶上我不在律所，只能让同事转告我，自己用得到的赔偿款在老家镇上开了个油坊，现在生活安定，过了春节再来天津看我。当时的那种感觉无以言表。正是这个案件，通过辩护挽救了一个活生生的人命，同时也让一个居无定所的少年生活安定下来。在我的生命中形成永恒的记忆和骄傲。从此让我与刑事辩护彻底结下了不解之缘，不论刑辩环境如何，始终不离不弃，积极探索前行。

于某某故意杀人案

——死刑核准权回归最高人民法院，慎用死刑，通过命案和解，二审改判死缓

■ 案情简介

天津市人民检察院第一分院(2007)津检一院刑诉字第102号起诉书指控：2007年5月1日23时许，被告人于某某、焦某某、孙某某、仇某某、韩某某、韩某在天津市宝坻区“瑞皇台”酒吧娱乐后，分乘三辆摩托车沿宝黑公路回家。途经于古庄公路桥附近时，被告人韩某某、韩某等人误认为途经此处的骑摩托车男子是于某某之弟，遂叫喊、按喇叭，起哄并挑衅示意停车，遭对方追赶。被告人于某某、焦某某被对方数人追上，并遭殴打，后该伙人驾车沿宝黑公路向南离去。二被告人遭殴打后，欲行报复，被告人于某某令被告人孙某某、仇某某、韩某某、韩某追赶对方，被告人于某某、焦某某从于某某家中拿出尖刀、砍刀、木棍等凶器寻找目标。六被告人汇合后，误将从朋友家聚会后骑摩托车回家的被害人张某某作为追赶目标。张某某被追赶后，给其友王某打电话求救。此后，六名被告人又发现骑摩托车出来寻找张某某的王某，被告人于某某即指使其他被告人进行追击。次日零时许，六名被告人在宝坻区西庄村南街先后追上张某某、王某。被告人韩某某先用木棍击打张某某未果，后与被告人韩某一起截住王某，与王某相对峙。被告人于某某、焦某某、孙某某、仇某某将张某某截住，张某某见状，从路边捡起木棍自卫，将被告人于某某右眼打伤。被告人焦某某持砍刀朝张某某脸部猛砍一刀，二人厮打在一起。被告人仇某某持木棍猛击被害人头部、肩部；被告人孙某某连续对被害人踢打。被告人于某某持弯把尖刀砍击被害人张某某的头、肩部，并朝张某某的腰、背部猛捅两刀。被告人焦某某从地上爬起后，又持砍刀朝被害人张某某肩背部猛砍一刀。经鉴定被害人张某某因腹主动脉及左侧肾脏被刺破失血性休克死亡。作案后，六名被告人驾车逃离现场。次日，公安机关将六被告人分别抓获归案。

综上所述，被告人于某某之行为触犯了《刑法》第232条之规定，构成故意杀人罪；被告人焦某某、仇某某、孙某某、韩某某、韩某之行为触犯了《刑法》第292条之规定，构成聚众斗殴罪。

同时,被害人张某某近亲属向法院提起附带民事诉讼,要求各被告人连带赔偿死亡补偿费、丧葬费、被抚养人生活费、医药费、殡仪费、精神损害抚慰金共计46万元。

天津市第一中级法院(2007)一中刑初字第111号刑事附带民事的一审判决,认定于某某犯故意杀人罪,判处死刑,剥夺政治权利终身。就附带民事赔偿未能达成调解。故一审法院同时判令被告人于某某赔偿附带民事诉讼原告人经济损失人民币102,697.21元,并对赔偿总额453,124.21元承担连带赔偿责任。被告人于某某不服一审判决,提起上诉。二审阶段被告人于某某近亲属委托笔者担任辩护人。

■ 辩护思路

这是一起被告人行为对象错误的人身侵害案件,被告人于某某与被害人张某某素不相识,被告人因起哄挑起事端,被害人则与朋友饮酒后遇事欠冷静而惹来杀身之祸。通过阅卷及会见被告人于某某,从一审判决认定的事实来看,基本达到事实清楚,证据确实充分。故而二审如果没有重大的事实发生变化或者适用法律不当,改判的可能性不大。笔者接受委托后,着重从事实变化和适用法律的分析两个方面做文章,以改判死缓为辩护目标,确定以下辩护方案:

1. 搭建被告人一方与被害人一方解决附带民事赔偿问题的桥梁,重新启动与被害人一方的民事调解;

2. 把双方达成民事调解并在二审判决前全部履行完毕作为案件发生重大事实变化为突破口,并积极与主审法官进行沟通,让调解工作得到合议庭的支持和认可,为二审改判创造条件;

3. 平息被害人亲属的悲愤情绪,获得被害人一方的书面谅解;

4. 结合一审确认的相关证据,对一审认定被告人于某某构成故意杀人罪提出异议,认定故意伤害致死更为客观公正。

方案确定后,笔者与助理驱车百公里前往被害人家属居住地做调解工作。第一次被拒之门外,但辩护律师没有放弃,隔门进行晓之以理,动之以情的劝说工作,终于让被害人家属打开了大门,但工作进展并不顺利,最终没能达成调解。但是通过笔者的这次破冰之行,再次打开了双方调解的通道。此后,被告人近亲属又多次前往被害人家,表达了诚恳的态度,以此为基础,本律师又两次前往被害人家进行深入细致的调解和沟通,最终在案件主审法官的大力支持帮助下,双方达成了民事调解,由被告人一方一次性赔偿被害人一方28万元,二审开庭后立即履行。与此同时,取得了被害人一方的书面谅解。

■ 辩护要点

辩护人认为一审法院在被害人在本案起因上负有一定责任的事实认定有失客观公正。

1. 一审法院认为被告人于某某的一审辩护人所提的“被害人在案件起因上负有一定责任”的辩护意见,与事实不符,不予采纳。对于该事实,本辩护人认为一审法院的认定有失客观公正。

综观本案事实,被告人于某某、焦某某在被他人无缘无故殴打后,才产生了报复出气的念头。后在追赶殴打他们的人时,恰逢被害人张某某骑摩托车途经此处,当其他被告人询问被告人于某某“那车是吧?”的时候,于某某在天色较黑且未看清对方模样的前提下,看到被害人朝殴打他的人离去的方向驶去,怀疑其有可能是殴打他的人,令众人追赶上去,其目的只是想先确认张某某是否为殴打其与焦某某的人,待确定后才予以实施报复行为。之后,被害人张某某被孙某某与仇某某堵截,并手持木棍与二人形成对峙,待被告人于某某与焦某某赶到后,还未待于某某上前辨认其是否为要追打的人时,就先用木棍击打被告人于某某的头部,致使于某某右眼受伤且翻落车下,在于某某起来后看到焦某某被张某某压在身下时,其举刀砍向被害人。从某种意义上说,是被害人先行攻击的举动激怒了被告人于某某。如果被害人在于某某与焦某某到来时,冷静处置,没有先采取攻击行为,而是向韩某某、韩某堵截王某(王某为被害人张某某朋友,案发时接到被害人张某某的求救电话后赶到现场,与各被告人对峙)时所采取的行为一样,先问清对方想要干什么、堵截自己的原因是什么,把误会解释清楚,则很有可能避免这一杀身之祸的发生。因为毕竟被告人与被害人张某某之间并不相识、素无来往,更提不上有怨有仇,所以被告人于某某决不会无故向其挑衅殴打被害人。况且,被害人张某某在与孙某某、仇某某二人形成对峙未动手的情况下,先行用木棍击打于某某的头部,导致其右眼流血并倒地,其行为根本不能算是一种正当防卫,充其量应是一种假想防卫。以上事实,有被告人于某某本人的供述及焦某某、孙某某、仇某某等人的供述予以佐证。故辩护人认为被害人张某某在此次追打事件中具有一定的过错,而被告人于某某是基于被打而激愤伤人。

2. 辩护人认为一审法院适用法律不当,对被告人于某某不应以故意杀人罪定罪处罚,应按故意伤害致死罪定罪量刑。

根据我国《刑法》第232条的规定,“故意杀人的,处死刑、无期徒刑或者十年以上有期徒刑;情节较轻的,处三年以上十年以下有期徒刑”。根据该条法律规定可以看出,构成故意杀人罪需要犯罪人主观上有剥夺被害人生命的故意。很显然,被告人于某某并无剥夺被害人生命的主观故意,其主观上只是想报复一下殴打其与焦某某的人，出出气而已。根据《刑法》第292条第2款的规定：聚众斗殴致人重伤、死亡的，按照故意伤害罪、故意杀人罪的规定定罪处罚。由此可以看出，聚众斗殴致人死亡的，有两种转化犯形式，既有可能转化为故意杀人罪，也有可能转化为故意伤害罪。行为人在斗殴过程中实施致死被害人行为，并且主观上由斗殴的故意转变为致死他人的故意时，即由聚众斗殴罪转化为故意杀人罪；当行为人在斗殴过程中因过失致死被害人时，则由聚众斗殴罪转化为故意伤害罪。引起基本犯向转化犯转化的事实，并非一般意义上的客观事实，而是同时包括符合转化犯主客观要件的诸项事实。[①] 转化犯的转化前提是行为人主观故意内容和客观行为方式的转化，或者具有其他法定的转化条件。而其中，故意内容的转化则是其转化的重要前提。根据主客观相统一的刑法基本原则，基本犯之所以变为转化犯，是因为行为人在基本犯行为之外，因故意内容的变化及行为在基本犯之上的加重发展，致使行为的社会危害性程度随之加重，整个行为超出了基本犯构成要件。[②] 在认定转化犯行为时，应当强调对行为人主客观内容的全面考察，其评价标准也应当是涵盖主客观内容的要件体系。忽视对具体构成要件该当性或者符合性的全面考察，片面强调其中的某些方面而忽视甚至否定其他方面与具体犯罪构成要件的一致性，必然违反刑法基本原则和主客观相统一的犯罪构成理论。就本案来讲，被告人于某某斗殴致人死亡的行为结果超出了聚众斗殴罪的基本构成要件，应当由聚众斗殴罪转化为故意杀人罪或者故意伤害罪。辩护人认为二罪的主要区别在于行为人是否以非法剥夺他人生命为故意内容。如果行为人无非法剥夺他人生命的故意，而只有伤害他人健康的故意，即使客观上行为导致了他人的死亡，也只能以故意伤害罪致死认定。

要认定行为人的故意内容是伤害还是杀人，应遵循主客观相一致的原则，查明案件的全部事实，从行为人与被害人的关系，案件的起因、过程、结果，作案的手段，使用的工具，打击的部位、强度，作案的时间、地点、环境条件，行为人作案前后的表现等方面入手，进行综合分析、判断。本案中，被告人于某某与被害人张某某素不相识、无冤无仇，且案件的起因完全是一起突发事件，也就是说被告人于某某主观上并无非法剥夺他人生命的故意。案发后，于某某等人回到家中时，对其他几个同案被告人说：“我把人给捅了，可能挺重的，事儿闹大了，要是公安局找谁也别承认。”由此可以看出，于某某直至伤害行为结束，其本人也没有意识到被害人可能会死，只是受伤严重。而这一点也恰恰证明了其在主观上并无将被害人致死的故意，而只有伤害的故意。

---

① 肖中华：《论转化犯》，载《浙江社会科学》2002年第3期。

② 孙国祥、魏昌东：《试析聚众斗殴罪中的转化犯》，载《法学》2002年第11期。

此外，根据被害人张某某的尸检报告，结论为“张某某系被他人用单刃刺器刺伤腹主动脉及左侧肾脏致失血性休克死亡”。结合证人王某的证人证言、被害人手机的通话清单以及其他相关证人证言等证据显示，被害人并非当场死亡，而是经过医院抢救无效死亡的。那么，在证人王某发现被害人受伤后，先后三次打电话通知张某某的家人，这三次通话之间的间隔时间共计约十分钟，待其家属赶到案发现场又间隔了一段时间。之后，将张某某抬上车，途中将被害人送到120救护车上送往医院，加之案发现场地处偏僻的农村，距离县城医院较远，这期间所经历的时间可能已远远超过了抢救的最佳时机，造成被害人失血过多休克而亡。而且案发时正是凌晨，医院当时的救护人员的专业性和医疗条件也都受到一定的限制。在这里，辩护人之所以提出该问题，并不是否认被害人的死亡结果是被告人于某某的伤害行为所致，而是想提请法庭在认定本案事实时，将被害人死亡的其他诸多因素能够给予充分考虑。

综上所述，辩护人认为被告人于某某无非法剥夺他人生命的故意，只有伤害他人身体的故意，即使客观上行为导致了他人的死亡，也只能以故意伤害罪致死认定，不能按故意杀人罪定罪处罚。

3. 本案应当慎用死刑立即执行。

根据《最高人民法院关于为构建社会主义和谐社会提供司法保障的若干意见》第18条的规定，“当宽则宽，最大限度地减少社会对立面。……严格执行‘保留死刑、严格控制死刑’的政策……对于因婚姻家庭、邻里纠纷等民间矛盾激化引发的案件，因被害方的过错行为引发的案件，案发后真诚悔罪并积极赔偿被害人损失的案件，应慎用死刑立即执行”。本案中，被告人于某某只是因挨打后想报复一下，其主观恶性较小，并且被害方在该事件发生伊始存在一定的过错；案发后，侦查机关对于某某进行讯问时，其一直非常真诚地表示悔罪，并向侦查机关和笔者多次表示会尽全力赔偿被害人的损失。在本案二审过程中，被告人近亲属与被害人一方达成了调解协议并全部履行完毕，获得了被害人一方的谅解。上述事实表明，本案二审中，有关事实发生了重大变化，且足以影响案件改判。

综上所述，辩护人认为一审法院认定被告人于某某故意杀人罪事实认定不清、适用法律不当。且念其为初犯，主观恶性不大，并有悔罪表现，本着“坚持宽严相济，确保社会稳定”的原则，应尽可能给其一个改过自新的机会。

■ 裁判结果

天津市高级人民法院(2008)津高刑一终字第27号刑事判决，认为被告人于某某的辩护人所提于某某犯罪后认罪悔罪态度好，并愿积极赔偿被害人家属的损失且系初犯的意见，经查属实。于某某指使他人犯罪、提供犯罪工具，持刀朝被害人要害部位连续砍刺，致其死亡，犯罪情节和后果特别严重，但考虑到于某某如实供述犯罪事实，认罪悔罪，并取得被害人亲属的谅解，判处死刑可不立即执行。

综上，原审法院认定事实和定罪准确，审判程序合法，但鉴于本案的具体情节以及于某某认罪悔罪，并在二审期间取得被害人家属的谅解，对于某某的量刑予以改判。

撤销天津市第一中级人民法院(2007)一中刑初字第111号刑事附带民事判决第一项对于某某的量刑，上诉人于某某犯故意杀人罪，判处死刑，缓期二年执行，剥夺政治权利终身。

■ 案件评析

这个案件是继2001年办理的魏某某故意杀人一案，事隔7年之后笔者办理的又一起故意杀人案件，同样是一审判处死刑立即执行，不服一审判决的上诉案。而这7年来，侵害人身权利的刑事案件适用和解制度在观念和力度上都发生了重大变化。首先从观念上看，轻微刑事案件在实践中普遍适用和解，使刑事诉讼中的犯罪人和被告人这种矛盾和对立的两方通过金钱上的积极赔偿或补偿表现出犯罪人一方悔罪和道歉、被害人一方一定程度的谅解，从而化解仇恨，取得良好的社会效果。不仅是轻微刑事案件如此，重案、命案的和解理论和实务上的争论也渐渐平息。随着刑事司法理念与国际接轨，融合度的加深，所谓的"花钱买命"已不再成为老百姓不加任何区分的一种担忧。其次从司法实务上看，《最高人民法院关于为构建社会主义和谐社会提供司法保障的若干意见》指出"当宽则宽，最大限度地减少社会对立面。……严格执行'保留死刑、严格控制死刑'的政策……对于因婚姻家庭、邻里纠纷等民间矛盾激化引发的案件，因被害方的过错行为引发的案件，案发后真诚悔罪并积极赔偿被害人损失的案件，应慎用死刑立即执行"。这又为实践中加大命案和解力度，慎用死刑确立了指导方针。2007年，死刑案件的核准权回归最高人民法院，更是从制度层面保障慎用死刑。这个案件的辩护成功，正是在这个大背景下，律师通过艰辛的调解工作，法官的配合取得的。处理类似案件笔者有以下几点体会：

1. 命案和解的前提是被害人本身有一定的过错，被告人行为手段一般，没有手段残忍，丧心病狂以及严重破坏社会公序良俗引起公愤的情形。要综合考虑犯罪的性质和后果、被告人的主观恶性和人格背景、被告人的悔罪程度等。

2. 命案和解的阶段只能是在法院审判阶段，确保在查明事实真相的基础上进行和解，其他阶段达不到这样的要求，也无法进行操作。

3. 注重辩护中专业知识的运用，特别是命案因果关系的说理，既要把道理说清、说透，又要防止激化矛盾，绝不能给社会和当事人造成"花钱就可以买命"的错误印象。

4. 律师在命案和解工作中要有耐心，有技巧，甚至要加强心理学知识的学习，以高度的责任感去从事这方面的工作，尽最大努力促成当事人双方的和解，严格监督法院判决前和解的执行，解除法官判决的后顾之忧。

第六部分

渎职篇

申某某玩忽职守案

——不作为犯罪的因果关系的分析在刑事辩护中的具体运用

■ 案情简介

2015年8月12日，天津港发生特别重大火灾爆炸事故，震惊中外，其属地辖区为天津市滨海新区。天津市滨海新区安全生产监督管理局（以下简称滨海新区安监局）负责对天津市滨海新区行政区域内安全生产工作实施综合监督管理。2013年9月至2015年8月，被告人申某某担任滨海新区安监局局长，负责滨海新区安监局的全面工作，并领导滨海新区安监局派出机构天津市滨海新区安全生产监督管理局第一分局（原塘沽分局，以下统一简称滨海新区安监局第一分局）及天津港集装箱物流园区安全生产监督检查站（以下简称物流园区安监站）的安全生产监督管理工作。

天津市河北区人民检察院津北检公诉刑诉（2016）147号起诉书指控：被告人申某某在担任滨海新区安监局局长期间，严重不负责任，不认真履行监管辖区内的危险化学品安全生产综合监督管理职责，不重视对监管辖区内从事危险化学品仓储的天津东疆保税港区瑞海国际物流有限公司（以下简称瑞海公司）的监督管理；对滨海新区安监局第一分局及物流园区安监站的安全生产监督管理工作督促、培训、指导、检查不力，造成滨海新区安监局第一分局及物流园区安监站在多次安全检查活动中，均未发现瑞海公司无证经营且违法违规仓储危险化学品的问题，致使该公司安全管理混乱、安全隐患长期存在。

2015年8月12日22时许，瑞海公司位于天津市滨海新区吉运二道95号的危险品仓库运抵区南侧集装箱内的硝化棉积热自燃，导致堆放于运抵区的硝酸铵等危险化学品发生爆炸，事故造成165人遇难，8人失踪，798人受伤住院治疗，截至2015年12月10日，造成直接经济损失人民币68.66亿元。

2015年8月26日，被告人申某某经传唤到案。

公诉机关认为，被告人申某某作为国家机关工作人员，严重不负责任，不认真履行职责，致使公共财产、国家和人民利益遭受重大损失，情节特别严重，其行为触犯了《刑法》第397条第1款，犯罪事实清楚，证据确实、充分，应当以玩忽职守罪追究其刑事责任。

■ 辩护思路

此案的背景为震惊中外的天津港“8·12”瑞海公司危险品仓库特别重大火灾爆炸事故。这是一起备受关注的案件。辩护人自侦查阶段介入至收到起诉书,历时近10个月,至案件开庭,被告人已被关押14个月之久。其间,主管的司法局领导,律师协会有关负责人也多次向辩护人了解案件进展情况,强调在辩护过程中要讲政治、顾大局。全部案卷材料共10册,1500余页,涉及内容庞杂。故在该案的特殊背景下,司法机关追究了数十名国家机关工作人员的法律责任。被告人申某某一案所涉及的证人证言均为相关责任部门的人员,内容互相指证,作为控诉证据。此外还涉及大量政府部门规章、文件等相关佐证材料。在这种情况下,辩护人决定从案件全局的分析入手,结合玩忽职守罪的法定构成要件,分析各相关部门的主体职责范围、内容,从法定的职责范围与事故后果的因果关系的角度进行分析,最终解决刑事责任的辩护大方向。

1. 从被告人申某某的工作职责入手,结合法律法规和有关部门规章的具体规定,分析其工作职责与“8·12”事故发生的因果关系。根据事故调查报告的分析和指证,以事故“多因一果”为出发点,分析事故发生的直接原因和间接原因、主要原因和次要原因、主观原因和客观原因,推导出被告人应承担的相应法律责任。

2. 鉴于本案的特殊背景,在和被告人取得一致意见后,确定有罪从轻辩护的基本出发点,发掘法定的和酌定的从轻、减轻处罚情节,并搜集有关证据材料。

■ 辩护要点

一、被告人申某某履行工作职责与“8·12”事故发生的因果关系

玩忽职守罪,根据《刑法》第397条之规定:是指国家机关工作人员严重不负责任,不履行或者不认真履行职责,致使公共财产,国家和人民利益遭受重大损失的行为。根据上述规定,确定是否认真履行了工作职责,主观上是否有过错,及过错的程度,行为的过错或过失与结果的因果关系,成为定罪和正确解决刑事责任问题的核心。

(一)被告人申某某工作职责性质分析

起诉书指控“被告人申某某在担任滨海新区安监局局长期间,严重不负责任,不认真履行监管辖区内的危险化学品安全生产综合监督管理职责,不重视对监管辖区内从事危险化学品仓储的天津东疆保税港区瑞海国际物流有限公司(以下简称瑞海公司)的监督管理;对滨海新区安监局第一分局及物流园区安监站的安全生产监督管理工作督促、培训、指导、检查不力,造成滨海新区安监局第一分局及物流园区安监站在多次安全检查活动中,均未发现瑞海公司无证经营且违法违规

仓储危险化学品的问题,致使该公司安全管理混乱、安全隐患长期存在”。

1. 什么是安全生产综合监督管理职责?

第一,法律规定:《安全生产法》第9条规定。

第二,内涵:(1)综合监管是指按照分级,属地原则,各级人民政府安全生产监督管理部门依法对下级人民政府的安全生产工作实施宏观指导,综合协调和监督检查。(2)综合监管就是安全生产监督管理部门对同级人民政府负有安全生产监督管理职责的部门安全生产工作进行指导、协调和监督检查。

2. 综合监管职责的法律性质。

我们从上述规定可以看出,综合监管职责是相对于行业监管而言,它的监管对象为同级政府负有安全生产管理职责的,如道路交通、建筑施工、消防、水上、铁路交通、电力等部门和下一级人民政府。综合监管的主要内容有指导、协调、监督、检查。它不同于行业监管的对象直接为生产企业,内容为行政法意义上的审批、监督、处罚。

就本案来讲,正如“8·12”事故调查报告所认定的滨海新区安全监管局的责任为“未认真履行危险化学品综合监管和属地监管职责,未按规定对下属第一分局和派出机构安监站进行督促检查;组织开展专项整治行为和安全生产检查工作不力,对瑞海公司长期违法储存化学品的安全隐患失察”。这种将综合监管职责范围内的监管对象直接界定为生产经营主体,缺乏法律依据。由此我们可以得出这样的结论,《安全生产法》所规定的安全生产监督管理部门综合监管职责的对象和内容决定了由此产生的法律责任是间接的,而不是直接的。故而天津滨海新区安全生产管理部门对“8·12”火灾爆炸事故应承担间接的法律责任,作为部门首要负责人,被告人申某某对事故亦应承担间接责任。

(二)被告人的工作失职与“8·12”事故发生的因果关系的分析

“8·12”事故很显然为“多因一果”。因而在确定本罪的责任主体时,应当准确区分直接责任人员和间接责任人员,要根据玩忽职守行为与重大损失后果之间有无内在的、必然的因果关系进行区分。这样才能最终正确解决刑事责任问题。

1. “8·12”事故发生的直接原因和间接原因。

“8·12”事故调查报告最终认定事故的直接原因:瑞海公司危险品仓库运抵区南侧集装箱内的硝化棉由于湿润剂散失出现局部干燥,在高温(天气)等因素的作用下加速分解放热,积热自燃,引起爆炸。经调查事故发生单位瑞海公司违法违规经营和储存危险货物,安全管理极其混乱,未履行安全生产主体责任,致使大量(报告列举10大问题)安全隐患长期存在,这些原因直接导致“8·12”事故发生。此外,调查报告同时指出了行业监管部门包括建交委、港口、海关、海事、交通、规划、消防、环保、安监、地方政府部门在各自管理职责上的缺失和责任,也有中介及技术服务机构弄虚作假，违法违规进行安全审查，评价和验收的责任。被告人申某某主管的滨海新区安监局，仅为上述众多责任部门之一，且不是行业监管部门或者说直接监管部门。那么这种综合监管责任的缺失，我们从因果关系的主次程度的视角进行评价，结论是其为事故发生的次要原因而非主要原因，是间接原因而非直接原因。

2. 综合监管缺失主观原因和客观原因。

（1）主观上的过错。（略）

（2）主观行为：①向上级领导反映情况协调明确职责；②设立安监站。

（3）客观原因。

①法律法规本身对港口的安全生产管理职责存在矛盾和冲突：

《安全生产法》第 9 条、第 37 条的规定与《港口法》第 17 条关于在港区内设立危化企业审批行政主体的冲突（审批）。

《港口法》第 32 条、第 33 条明确了港口范围内依法制定可能危及社会公共利益的港口危险货物事故应急预案、重大生产安全事故的旅客紧急疏散和救援预案以及预防自然灾害预案，建立健全港口重大生产安全事故的应急救援体系的责任主体为港口行政管理部门，不是地方安全生产管理部门（预案制度）。

《港口法》第 36 条规定了港口行政管理部门为港区范围内的安全生产监督和执法主体（执法监督主体规定明确），不是辖区安全生产监督管理机关。

《港口法》第 51 条规定了港口行政管理部门或者其他依法负有安全生产监督管理职责的部门对港区内的安全生产违法事项行使行政处罚权（行使处罚权的行政主体明确）。

②“8·12”事故调查报告第七部分事故主要教训第五项部分：

港口管理体制不顺，安全监管不到位。天津港已移交于天津市管理，但是天津港公安局及消防支队仍以交通运输部公安局管理为主。同时，天津市交通运输委员会、天津市建设管理委员会、滨海新区规划和国土资源管理局违法将多项行政职能委托天津港集团公司行使，客观上造成交通运输部、天津市政府以及天津港集团公司对港区管理职责交叉、责任不明，天津港集团公司政企不分，安全监管工作同企业经营形成内在关系，难以发挥应有的监管作用。另外，港口海关监管区（运抵区）安全监管职责不明，致使瑞海公司违法违规行为长期得不到有效纠正。

综上所述，辩护人认为瑞海公司违法违规经营是造成事故损害的直接原因，被告人申某某所在的安监部门疏于监管是造成事故损害后果的间接原因；相关法律法规在港区内行政管理职责上的冲突和界限不清造成了双重管理职能界限不清，职责交叉，责任不明，这是疏于管理，构成玩忽职守的主要客观原因；此外还包括其他公安、消防、海关监管、咨询中介机构等多部门的综合责任,才造成事故的发生。建议合议庭在评议案件时从案件的整体和全局出发,公平地确定被告人应承担的法律责任,给被告人罚当其罪的量刑。

二、被告人具有法定和酌定从轻,减轻处罚情节

(一)法定从轻、减轻处罚情节

辩护人认为申某某的行为成立自首。根据《刑法》第67条第1款、1998年5月9日施行的《最高人民法院关于处理自首和立功具体应用法律若干问题的解释》(本案例中简称《解释》)以及2010年12月22日发布的《关于处理自首和立功若干具体问题的意见》(本案例中简称《意见》)的规定,辩护人认为犯罪嫌疑人申某某的到案行为成立自首。

1. 犯罪嫌疑人申某某的到案行为应当视为自动投案

《意见》中规定:"根据《解释》第一条第(一)项的规定,犯罪嫌疑人具有以下情形之一的,也应当视为自动投案:……5. 其他符合立法本意,应当视为自动投案的情形"。

辩护人认为犯罪嫌疑人申某某的到案行为,正是属于本条规定的"其他符合立法本意,应当视为自动投案的情形"。

(1)关于视为自动投案的立法本意

刑法总则规定的自首制度适用于一切犯罪,旨在通过鼓励犯罪人自动投案来促使其悔过自新以及迅速侦破案件节约司法资源。最高人民法院在《解释》中列举了7种视为自动投案的情形,又在《意见》中列举了5种视为自动投案的情形,并且其中第5款属于兜底条款。之所以规定这些"视为自动投案"情形,是因为有些犯罪的投案时间、投案对象,投案方式上具有不典型性,因此需要扩大其外延。例如,《意见》中规定,交通肇事后保护现场、抢救伤者,并向公安机关报告的,应认定为自动投案,即属于此情形。

(2)本案属于"其他符合立法本意,应当视为自动投案的情形"

《意见》中提出:"《解释》第一条第(一)项规定了七种应当视为自动投案的情形,体现了犯罪嫌疑人投案的主动性和自愿性。"

自动投案的主动性是有一定的积极行为表示并且相对于被动归案而言的。被动归案的情形一般是被司法机关采取强制措施而归案或者是被群众扭送到司法机关而归案,到案过程会体现出嫌疑人的被迫无奈和不自愿性。自愿性是指行为人把自己的人身自由置于相关单位或者工作人员控制之下,接受审查和裁判。

本案犯罪嫌疑人申某某,在案件发生之后,通过主动回到单位并且自愿置于组织领导以及相关工作人员的管控之下的积极行为表现了主动性与自愿性,并且在这10多天内,一直没有离开过工作单位,配合相关司法工作人员提交审查文件，完全符合《意见》中规定的自首中的主动性和自愿性条件要求。

2. 过失犯罪自动投案的特殊性

一般情况下，过失犯罪只有在造成了严重危害社会的结果时，《刑法》才将其规定为犯罪，行为人才承担刑事责任，所以行为的社会危害性不是表现在主观意志上，而是体现在客观效果上。这就造成行为人本身对于是否实施了犯罪行为产生了认知上的不确定性。而在本案中，犯罪后果又属于多因一果，因而在司法机关未对犯罪嫌疑人的行为评价以前，犯罪嫌疑人难以认定自身行为是否属于犯罪，只能采取积极主动的配合，自愿置于司法机关的审查之下这样的方式进行投案，因此，在投案时间、投案方式上具有不典型性。

综上所述，本案犯罪嫌疑人申某某虽然在工作中玩忽职守，但是在事发后，积极主动，到岗到位，接受审查，完全符合《意见》中规定的主动性和自愿性的条件要求，属于《意见》中规定的“其他符合立法本意，应当视为自动投案的情形”。

（二）酌定的从轻处罚情节（略）

■ 裁判结果

天津市河北区人民法院（2016）津 0105 刑初字 147 号刑事判决，认定被告人申某某身为国家机关工作人员，在履行职责过程中严重不负责任，玩忽职守，致使公共财产、国家和人民利益遭受重大损失，其行为已经构成玩忽职守罪，且属情节特别严重。公诉机关指控的罪名成立，本院予以支持。被告人申某某作为滨海新区安监局局长，领导滨海新区安监局全面工作，其间，其领导滨海新区安监局工作不力，致使滨海新区安监局未认真履行危险化学品综合监管和属地监管职责；其领导滨海新区安监局组织开展专项政治活动和安全生产检查工作不力，造成对瑞海公司长期违法存储危险化学品的安全隐患失察；其未按规定对滨海新区安监局的派出机构滨海新区安监局第一分局进行督促检查，致使该分局未对瑞海公司进行安全生产检查；其对滨海新区安监局的派出机构物流园区安监站的教育、培训、指导不力，致使物流园区安监站在日常检查发现瑞海公司从事危险化学品存储业务后，未查验瑞海公司危险化学品经营资质和相关证照，也未对危险化学品作业现场进行安全检查。申某某对其主管的安全生产监督管理工作督促、培训、指导、检查不力，是导致天津港“8 · 12”瑞海公司危险品仓库特别重大火灾爆炸事故发生的重要原因之一，其渎职行为与损害后果之间存在内在的、必然的联系，此次事故造成重大人员伤亡和巨额财产损失，属于情节特别严重，对申某某依法应予惩处。被告人申某某归案后如实供述自己的罪行，且当庭认罪、悔罪，本案在量刑时酌情应以考虑。根据申某某犯罪的事实、性质、情节和对社会的危害程度，依照《刑法》第 397 条第 1 款、第 67 条第 3 款及《最高人民法院、最高人民检察院关于

办理渎职刑事案件适用法律若干问题的解释(一)》第1条第2款的规定,判决如下:

被告人申某某犯玩忽职守罪,判处有期徒刑四年六个月。

宣判后被告人申某某当庭表示服从一审判决,不上诉。

■ 案件评析

这个案件辩护人最初拟作无罪辩护,但由于案件的背景重大、复杂,社会关注度极高,各级司法机关把做好该案的审判工作作为重中之重,全市两个中级人民法院和六个基层人民法院同时对涉案的20余名被告人开庭审理,择期同时宣判,中央新闻媒体对案件的庭审和宣判于当天进行报道。办案过程中区、市两级司法行政机关也对辩护律师提出了具体要求。在这种背景下,适度改变辩护策略,与实现被告人法律利益最大化的辩护宗旨并不矛盾,于是在与被告人沟通达成一致的基础上,将无罪辩护的思路调整为有罪减轻处罚辩护。在辩护过程中,通过对本案不作为犯罪因果关系的分析以及归责原则的具体运用,取得了较好的庭审辩护效果。因而对这一问题的分析、总结、探讨对辩护思路的开拓有着深远的意义。

我国刑法罪责自负的基本原则要求:一个人只能对自己的危害行为及其造成的危害结果承担刑事责任。因此,当危害结果发生时,要使某人对该结果负责,就必须查明危害行为(作为或不作为)与该结果之间具有因果关系,这是承担刑事责任的必要条件。

在实践中,对于危害行为与危害结果之间的因果关系,通常并不难确定。但是在某些案件中,由于情况复杂或者与之相关联的因素较多,查明因果关系就必须依靠科学的分析和论证,有时还要借助科学技术鉴定的手段,特别是针对不作为犯罪,鉴定结论或事故报告往往成为定案的核心证据。因果关系的复杂性,具体表现为“多因一果”或“一因多果”。

“多因一果”是指某一危害结果是由多个原因造成的。它最明显地表现在两种情况下:一是责任事故这类过失犯罪,事故的发生往往涉及许多人的过失,而且往往还是主客观原因交织在一起,情况非常复杂。通过国家安全监管总局的《事故报告》我们可以看出,本案就是典型的“多因一果”案件。确定这类案件的因果关系,就必须分清主要原因和次要原因、主观原因和客观原因等情况,这样才能正确解决刑事责任问题。二是共同犯罪,各个共犯危害行为的总和作为造成犯罪结果的总原因而与之有因果关系,但根据我国《刑法》的规定,在分析案件时应该分清主次原因即分清每个共犯在共同犯罪中所起作用的大小,并进而确定各个共犯刑事责任的大小。

“一因多果”是指一个危害行为可以同时引起多种结果的情况,这就要分析主要结果与次要结果、直接结果与间接结果，这对于定罪量刑有着重要意义。

解决不作为犯罪的因果关系，也必须像解决作为犯罪的因果关系一样。但其特殊性就在于，它要以行为人负有特定的义务或者法律规定的职责为前提。不作为的原因力，就在于它应该阻止而没有阻止事物向危险方向发展，以至于引起了危害结果的发生。所以，考量不作为犯罪的因果关系，不仅仅要考量因果关系的客观性，还要考量这种因果关系是否具有法律的拟制性。在辩护中，将因果关系的分析与被告人的刑事责任紧密结合起来，使得特殊案件的辩护入情入理，又不失法律原则，有效地提升庭审辩护效果。

法学专家陈辉点评

申某某涉嫌玩忽职守罪一案的辩护意见逻辑严密，无懈可击。

天津港“8·12”瑞海公司危险品仓库特别重大火灾爆炸事故震动全国，涉案官员被依法严肃处理是可以预见的。但是在局面对被告人极为不利的情况下，辩护律师以极为精湛的逻辑思维，层层剥笋地分析了申某某的职务行为与案件发生的因果关系是间接因果关系，是多因一果的因果关系，抓住了定罪量刑的要点。

辩护意见同时指出了法律法规存在冲突造成了双重管理职能界限不清，职责交叉，责任不明，这是疏于管理，构成玩忽职守的主要客观原因。对行政法规进行梳理，确定行使相应管理职权的主体确是该案事故责任认定中的重点和难点问题。实际上行政法律规范冲突是行政机关在行政管理中会遇到的棘手问题，由于对如何适用法律规范认识不一，常常造成行政机关推诿扯皮。天津港爆炸案给行政机关敲响了警钟，推卸责任不能解决问题，依法行政，准确界定行权主体既是恪尽职守的必然要求，也是保护自己不受法纪追究的需要。

辩护律师提出的构成自首的辩护意见虽然没有被法庭明确认定，但是判决表述“被告人申某某归案后如实供述自己的罪行，且当庭认罪、悔罪，本案在量刑时酌情应以考虑”，事实上已经对辩护意见予以回应。

鉴于天津港爆炸案造成的特别严重后果，被告人最终所获刑罚是罚当其罪的，也是辩护律师精心组织辩护思路的结果。

沈某滥用职权案

——同案不同判，法律无法回避的尴尬判例的检索，刑辩律师永远的坚持

■ 案情简介

天津市人民检察院第二分院津检二院刑诉(2008)第147号起诉书认定：被告人沈某原系海军某部军官，转业后任职天津市某区公安分局经侦科民警。2003年3月，被告人沈某在担任某区公安分局经侦科侦查员期间负责办理了一起刘某某涉嫌诈骗一案，办案中，被告人沈某擅自决定以退赃就将刘某某释放为由，收取刘某某向朋友的借款10万元人民币，私自存放于其朋友马某处，后被告人沈某让马某将10万元交至其所在公安分局经侦科。被告人沈某滥用职权严重损害国家机关声誉，并造成恶劣影响，其行为已经触犯《刑法》第397条之规定，犯罪事实清楚，证据确实充分，应当以滥用职权罪追究其刑事责任。

■ 辩护思路

这个案件系司法机关工作人员被控滥用职权的案件，这个案件在当时公安系统内部产生了较大的影响。由于公安经侦部门受理案件的特殊性，当时在处理经济犯罪案件中方式方法也较为灵活多样，通过退还所得、弥补损失等方式促成与举报人和解撤案在实践中大量存在，即使在当下，经济犯罪案件侦查过程中的这种做法在基层公安机关也具有普遍性。本案的立案侦查，犹如一石激起千层浪，在公安经侦系统自上而下引起了广泛关注。沈某本人也对指控其行为构成犯罪不认可，多次申请变更强制措施均被驳回。沈某曾一度在看守所拒绝进食以示抗争。

案件由基层检察机关立案自侦后移送至上一级检察机关提起公诉，其行为特征及后果与此前笔者办理的某动植物检验检疫部门曌某某滥用职权案惊人的一致。唯一不同的是曌某某在检察机关宣布立案的当日即被取保候审，而本案被告人沈某则立案后始终关押在看守所，至案件开庭审理已达14个月。依据此前办理的案件当事人曌某某被天津市高级人民法院宣告无罪的经验，结合本案的相关证据，确定以下辩护方案：经查阅有关案卷材料，会见被告人，询问及走访有关单

位负责人，结合我国《刑法》及有关司法解释，辩护人认为，此案缺乏一般的渎职犯罪案件法定的主客观构成要件，故而得出被告人沈某不构成犯罪的结论。围绕着无罪辩护这一立足点，从《刑法》规定的犯罪构成要件入手，收集有关证据，查询法律和司法解释的依据，向法院提供天津市高级人民法院审理赵某某滥用职权案的无罪判决书，力争本案无罪。

■ 辩护要点

起诉书指控被告人沈某涉嫌犯有滥用职权罪，证据不够确实充分，适用法律不当。

《刑法》第 397 条第 1 款规定：“国家机关工作人员滥用职权，或者玩忽职守，致使公共财产、国家和人民利益遭受重大损失的，处三年以下有期徒刑或者拘役；情节特别严重的，处三年以上七年以下有期徒刑。本法另有规定的，依照规定。”由此可以看出，“致使公共财产、国家和人民利益遭受重大损失”是本罪的结果构成要件，也是区别罪与非罪的重要标准。行为人虽然滥用职权，但没有引起这一危害后果，或者虽然致使公共财产、国家和人民利益遭受了损失，但损失尚未达到“重大”的程度，均不构成犯罪。根据《最高人民检察院关于渎职侵权犯罪案件立案标准的规定》“一、渎职犯罪案件（一）滥用职权案”中的规定，“滥用职权罪是指国家机关工作人员超越职权，违法决定、处理其无权决定、处理的事项，或者违反规定处理公务，致使公共财产、国家和人民利益遭受重大损失的行为。涉嫌下列情形之一的，应予立案：1. 造成死亡 1 人以上，或者重伤 2 人以上，或者重伤 1 人、轻伤 3 人以上，或者轻伤 5 人以上的；2. 导致 10 人以上严重中毒的；3. 造成个人财产直接经济损失 10 万元以上，或者直接经济损失不满 10 万元，但间接经济损失 50 万元以上的；4. 造成公共财产或者法人、其他组织财产直接经济损失 20 万元以上，或者直接经济损失不满 20 万元，但间接经济损失 100 万元以上的；5. 虽未达到 3、4 两项数额标准，但 3、4 两项合计直接经济损失 20 万元以上，或者合计直接经济损失不满 20 万元，但合计间接经济损失 100 万元以上的；6. 造成公司、企业等单位停业、停产 6 个月以上，或者破产的；7. 弄虚作假，不报、缓报、谎报或者授意、指使、强令他人不报、缓报、谎报情况，导致重特大事故危害结果继续、扩大，或者致使抢救、调查、处理工作延误的；8. 严重损害国家声誉，或者造成恶劣社会影响的；9. 其他致使公共财产、国家和人民利益遭受重大损失的情形”。

起诉书中以沈某的行为“严重损害公安机关声誉，并造成恶劣社会影响”为由指控其构成滥用职权罪。辩护人认为该理由并不符合上述立案标准的规定，该立案标准第 8 条明确规定“严重损害国家声誉”而非“严重损害公安机关声誉”，“国家声誉”与“公安机关声誉”在概念与范围上有着天壤之别。所谓严重损害国家声誉,一般是指国家机关工作人员在国家对外交往中,或者在有关涉外工作中,滥用职权,严重损害国家声誉,或者严重损害党和政府的对外形象。严重损害国家声誉,应从以下三个方面予以正确理解:

1. 由于行为人的滥用职权行为,在国内外产生不良舆论,以至于严重损害国家声誉。对该不良舆论程度的认定应该把握为具有较大范围的知晓性,如果是来自民间局部地区的反映,没有较大范围的传播,一般不属于严重损害国家声誉的范畴。

2. 由于行为人的滥用职权行为,引起国内外社会的不安或恐慌,以至于严重损害国家声誉。如有新闻媒体报道,通过新闻途径广泛传播,应属于严重损害国家声誉的范畴。

3. 由于行为人的滥用职权行为,影响了国家与国家之间关系或国际关系,引起有关国家外交部门或国家主要领导人发表讲话或声明,影响了国际双边或多边政治。

显然,被告人沈某的行为系在刑事案件侦查过程中的行为,所造成的影响也仅局限于特定的当事人和公安系统内部,其范围远远达不到广泛性层面,并不符合上述"严重损害国家声誉"的情形。

另外,"造成恶劣的社会影响"一般是指国家机关工作人员在公务活动中,滥用职权,严重损害国家机关的形象,引起群众不满,影响了一定地区的社会稳定,造成恶劣的社会影响。在司法实践中,应从以下三个方面予以正确理解:

1. 由于行为人的滥用职权行为,引发一定范围的社会公愤,造成局部地区社会不稳定,以至于造成恶劣的社会影响。这个公愤的范围应把握在适宜的程度,应控制在有一定组织规模的群体范围,最基本的范围可具体到一个村、一个社区,在这里要充分体现出滥用职权罪引起公愤的社会性,从而充分体现出滥用职权罪的社会危害性。因此,在司法实践中,认定由于行为人的滥用职权行为引发一定范围的社会公愤,造成局部地区社会不稳定,以至于造成恶劣的社会影响的情形应把握在有一定组织规模的群体范围,亦即把握在有一定组织规模的社会范围,把握好这样的尺度,以体现法律的严肃性和公正性。

2. 由于行为人的滥用职权行为,引起群体性事件,多人多次集体上访或越级上访,以至于造成恶劣的社会影响。多人多次上访应理解为三人或三次以上合理合法上访,其中包括三人或三次合理合法上访。笔者认为,关于多人多次越级上访,首先应落实首办制和领导问责制原则,如果首次接访部门没有将上访问题妥善解决,造成多人多次越级上访,该情形应属于造成恶劣的社会影响的范畴。如果群众没有经有关主管部门或到当地有关部门反映问题或上访,而多人多次直接越级上访,则不属于造成恶劣的社会影响的范畴。

3. 由于行为人的滥用职权行为,引发其他治安案件或刑事案件,以至于造成恶劣的社会影响。对该恶劣社会影响的认定应把握程度，如引发其他治安案件三件以上或刑事案件一件以上。

回归本案，沈某的行为在 2003 年发生后，并没有出现上述“造成恶劣的社会影响”的情形。否则，其案发时的工作单位公安塘沽分局也不会只是作出将其调至公交派出所工作的决定。

综上所述，《最高人民检察院关于渎职侵权犯罪案件立案标准的规定》也就是追究刑事责任的起点，也即滥用职权行为必须产生上述危害结果才能构成犯罪。然而，公诉机关并没有证据能够证明沈某的行为达到了“严重损害国家声誉，或者造成恶劣社会影响”的程度，故辩护人认为公诉机关对被告人沈某的指控缺乏法定的客观构成要件，依法不能成立。

■ 裁判结果

一审判决结果

天津市第二中级人民法院(2009)二中刑初字第 27 号刑事判决，认为被告人沈某身为国家机关工作人员，在办理案件期间，擅自决定收取当事人 10 万元，造成恶劣社会影响，其行为符合《刑法》第 397 条关于国家机关工作人员滥用职权，致使公共财产、国家和人民利益遭受重大损失的，处三年以下有期徒刑或者拘役的规定，构成滥用职权罪，公诉机关指控罪名成立，应予支持。被告人沈某身为国家机关工作人员，滥用职权，应依法惩处；但考虑该款已发还当事人，没有造成经济损失，其滥用职权犯罪属情节轻微，可对其免予刑事处罚。据此，依照《刑法》第 37 条、第 397 条之规定，判决如下：

被告人沈某犯滥用职权罪，免予刑事处罚。

二审判决结果

被告人沈某不服，提出上诉，天津市高级人民法院经审理裁定，驳回上诉，维持原判。

■ 案件评析

本案与笔者承办的另一起被告人瞾某某动植物检验检疫滥用职权案基本事实高度一致，包括案件发生的背景也相类似，一审法院的判决结果也一样均是定罪免处。不同的是前案自立案至终审判决被告人一直被取保候审，省高级人民法院终审改判无罪，后案被告人则始终被关押达 14 个月之久，省高级人民法院终审维持原判。

不同的法官或不同的法院就同类型的案件，在基本事实相同，适用法律一致的情形下，作出不同的判决，有的甚至是罪与非罪的差异。这必然会破坏司法判决的指引、法律警示功能及秩序，也会对社会现象及价值取向作出错误评价，危害法官所在的审判机关的正常审判活动。“同案不同判”会损害法院裁判的公信力，影响其公正性和权威性，引发公众对法院公正性的质疑，进而导致公众对其行为的法律后果产生不可预测性而无所适从。

2019 年 9 月 9 日通过的《最高人民法院关于建立法律适用分歧解决机制的实施办法》从某种意义上说仅仅解决了法院内部统一法律适用和裁判尺度的问题，但并没有最终解决法官如何与裁判对象之间的互动，合理使用自由裁量权，避免个案发生同案不同判的问题。笔者认为，随着这一问题得到普遍重视，最高司法机关同样会引起重视并研究解决。在这一过程中，刑辩律师要注重法律检索的功能与作用，特别是最高审判机关指导性判例的检索，地方高级法院发布的指导性案件的检索。尽管我们不是一个判例法国家，法院的生效判决不能作为正式的法律渊源，但有效的案例研究对影响裁决者的决策拥有不容小觑的作用。影响裁决者决策的要素，既有被公布于众的显规则，也有只存在于裁决者内心的潜规则，而案例则是二者的结合体，对于法官处理个案，有着积极的指导意义。

注重判例的检索，法律人都知道，都会用，但想用好并不是那么容易。它需要一些技巧，还需要一定的哲学思维。一旦掌握了，就会成为律师办案的一把利器。判例中律师胜诉的关键是观点。准确地说，是能够胜诉的观点。当事人付律师费聘请律师，对律师的希望是什么？是希望律师拿出有事实依据和法律依据的观点来，然后围绕观点固定证据，收集证据，排除非法证据。再跟办案人员做有效沟通，实现委托人法律利益的最大化。

截至 2019 年 6 月，中国裁判文书网公开的裁判文书近 7000 万份，如此数量庞大的可选项，想要从中找到那些最有说服力的案例，实现精准说服，似乎变得异常困难。其实，仅仅把握住一点就能够在检索实践中取得事半功倍的效果。这就是不同的站位追求的目标是什么？法官在就具体案件进行裁决时或者主诉检察官决定对某一案件提起公诉时，追求的应当是绝对安全，即判决经得起历史的检验，公诉的案件不能让法院判决无罪，哪怕是定罪免处也是能够接受的。而不是相对保险，至少他们希望的状态是这样。对于法官来说，说服力不在于案例的数量多少，而在于它的权威大小。因此，不管对法官，还是辩护律师来说，找到最有说服力的案例才是所有人的理想目标。总之，判例只有契合了法官或检察官追求的效能最大化，有利于降低裁决成本和裁决风险才可能具有说服价值。

在英美法国家的法律教育体系当中，有专门的“法律检索”这门学科，检索的方法及判例的效力规定非常复杂和严格。我国的判例检索相对简单，众所周知的几大软件平台和官网几乎能够满足检索要求。但是，裁判文书也只有部分上网，还需要律师日常注重案例的收集工作。

罂某某动植物检验检疫失职案

——缺少犯罪构成的结果要件,终审改判无罪

■ 案情简介

此案为我国商检制度改革后发生在天津市的首起渎职犯罪案,2000 年 1 月起,天津口岸实施三检合一(商检、动检、卫生检疫)的新报关措施。天津某区出入境检验检疫局检务科负责对进出口货物的报检进行审查和通关放行等工作。被告人罂某某于 1999 年 11 月担任该局检务科科长,负责科里全面工作,并具体负责保管未经使用的《入境货物通关单》。1999 年 11 月 10 日,我国农业部发布了《关于禁止从伊朗、土耳其、秘鲁和菲律宾进口偶蹄动物及其产品的决定》。

侦查机关立案侦查时对涉嫌的罪名产生了较大的争议。此案涉及滥用职权罪、玩忽职守罪、动植物检疫失职罪、动植物检疫徇私舞弊罪等多个罪名,检察机关以罂某某涉嫌商检失职罪立案侦查,罂某某于检察机关立案当日被取保候审,18 个月后检察机关最终以滥用职权罪提起公诉。被告人罂某某拒不认罪。

天津市人民检察院第二分院(2002)津检二分院诉字第 163 号起诉书指控:2000 年 3 月,天津市塘沽区鸿泰贸易中心(下称鸿泰中心)为天津外总集团有限公司代理申请报检进口冻鸡杂 18.25 吨。因该批动物产品输出国为伊朗,故按农业部上述规定,外总集团根本无法办理取得进口动物产品所必需的《进境动植物检疫许可证》。在当月一公休日,被告人罂某某在单位对鸿泰中心申请的此批动物产品的报检进行审查。在审查过程中,罂某某明知在报检的材料中缺少《进境动植物检疫许可证》正本,不具备通关放行条件,但仍签发了《入境货物通关单》,致使该批产品非法通关,并且未经国家出入境检验检疫机关进行检疫,直接流入我国境内。

又,从 2000 年 2 月至 3 月,由鸿泰中心为中纺原料进出口公司、中国纺织物资(集团)总公司代理申请报检的八票油毛、羊毛条等动植物产品,均是由罂某某签发的《入境货物通关单》。经查,上述产品均无《进境动植物检疫许可证》,且均未经过国家出入境检验检疫机关的检疫,此外,上述罂某某所签发的 9 张《入境货物通关单》,在检务科通关单领取登记本上均无领取记录。

以上事实,有证人证言、书证、鉴定意见等证据证明属实,被告人虽拒不如实

供认，但足以认定。

综上所述，被告人罂某某身为国家机关工作人员，目无国法，违反规定处理公务，在明知申报检单证不符合通关条件的情况下，擅自签发《入境货物通关单》，致使国家明令禁止进口的疫区国家动物产品流入我国境内，且使进境货物未予检验检疫，破坏了国家的正常管理活动，使国家和人民的利益遭受重大损失，其行为已经触犯《刑法》第397条第1款之规定，构成滥用职权罪。

■ 辩护思路

经查阅有关案卷材料，向被告人询问及走访有关单位负责人，结合我国刑法及有关司法解释，辩护人认为，此案缺乏一般的渎职犯罪案件法定的主客观构成要件，故而得出被告人罂某某不构成犯罪的结论，围绕着无罪辩护这一立足点，从《刑法》规定的犯罪构成要件入手，收集有关证据，查询法律和司法解释的依据，历时近两年两审，四次开庭审理，天津市高级人民法院最终判决宣告被告人罂某某无罪。

■ 辩护要点

一审辩护要点

依据《刑法》第397条的规定，构成滥用职权罪的主体是特殊主体，主观上一般由过失构成，但也不排除故意的存在，同时实施滥用职权、玩忽职守的行为致使公共财产、国家和人民利益遭受了重大的损失，属于结果犯。结合本案分析，辩护人认为起诉书中对罂某某的犯罪指控不能成立。

1. 被告人罂某某主观上没有直接或间接的犯罪故意。

2000年1月实行了三检合一（商检、动检、卫生检疫）制度后由罂某某任检务科的科长主持检务工作，时任科长的罂某某先前一直是从事商检的专业人员，农业部1999年11月10日发布的《关于禁止从伊朗、土耳其、秘鲁和菲律宾进口偶蹄动物及其产品的决定》的通知并未下发至检务科，故此罂某某任职期间有关动物进口报关的疏漏不存在任何犯罪的故意。

2. 起诉书中指控罂某某利用公休日签发的塘沽区鸿泰贸易中心代天津外贸集团有限公司报检进口的18.25吨冻鸡杂的事实依据不足。辩护人依法走访了塘沽区鸿泰贸易中心的有关人员，依据该相关陈述，鸿泰公司的确有一次请求罂某某在公休日加班处理一单紧急进口业务，但完全是按合法程序操作。同时该公司的人员并不能认定该单就是起诉意见书中所指控的编号为0AK20577的冻鸡杂，同时依据该公司人员的陈述鸿泰贸易中心从未要求过身为科长的罂某某提供任何特殊的照顾及任何涉及违法的操作，而曌某某对工作也一贯积极负责，故此，辩护人认为起诉书中所认定的事实与客观事实不符。

3. 嫌疑人曌某某没有实施滥用职权及玩忽职守的行为。

依据辩护人与当时和曌某某同一科室的有关人员详尽地了解情况认为当时检务科的工作情况如下：

2000年1月起天津口岸实施“三检合一”的新报关措施时检务科共计人员6名，在实行三检合一后日接报关业务量大大超过了正常的工作负荷（300～400单/日均），同时检务科的全体人员在实行新的报关方法后也并未接受新增的有关检验业务的培训，日常的工作依然是按照原先商检的工作流程。即便如此，突增的工作量仍然打乱了检务科正常的工作程序，由此时常造成货主的不满。为有效地解决工作中的矛盾，身为科长的曌某某一方面身先士卒带头加班加点的保证正常工作程序，另一方面数次向有关领导申请增加人员编制的合理正常的请求。由于当时客观原因局领导未能批准并数次指示检务科“客观困难自行解决”。但实际的工作量与当时科里的人员配备是完全不成比例的，工作量有增无减。原先审单到签单放行的工作流程被彻底地打乱了，全科的人员只是机械地应对日常工作，对先前从未涉及的有关的检验业务申报也只能依据原有的程序来操作，依据当时科里同事的描述“当时单子太多了，接单是一批批的接，打印也是一批批地打印，然后谁在现场就签单放行，有可能这个人当时为接报检，也没审过单就签了，当时的客观环境没时间也不允许签单的时候复核”。以上就是检务科当时工作的真实情况，而起诉书中所指控的0AK20577的单子也就是在如此的情况下签发的。辩护人认为这完全是检务科的职权行为而非权力滥用，造成检务科工作混乱的原因：

（1）三检合一的业务整体和局领导仅从程序的角度考虑而忽略了技术的关键因素。

（2）检务科人员配量存在严重的不合理状况而未能在正常申请的情况下有效解决。

（3）未能在实行三检合一前组织有效的业务培训。

（4）相关部委的规章决定及与业务有关的通知传达不利。

而上述四点并非本案嫌疑人曌某某的过错或过失。

4. 本案不存在公共财产、国家和人民利益遭受重大损失的危害后果的结果要件。首先，《刑法》第397条对该罪名的犯罪构成作出了明确的规定；其次，1999年9月16日，最高人民检察院公布施行的《关于人民检察院直接受理立案侦查案件立案标准的规定（试行）》在“二、渎职犯罪案件（一）滥用职权案”中规定：“涉嫌下列情形之一的，应予立案：（1）造成死亡1人以上，或者重伤2人以上，或者轻伤5

人以上的;(2)造成直接经济损失20万元以上的;(3)造成有关公司、企业等单位停产、严重亏损、破产的;(4)严重损害国家声誉,或者造成恶劣社会影响的;(5)其他致使公共财产、国家和人民利益遭受重大损失的情形;(6)徇私舞弊,具有上述情形之一的。”根据上述法律及司法解释的规定,行为人虽然滥用职权,但没有引起这一危害后果,或者虽然致使公共财产、国家和人民利益遭受了损失,但损失尚未达到“重大”的程度,均不构成犯罪。另外,有些行为虽然在客观上引起了这一危害后果,但不是因为滥用职权而是工作失误造成的,也不能以犯罪论处。本案中,公诉机关就损害后果未能提供任何证据。

一审法院认定被告人嬰某某构成动植物检疫失职罪,免予刑事处罚。嬰某某不服一审判决,向天津市高级人民法院提起上诉。

二审辩护要点

1. 一审判决书认定被告人嬰某某犯有动植物检疫失职罪,事实不清,证据不够确实充分。

(1)一审认定被告人嬰某某在公休日对鸿泰公司报检的冻鸡杂进行违规审查并签发《入境货物通关单》(以下简称通关单)是没有事实依据的。

首先,天津经济技术开发区出入境检验检疫局(以下简称开发局)的通关单都是严格依签发的时间顺序排列的编号。据查,编号为0AK20574、0AK20575的两份通关单的签发日期是在2000年3月7日。说明编号在后的0AK20577单的签发日期是在2000年3月7日或8日。证人焦某某的证言也证明报检签单应在2000年3月2日(船到港日)至2000年3月8日(通关日)之间。而根据2000年的日历,该年3月2日至8日之间的公休日只有4日(周六)、5日(周日)这两天。在这两天是不可能签发编号尚在0AK20574、0AK20575(签单日期均为2000年3月7日)之后的0AK20577单的。因此,一审法院对被告人嬰某某于公休日违法审查签单的认定是没有事实依据的。

此外,公诉人所依据的周某、何某的证人证言的真实性是有疑问的。辩护人的上述关于签单日期的分析能清楚地证明0AK20577单不是公休日签发的,周某、何某所谓公休日签单的证言显然是不真实的。而且有一个环节恳请法庭关注:周某、何某的证言前后发生过重大变化,检察机关仅凭这种不真实且前后发生过重大变化的证人证言及没有日期的通关单证明被告人嬰某某犯动植物检疫失职罪,证据不够确实充分。

(2)一审认定的9份通关单(编号为0AK20296、0AK20297、0AK20299、0AK20300、0AK20501、0AK20502、0AK20574、0AK20575、0AK20577)均不是被告人嬰某某受理报检并审查的。

证人李某、刘某的证言证明被告人嬰某某从未审查过进口报检。

证人嬰某的证言证明当时(2000年3月前后)开发局允许本局工作人员工作中相互帮助、互相补台。

证人郭某、李某、刘某的证言均证明当时开发局检务科由于业务量多人员少造成的实际情况是,签单的人不一定审查,审查的人不一定签字放行。

综合上述证人证言,可以看出在当时开发局检务科签单与审查不是一一对应的关系,在通关单上签字的人不一定是报检手续及单证的审查人。因此,起诉书所列明的9份通关单仅有嬰某某的签字,这不能证明该9单就是被告人嬰某某审查的,完全存在9单由别人审查最终却是嬰某某签字的可能性,检察机关所列举的证据不能排除这种合理怀疑。

2. 一审判决认定被告人嬰某某犯有动植物检疫失职罪,适用法律不当。

(1)被告人嬰某某不存在过失的心理态度。

《刑法》第413条第2款规定的动植物检疫失职罪,是指动植物检疫机关的检疫人员严重不负责任,对应当检疫的检疫物不检疫,或者延误检验出证,错误出证,致使国家利益遭受重大损失的行为。本罪主观方面是过失。本案检察机关所列举的证据材料只证明了被告人嬰某某在通关单上签字这一行为,而不能证明嬰某某对通关单进行了审查,因此,难以证明嬰某某主观方面存在过失的心理态度。

(2)本案不存在公共财产、国家和人民利益遭受重大损失的危害后果。

根据《刑法》第413条的规定,动植物检疫失职罪是结果犯,其构成要件之一是客观方面必须有“致使国家利益遭受重大损失”的危害后果。本案中,辩护人接受当事人的委托后,依法向商检部门了解情况,并未产生公共财产、国家和人民利益遭受重大损失的结果。检察机关也未能提供有关损害后果的证据。

3. 二审庭审过程中,支持公诉的检察官也不同意一审法院的判决罪名,但认为被告人嬰某某另外构成动植物检疫徇私舞弊罪。对此,辩护人认为,其也属于适用法律不当。动植物检疫徇私舞弊罪,是指动植物检疫机关的检疫人员徇私舞弊,伪造检疫结果的行为。但综合本案所查清的事实辩护人认为:(1)被告人嬰某某并不存在任何从自己利益出发且“徇私”的行为。(2)该罪另一个构成要件,是要求有伪造检疫结果的行为,而结合本案中所涉及的各种单据都是真实的,检察机关提供不出嬰某某有伪造检疫单证,出具假的检疫结果的证据。(3)动植物检疫徇私舞弊罪的主观方面是故意。他人对一个人内心的意识和意志只能从其外化的行为加以判断,本案检察机关所列举的证据材料只证明了被告人嬰某某在通关单上签字这一行为,而不能证明嬰某某对通关单进行了审查,因此,难以证明嬰某某主观方面存在故意的心理态度。故此,二审检察官认为被告人嬰某某构成动植物检疫徇私舞弊罪缺乏法律构成要件。

综上所述,被告人瞿某某并未在公休日审查并签发编号 0AK20577 的入境货物通关单,起诉书所列明的 9 份有瞿某某签字的通关单均不是其审查的,瞿某某在不知情的情况下签发了这 9 份通关单,不存在犯罪过失,也没有造成公共财产、国家和人民利益重大损失。一审判决认定被告人瞿某某犯有动植物检疫失职罪,事实不清,证据不够确实充分,适用法律不当。请求二审法院依法宣告被告人瞿某某无罪。

■ 裁判结果

一审判决结果

天津市第二中级人民法院(2002)二中刑初字第 142 号刑事判决,认为被告人瞿某某身为国家出入境检验检疫机关工作人员,严重不负责任,不按规定办理通关手续,造成应该检疫的检疫物未能检疫,致使大批进境动物产品未经检疫流入我国境内,致使国家和人民利益遭受重大损失,其行为触犯了《刑法》第 413 条第 2 款规定,构成动植物检疫失职罪。公诉机关指控被告人瞿某某犯滥用职权罪,滥用职权罪是对国家机关工作人员渎职犯罪的一般性规定,但被告人瞿某某具有国家检验检疫机关工作人员特殊的主体身份,由于其失职行为,造成应当检疫的检疫物不能检疫,其行为符合动植物检疫失职罪的法律特征,故对被告人瞿某某应以动植物检疫失职罪定罪处罚。公诉机关指控被告人瞿某某犯滥用职权罪,适用法律不当,应予纠正。考虑到,天津开发区出入境检验检疫局相关工作人员不按规定履行职责,该局内部管理不严格、分工不明确等情节,被告人瞿某某犯罪属情节轻微,依照《刑法》第 37 条规定判决如下:

被告人瞿某某犯动植物检疫失职罪,免予刑事处罚。

二审判决结果

天津市高级人民法院(2003)津高刑二终字第 48 号刑事判决,认为瞿某某对其主管的检验检疫工作严重不负责任,不仅未能履行科长管理职责,造成科内检疫手续和程序混乱,人员分工和职责不清,而且在其本人经办的动植物检验检疫过程中,不按规定办理通关手续,致使进口动物产品未经检验入境,但由于没有证据证实其行为造成法律规定的后果,因此认定其构成动植物检疫失职罪的证据尚属不足。故原审认定瞿某某构成动植物检疫失职罪不妥,应予纠正。瞿某某及其辩护人所提不构成犯罪的意见应予采纳。天津市人民检察院所提瞿某某构成动植物检疫徇私舞弊罪的意见,因该罪的法律要件与上诉人瞿某某的行为不符,本院不予采纳。据此,依照《刑事诉讼法》第 189 条第 3 项(2018 年 10 月 26 日第三次修正后为第 236 条第 3 项)、第 162 条第 3 项(2018 年 10 月 26 日第三次修正后

为第200条第3项)之规定,判决如下:

1. 撤销天津市第二中级人民法院(2002)二中刑初字第142号刑事判决;
2. 上诉人曌某某无罪。

■ 案件评析

这个案件的无罪辩护能成功,在于辩护人严格把握了过失犯罪的结果构成要件。一审中控方起诉罪名为滥用职权罪,判决罪名为动植物检疫检验失职罪,二审中检察官当庭变更罪名动植物检疫徇私舞弊罪,法院终审判决无罪。这个过程说明,在过失犯罪的认定上往往存在较大的争议,因而作为刑辩律师,要严格把握各罪的犯罪构成要件,特别是过失犯罪的结果构成要件,直接关系是否构成犯罪,这是此类案件辩护能够发挥的最大空间。

有一些犯罪看似是故意犯罪,实则是过失犯罪,必须引起重视,因为这关系到能否成立累犯的问题。包括妨害传染病防治罪;传染病菌种、毒种扩散罪;妨害国境卫生检疫罪;为他人提供书号出版淫秽书刊罪。此外,事故类犯罪、失职类犯罪,均属过失犯罪。

按照犯罪构成的理论,构成过失犯罪,必须具备以下四个条件:

1. 行为人必须达到法定责任年龄,即年满16周岁以上,并且精神正常;
2. 实施了某种不该实施的行为;
3. 主观上存在过失;
4. 客观上必须是造成了严重的而不是一般的危害结果。

按照这些条件,未满16周岁的未成年人,出于过失即使造成他人死亡的严重后果,也不构成犯罪,成年人出于过失造成了轻微的危害后果,比如致他人轻伤的,也不构成犯罪。

过失犯罪是指行为人在过失的心理状态下实施的犯罪,是犯罪构成要件中主观方面的一种心理状态。根据《刑法》规定,过失犯罪有两种情况:

第一种情况是疏忽大意的过失犯罪,即行为人应当预见自己的行为可能发生危害社会的结果,因为疏忽大意而没有预见,以致发生这种结果,从而构成犯罪。所谓应当预见是指行为人对其行为可能发生结果的认识能力而言。应当预见要求根据具体情况,确认行为人对自己的行为可能发生危害社会的结果是否有能力作出判断,包括根据行为人的年龄、工作职责、文化程度、知识水平、工作经验、生活经验等因素。疏忽大意就是通常所说的粗心大意、忽略、忘记、没想到等。如某汽车驾驶员,在倒车时违反操作规程,不事先鸣笛,也不注意观察,结果将在车后玩耍的小孩轧死。作为驾驶人员,其职责要求在倒车时必须先认真观察,而该驾驶员由于疏忽大意,既不鸣笛,也没有认真观察,致使危害结果发生,应当负交通肇事罪的责任。

第二种情况是过于自信的过失犯罪,即行为人已经预见自己的行为可能发生危害社会的结果而轻信能够避免,以致发生了这种危害社会的结果,从而构成犯罪。这种过失,就行为人的认识能力来说,已经预见自己的行为可能会发生危害社会的结果,但同时又怀着某种侥幸心理,轻信这种结果也许不会发生。还是以汽车驾驶员为例,某驾驶员已经知道自己驾驶的汽车制动不灵,需要修理,但由于急于出车跑业务,并认为自己的驾驶技术高超,出不了事,结果遇到紧急情况,将人撞死。作为驾驶人员,汽车制动不灵,可能会造成事故,是应该预见的,但该驾驶员自认为技术高超,怀着侥幸心理,结果造成危害,应当负交通肇事罪的责任。

应当注意到,《刑法》对过失犯罪的规定,与故意犯罪有很大的不同。一是在过失犯罪的构成条件上作了很大限制,过失行为只有造成严重危害社会的结果,《刑法》才规定为犯罪,如果没有造成实际危害结果,虽有过失行为,则不是犯罪,可以进行教育或行政处罚。而在故意犯罪中,许多犯罪只要行为一经实施,就构成犯罪,比如行为人实施了杀人行为,虽然由于某种原因没有得逞,也应当负杀人未遂。二是在处罚上,鉴于过失犯罪的主观恶性比故意犯罪小,刑法对过失犯罪的处罚比对故意犯罪的处罚规定得轻。

过失犯罪与故意犯罪相比,其中又具体分为两种情形,也就是过于自信的过失与疏忽大意的过失。在处罚上面,一般对过失犯罪的处罚要比故意犯罪的处罚轻。并且在一些情况下,过失导致实施了某些犯罪行为的,可能并不会认定构成犯罪,因为该罪要求主观上必须是故意,甚至有可能还是直接故意。

对于某些过失犯罪,《刑法》条文本身对结果要件规定的过于笼统,实务中容易产生分歧,虽然最高人民检察院、公安部等部门先后出台部分案件立案标准,但实务中对相关条款的理解仍然得不到统一,特别是兜底性的条款如“其他致使公共财产、国家和人民利益遭受重大损失的情形”的规定,实务中更是众说纷纭,法官自由裁量的空间太大。笔者处理的若干渎职案件控方均适用这一条款定罪起诉,法院在处理上则出现了明显的同案不同判。比如本案嬰某某终审判决无罪,本书中其他渎职案件如沈某某滥用职权案则终审判决定罪免处,法官张某某民事行政枉法裁判案则开庭后法院裁定准予控方撤回起诉。

这一方面有待于立法的完善,另一方面刑辩律师应当充分发挥判例检索能力,让高级别的审判机关作出的生效判决在辩护实务中发挥作用。

第七部分

贪污、贿赂篇

郭某某挪用公款案

——“红帽子”企业及混改企业相关人员的刑事法律风险

■ 案情简介

被告人郭某某原系某铁路局工务段(以下简称工务段)员工,20世纪90年代初响应创业政策号召,与陈某、高某某三人创办了天津市津工防腐厂(以下简称津工防腐厂),郭某某担任法定代表人,陈某为财务负责人。据郭某某陈述,为了工厂效益最大化,其在该厂设立登记时,出资人登记为天津市残联的下属三产“天津市康园技工贸实业公司”(以下简称康园技工贸公司),企业性质为集体所有制企业。实际出资人及经营人为郭某某、陈某、高某某三人,但是三人之间没有书面协议、出资记录等证据。

另,郭某某从下海之初到案发20余年的时间,一直没有与某铁路局工务段解除劳动关系,虽然不领取工资,但是其依然是该工务段的在册工作人员,其间还有职位调整、任命等。

因该厂在经营之初经济效益相当可观,但是财务制度混乱,而后效益持续下滑并最终停业,各合伙人对于工厂的资产分配处理等问题产生矛盾并最终案发。

2013年4月21日,郭某某被×县人民检察院带走“协助调查”,随后被以挪用公款罪刑事拘留并提起诉讼。×县人民检察院津蓟检刑诉(2013)第578号起诉书指控的事实如下:

被告人郭某某系某铁路局工务段委派到律工防腐厂的工作人员,2000年7月至2003年8月,其利用担任厂长的职务便利,多次挪用公款,共计2,705,000元。其中:

于2000年7月24日,以借款的名义挪用公款2,000,000元用于其个人经营种植北京×公司的芦荟项目。后于2003年8月14日归还700,000元现金,2003年9月13日归还300,000元现金。2004年2月18日又用“北京×物资有限责任公司”的两张共计1,000,000元票据以借款名义入账,至今未予以归还。

于2003年8月30日挪用公款150,000元至其个人经营的××橡胶制品公司,用于其个人倒卖废旧钢轨,同年10月28日将所挪用款项归还。2003年11月10日,采取同样手段再次挪用津工防腐厂公款555,000元用于其个人倒卖废旧钢轨,2004年2月19日归还。后被查获到案。

综上,被告人郭某某身为国家工作人员,利用职务上的便利,挪用公款数额巨大,进行营利活动,其行为触犯了《刑法》第384条,犯罪事实清楚,证据确实、充分,应当以挪用公款罪追究其刑事责任。

■ 辩护思路

在郭某某被批准逮捕后,其家属委托笔者及张周斌律师共同担任其辩护人。辩护人在会见被告人及阅卷后,初步认为该案所涉企业属于典型的“红帽子”企业,由企业的性质、实际出资人和财产权所有人等决定被告人不属于“国家工作人员”这一被控犯罪的主体要件。继而根据相关证据分析其行为也不能构成刑法意义上的“挪用”行为,最终确定了“公诉机关指控犯罪证据不足”的基本辩护思路,主要包括:

1. 从申请法院查清企业性质入手,用以证实被告人郭某某不属于国家工作人员。辩护人调取津工防腐厂的工商登记资料,明确证实津工防腐厂与工务段没有出资关系,不存在工务段将郭某某委派津工防腐厂的基础。

2. 申请法院调查企业的出资情况,调取被告人和他人共同个人出资,而工务段没有任何出资记录的证据,用以证实公诉机关认定的基于“委派”关系成立的国家工作人员身份不能成立。

3. 根据证据分析郭某某获得200万元支票的过程办理了正常的借款手续,并非挪用。当日填写的书面借款单,并且当天经过财务负责人,另一合伙人陈某签字批准,而后在第二天7月25日从会计处拿到的支票,不属于刑法意义上的挪用。

4. 对于案卷内对被告人作不利陈述,并且证人证言存在矛盾的证人陈某,高某某等人申请出庭接受询问。

5. 前期侦查程序违法,对被告人郭某某以协助调查为由长时间限制其人身自由而获得的供述应当予以排除。

经过辩护人提出的观点及申请,本案一审法院多次开庭,其间建议公诉机关退回补充侦查,并且就需要证明的案件核心事实以书面形式函告公诉机关,要求进一步调查。令人遗憾的是,在公诉机关并未就相关证据予以补充的情况下,一审法院最终认定被告人被控挪用公款罪名成立,判处有期徒刑十年。被告人上诉后,二审未开庭,驳回上诉维持原判。

■ 辩护要点

一审辩护要点

一、客观方面，郭某某没有利用职务之便，实施“挪用”的行为

1. 郭某某没有利用职务上的便利。

我国《刑法》第 384 条规定的挪用公款罪的客观表现：行为人必须利用职务上的便利实施挪用行为，即利用职务权力与地位行政的主管、管理、经营、经手公款等便利条件实施挪用行为。

而本案中，从该厂的财务手续、《借款单》及证人证言、被告人当庭供述等证据可以充分证实：

第一，被告人郭某某虽然担任津工防腐厂的厂长，但并不是该厂的财务负责人，只是负责厂里的业务和销售。从津工防腐厂建厂开始，财务负责人就是证人陈某。陈某签字就可以下账，此点陈某本人在 2013 年 4 月 25 日的证言中也已经明确认可，其表示“郭某某长期不在厂里，为了解决费用报销入账的问题，所以有时会计也找我签字入账”。这个事实与证据《借款单》上领导签字处陈某进行签字的内容是相互印证的，足以认定。

第二，郭某某获得起诉书指控的第一笔 200 万元的款项，是一张尾号 9869 的工商银行转账支票。该支票在转移占有之前，都是在会计处，并不在郭某某的管理或者经手、控制之下，是郭某某办完审批手续后，由会计交给他的。整个支票的转移占有过程，与郭某某所担任的厂长职务及具体从事的职务没有任何联系。

第三，不能以郭某某担任厂长职务就可直接推定其获取 200 万元是具有职务上的便利。挪用公款罪中的“利用职务上的便利”要求职务行为与挪用行为具有直接性和现实性，也就是说获得款项的过程与其职务是直接相关的，其他不具有该职务的人，是无法获得的。本案被告人郭某某获得款项的过程，款项不是其经手或者保管的货款，根本不在其占有和控制之下，属于会计管理津工防腐厂的自有资金。

2. 郭某某没有实施《刑法》规定的挪用行为。

《刑法》第 384 条规定的挪用公款中的“挪用”，是指未经合法批准，或者违反财经纪律，擅自使公款脱离单位的行为。

(1)本案证据卷二第 1 页的《记账凭证》和第 2 页的《借款单》，都可以充分证实郭某某获得 200 万元支票的过程办理了正常的借款手续，并非挪用。

如前所述，本案证人陈某担任津工防腐厂的副厂长，同时又是该厂的财务负责人。郭某某是在 2000 年 7 月 24 日填写的书面借款单，并且当天经过陈某签字批准,而后在第二天7月25日从会计处拿到的支票,整个过程完全符合津工防腐厂的财务制度,也经过了合法审批,不能定为挪用。

(2)关于陈某陈述,其在《借款单》上的签字是后来补签的这一事实根本不能成立。

第一,《借款单》上领导意见中清晰地显示,陈某签署日期为7月24日。而会计做账凭证是8月23日,间隔一个月。为什么补签字偏偏就写在拿款日前?而陈某声称是“按照会计写的时间来签时间”,但是借款单上哪里有会计的签字?都是被告人书写的本人姓名、借款日期和金额。该证言的内容违反了基本的常识,不具有真实性。

第二,关于证据证明力的问题。本案《借款单》是书证,通过陈某的证言就否认书证的效力,不符合我国刑事诉讼的证据制度的规定。

(3)款项所有人、证人陈某对于被告人的行为是借用还是挪用的认识。

在郭某某获得借款后,第一,款项所有人津工防腐厂的财务2000年8月23日《记账凭证》上明确载明的是借款,归还了100万元后,到2004年6月20日的《记账凭证》上载明的还是“长期借款”;第二,该厂的财务负责人证人陈某在2013年8月31日的询问笔录第4页中,也明确说“郭某某是从津工防腐厂‘借走了’200万元,后来归还了100万元……”

所以,辩护人认为本案中,被告人、款项所有人、款项所有人的财务负责人陈某都认可的200万元属于借贷行为,并且客观上被告人并未利用职务上的便利,获取款项的过程办理了符合该厂财务制度的借款手续,因此,不构成“挪用”。

所以,辩护人认为郭某某并没有利用职务上便利,挪用公款。

3.关于起诉指控挪用705,000元的事实证据不足,不能成立。

(1)康园技工贸公司属于谁所有?起诉书认定为郭某某个人经营,但是辩护人调取的工商登记资料却显示该公司是证人陈某、高某某二人分别占有60%和40%股份的有限责任公司。陈某担任总经理、法定代表人。郭某某在该企业内没有任职,根本不能证明系郭某某个人经营。

(2)卷内有津工防腐厂与康园技工贸公司的借款150,000元,归还555,000元的财务记录,但是借款还款的具体过程,只有证人赵某某一人的证人证言,说是郭某某让借的。但是整个财务手续都没有郭某某的签字,借款、还款都是两公司的财务人员办理的,不能证明是郭某某个人决定的行为。并且赵某某的证人证言属于孤证,并无其他证据相互印证,无法证明案件事实。

(3)根据《全国人大常委会关于〈中华人民共和国刑法〉第三百八十四条第一款的解释》中“归个人使用”的解释,需要满足:“将公款供本人、亲友或者其他自然人使用”,“以个人名义将公款供其他单位使用”或者“个人决定以单位名义将公款供其他单位使用,谋取个人利益的"这三种情形。但是本案中,这两笔共计705,000元的款项,涉及两次变动,一是由津工防腐厂借给××橡胶公司,二是由××橡胶公司付款给第三方。从款项的变动过程来看,两次都不存在"被告人本人或者其他自然人使用的事实",也不是被告人以个人名义从津工防腐厂挪用给××橡胶公司使用,因为财务记录很完备,都是公司之间的收据和支票往来。最后,根本没有证据证明是郭某某个人决定,以单位名义将款项供其他单位使用,谋取个人利益。

所以,辩护人认为起诉书的该项指控,证据不足,不能成立。

二、辩护人认为被告人郭某某不属于国家工作人员

起诉书指控"被告人郭某某系工务段委派到津工防腐厂的工作人员"这一基本事实证据不足,没有事实基础,公诉机关向法庭提交的现有证据根本无法证实下列基本事实:

第一,津工防腐厂的企业性质是什么?

第二,津工防腐厂是否有工务段的投资?郭某某去津工防腐厂工作是否系工务段的委派?

事实上,根据辩护人提交法庭的工商登记资料,可以明确证实津工防腐厂与工务段没有出资关系,不存在某铁路局工务段将郭某某委派到津工防腐厂的基础。公诉机关试图仅用孙某某、陈某及高某某三人的证人证言,否认津工防腐厂的工商注册资料,同时认定所谓的"委派"关系,显然无法达到"确实、充分"的法定标准。

辩护人将根据本案证据,分析津工防腐厂与工务段不可能存在投资关系,郭某某不可能是受到工务段委派到津工防腐厂工作的具体事实和理由。

1. 现有工商登记资料证实,津工防腐厂与工务段没有出资关系。

根据津工防腐厂的工商登记资料显示,该厂属于新设成立,成立日期为1999年1月26日。企业性质为集体所有制企业,注册资金50万元,出资人为"××工贸实业公司",该公司也是一家集体所有制企业。根据该厂的章程记载,郭某某的厂长职务,来自出资人该公司的委派,与天津市工务段没有任何关系。根据案卷现有证据,我们认为康园技工贸公司出资这一事实是成立的。

2. 除去工商登记资料外,本案其他事实可以充分说明津工防腐厂不可能有工务段的出资。仅靠证人证言,是不能否认工商登记效力的。

第一,案卷内没有任何工务段出资设立津工防腐厂的书证。

工务段作为一个国有非法人单位,首先非法人单位是不具有投资主体资格的。

另外,作为一个国有企业的分支机构,如果对外投资设立企业,必然需要相关的审批文件、财务出资手续等，但是在本案卷宗中都没有看到。

工务段投资了多少钱？在孙某某、陈某、高某某三人证人证言中，仅仅说了三家出资合作办厂，但是出资多少并没有提到。后在补充侦查中，陈某又作证说三家平均出资60万元，此点与工商登记资料也有矛盾。

第二，津工防腐厂没有向工务段进行过任何的利润分配。

“谁出资，谁收益”这应当是经营企业的基本原则，按照陈某的证人证言，工务段1996年出资60万元设立企业，近20年，没有任何利润分配的记录。

第三，工务段从未对津工防腐厂进行过管理。

3. 卷内没有任何能够证明起诉书指控“工务段委派郭某某到津工防腐厂工作”这一事实的书证。

公诉机关起诉书指控适用《刑法》第93条列举的“国家工作人员”第三种情形，即“国家机关、国有公司、企业、事业单位委派到非国有公司、企业、事业单位、社会团体中从事公务的人员”来认定郭某某的主体资格。

根据2003年《全国法院审理经济犯罪案件工作座谈会纪要》（法〔2003〕167号）对“委派”作出了清晰的界定。从《全国法院审理经济犯罪案件工作座谈会纪要》的解释精神和主旨来看，委派在刑法价值上和司法实践中成立需要以下要件：一是程序的载体性，委派形式虽然多种多样，不管是任命、指派、提名、批准等，但程序是必不可少的，并且需要有书面材料作为载体来表现；二是派出对象的内部单位行政隶属性和去向的恒定性，派出对象与派出机构具有隶属性。

而本案中，卷内没有任何能够证明起诉书指控“工务段委派郭某某到津工防腐厂工作”这一事实的书证，同时也没有证明津工防腐厂与工务段有隶属关系的书证。

4. 本案中，工务段也没有委派郭某某的基础。

（1）如前所述，津工防腐厂无论是工商登记资料，还是实际经营管理过程，都能证明与工务段没有出资、隶属关系。在没有出资、隶属等关系的前提下，工务段有什么资格、理由向津工防腐厂委派人员？委派的基础根本就不存在。

（2）关于侦查机关2013年8月31日作出的《情况说明》中“2005年工务段为规范干部管理补充任命郭某某为津工防腐厂厂长文件”的内容，用以证实被告人是受委派，辩护人认为是不合理的。

第一，该北京铁路局工务段通知（2005第168号）中的“北京铁路局工务段枕木厂”与起诉书指控的“津工防腐厂”是两个单位名称；

第二，该证据中也没有任何“追认”“补充任命”的字样。

第三，按照工务段出示的郭某某的履历，2006年3月，其又被任命为“北京铁路局工务段津工铁路线路工程公司枕木厂厂长”职务。但是，郭某某一直在“津工防腐厂”工作并担任厂长职务，没有变动。经被告人郭某某事后了解，工务段文件中所述的上面两个单位是不存在的,仅仅为了给其保留一个行政级别用以对应工资待遇而已。

所以,本案客观上根本不存在工务段派遣郭某某到津工防腐厂工作的事实。

5. 综合全案证据,辩护人认为郭某某等 6 人先后到武铁防腐厂、津工防腐厂工作期间,与工务段之间属于停薪留职关系,而不是委派。

从人事管理角度,委派多为两种形式,要么人事关系以及工资、社保等都留在派出机构,仅是工作岗位的变化,要么人事关系以及工资、社保等全都在被委派机构。

而本案被告人郭某某的人事关系却比较特别,自 1994 年起,郭某某一直担任津工防腐厂的厂长,工资社保均是厂里支付。但是在工务段出具的人事履历里从 1994 年 12 月开始,郭某某先后担任工务段武装部部长、政工员,多经办工作人员,多经办副主任,北京铁路局工务段枕木厂厂长,北京铁路局工务段津工铁路线路工程公司枕木厂厂长职务直到退休。笔者认为,不成立委说。

而根据辩护人查阅的 1983 年施行的《劳动人事部、国家经济委员会关于企业职工要求“停薪留职”问题的通知》(已失效)的相关内容,本案郭某某与工务段的关系,是符合国家“停薪留职”政策的。因为该文件明确规定下列内容:(1)凡是企业不需要的富余职工,可以允许“停薪留职”,对于开展经营活动的,还要积极支持;(2)“停薪留职”期间,不升级,不享受各种津贴、补贴和劳保福利待遇,工龄连续计算;(3)“停薪留职”期满,本人愿意回原单位工作的,需在期满前一个月向原单位提出申请,原单位应给予安排适当的工作。

而本案从被告人郭某某、高某某及其他人从工务段出来参与经营活动,工资发放的形式,再到后面能够回到工务段的整个过程,完全符合上述政策文件“停薪留职”的特性。因此辩护人认为,本案郭某某等人与工务段之间属于“停薪留职”,不构成委派。

二审辩护要点

二审辩护要点与一审辩护要点大致相同,此处不再详述。

一、上诉人不符合挪用公款罪的主体要件

二、上诉人没有实施刑法上“利用职务之便挪用”的行为,不符合挪用公款罪的客观要件

■ 裁判结果

一审判决结果

天津市 × 县人民法院作出刑事判决,认为被告人郭某某作为国有企业工作人员,受工务段委派到天津市津工防腐厂任厂长职务,从事公务活动,利用职务

上的便利,挪用公款进行营利活动,且数额巨大不退还,其行为侵犯了公共财产的所有权,已构成挪用公款罪,应依法惩处。×县人民检察院指控事实清楚,证据充分,罪名成立,本院予以支持。被告人的辩解意见与在案证据相矛盾,且无证据证实,本院不予采纳;辩护人的辩护意见,与本案事实不符,本院不予采纳。为保护公共财产不受侵犯,打击犯罪,依照《刑法》第64条、第93条第2款、第384条第1款之规定,判决如下:

1. 被告人郭某某犯挪用公款罪,判处有期徒刑十年。

2. 依法追缴被告人郭某某挪用后未退还的公款1,000,000元。

二审判决结果

天津市第一中级人民法院裁定认为,上诉人郭某某系受单位委派从事公务的国家工作人员,其利用职务上的便利,挪用公款进行营利活动,且数额巨大不退还,其行为已构成挪用公款罪,应依法予以处罚。原判认定的事实清楚,证据确实、充分,定罪准确,量刑适当,审判程序合法。上诉人的上诉理由及辩护人的辩护意见,经查不能成立,本院不予采纳。天津市人民检察院第一分院驳回上诉、维持原判的意见,本院予以支持。依照《刑事诉讼法》第225条第1款第1项(2018年10月26日第三次修正后为第236条第1款第1项)之规定,裁定如下:

驳回上诉,维持原判。

■ 案件评析

该案两级法院虽已经作出了生效判决,但是在案件证据认定,尤其是在本案所涉挪用公款犯罪案件的主体要件,即被告人是否属于"国家工作人员"身份的认定、相关证据的证明标准等方面仍然存在可以探讨的空间。

在20世纪90年代的国家公职人员"下海"经商热潮中,很多人员出于各种因素的考量,在个人出资的企业办理工商登记时,将出资人登记在全民所有制企业或者集体企业名下,实际上却存在巨大的刑事法律风险。具体到本案中,××防腐厂企业性质,一定程度上就决定了被告人是否具有"国家工作人员"的主体身份。

本案被告人对于侦查、起诉机关认定津工防腐厂的出资为工务段的情况始终不认可,不认为自己构成挪用公款罪。而从辩护人的角度出发,如果否定了津工防腐厂的出资情况,"委派"的基础便不存在,那么对被告人的行为即便认定为"挪用",也仅仅构成挪用资金罪,而非挪用公款罪,两罪之间的量刑差异巨大。

而在案证据中该企业的工商登记材料显示出资人为集体企业、被告人供述为其个人出资,及最终公诉机关指控和法院认定企业出资人为属于全民所有制企业的工务段，继而以被告人属于“委派”来认定被告人的主体要件。

但是根据2003年《全国法院审理经济犯罪案件工作座谈会纪要》（法〔2003〕167号）的精神，刑法意义上的委派程序、委派对象与派出机构的关系等各方面都有清晰的界定标准。尤其涉及出资问题，在没有相关书面财务记录或者账目记载可以证实工务段对津工防腐厂有过出资事实，且存在企业工商登记资料、被告人供述及在案其他证据均不能互相印证的情况下，仅仅依据证人证言来认定企业的出资事实和企业性质，是否能够达到我国《刑法》所要求的“证据确实充分、排除合理怀疑”的法定标准，值得法律专业人士思考。

本案的判决结果，对于目前部分企业的经营管理人员具有一定的风险警示意义。根据中央《全面深化改革若干重大问题的决定》提出的积极发展混合所有制经济等相关政策要求，目前各地都对其所属的国有企业进行混合所有制改革，吸引民间资本进入国有企业共同投资经营。在这过程中就要求各方严格按照法律和政策要求界定产权，明确各方权利义务，依法依规行使企业的管理权和决策权，避免再出现“出资不清、权属不清、身份不清”等情形，产生重大法律隐患。

国某某贪污、受贿案

——疑点利益归于被告人，只有行贿人指证的行贿情节，但受贿人予以否认的犯罪指控不能成立

■ 案情简介

被告人国某某系天津经济技术开发区某工业公司、天津某建设有限公司总经理，系国有公司工作人员，正处级。此人工作作风强势，雷厉风行，故因工作问题曾得罪过诸多上级领导及手下，后遭举报被立案侦查。

侦查机关起诉意见书认定，犯罪嫌疑人国某某贪污公款共计198,375.10元；收受和索取他人贿赂533,030元。案件进入审查起诉阶段后，笔者与被告人国某某就案件进行了详细沟通，国某某仅认可其报销的3400元交通费系贪污行为，对其他指控均予以否认。辩护人根据国某某陈述的事实并结合其自己保留的有关书证，依据法律规定及时向公诉机关提出了《关于国某某贪污、受贿一案律师意见函》并就此与公诉人进行多次沟通，特别针对其中一笔50万元索贿提出证据不足，适用法律不当的意见，最终绝大部分律师意见得到公诉机关的采纳。

后天津经济技术开发区人民检察院津开检刑诉(2008)1号起诉书认定：被告人国某某于2001年3月至2006年9月担任天津经济技术开发区某工业公司总经理，2003年12月至2007年8月兼(担)任天津某发展建设有限公司(以下简称建设公司)总经理，负责上述公司经营、管理的全面工作。自2005年11月至2006年12月，被告人国某某利用职务便利，多次以各种名义侵吞、骗取本公司公款共计人民币194,364.30元；为他人谋取利益，非法索取、收受相关业务关系单位人员吴某某、盛某某给予的贿赂款共计折合人民币52,830元。

一、贪污犯罪事实

1. 2005年年底，被告人国某某女儿准备出国留学并委托北京某教育咨询有限公司办理出国留学事宜，2006年3月月底，国某某女儿被英国格拉斯哥大学录取，开学时间为同年9月26日。同年5月，国某某为达到用公款支付其送女儿赴英费用的目的，以出国考察为名义，指使其下属工业区总公司招商部工作人员杨某负责办理赴英前期相关事宜。后因国某某女儿雅思成绩未达到无条件录取的标准，需提前到7月月初赴英国进行语言强化课程学习。2006年6月月初，在得

知女儿需提前出国后，因时间紧迫，为掩人耳目，国某某遂以邀请某镇某村支部书记王某某赴欧洲考察为名义，利用职务便利，授意下属起草其自拟自批的请示报告后，未经组织审批，组织本公司员工杨某、解某某以及承揽工业公司小区施工项目的某建筑公司经理季某某等人持因私护照一同前往英国。2006 年 7 月 2 日至 12 日，国某某在王某某、杨某、解某某、季某某等人的陪同下送其女儿去英国并为其办理好入学手续后，与王某某、杨某、解某某、季某某等人在英国爱丁堡、曼城、伯明翰、伦敦等地游玩，其间未进行任何与公务有关的活动。回国后，被告人国某某利用职务便利，将其与杨某、王某某、解某某四人费用，以公务考察名义分别在工业总公司和建设公司报销，共计侵吞公款人民币 183,236.05 元。

2. 2006 年 8 月，被告人国某某利用职务之便，在其女儿大学毕业且已出国留学的情况下，指使其下属工业总公司综合管理部部长张某、人事干部穆某某以某建设公司职工的名义，用单位公款为其女在天津市社会保险基金管理中心经济技术开发区分中心缴纳社会保险费。自 2006 年 8 月至 2007 年 1 月，被告人国某某共计侵吞公款人民币 9965.10 元用于为其女儿上保险。其中，个人应缴部分计人民币 2206.85 元，单位缴纳部分计人民币 7758.25 元。2007 年 2 月该事情败露后，国某某停止缴纳并退还其中 2236.85 元，其余 7728.25 元至案发一直未还。

3. 2006 年 12 月间，被告人国某某未经审批因私经上海出境前往美国。回国后，被告人国某某利用职务便利，将其个人由天津往返上海的机票款共计人民币 3400 元，在某建设公司以差旅费名义用公款报销平账予以侵吞。

二、受贿犯罪事实

1. 2005 年 11 月间，被告人国某某利用职务便利，向承揽某建设公司相关工程的天津市某园林绿化工程有限公司总经理吴某某提出出国旅游的要求。11 月 25 日至 30 日，国某某在吴某某和解某某陪同下前往马尔代夫游玩，其个人费用共计人民币 19,800 元，由吴某某支付。被告人国某某利用职务便利，在此次收受他人贿赂出国旅游前后期间，签字审批支付了该园林绿化工程有限公司有关工程款。

2. 2006 年 12 月，被告人国某某未经审批因私从上海出境前往美国，其利用职务便利，要求与其单位有业务关系的上海某工贸发展有限公司总裁盛某某予以具体安排。为了感谢国某某在工业公司、某建设公司长期采购锅炉业务中对其公司提供的帮助和今后的业务合作，盛某某为国某某支付了从上海飞往洛杉矶、拉斯维加斯等地的联程机票款共计人民币 33,030 元及其在美国期间的其他费用，被告人国某某予以收受。

公诉机关认为，被告人国某某身为国家工作人员，利用职务便利，侵吞公款，数额特别巨大；同时其利用职务便利，为他人谋取利益，非法索取、收受他人贿赂，数额巨大,严重侵害了公共财产所有权和国家人员职务行为的廉洁性,其行为已触犯《刑法》第93条第2款;第382条第1款;第383条第1款第1项、第2项,第2款;第385条第1款;第386条之规定,犯罪事实清楚,证据确实充分,应当以贪污罪、受贿罪追究其刑事责任。另其一人犯数罪,同时适用《刑法》第69条之规定,应予数罪并罚。

■ 辩护思路

这是一起典型的国有企业领导涉嫌贪污、贿赂案件,个中原因显而易见。立案之初侦查机关提请审查起诉意见书认定贪污及受贿金额巨大,涉嫌罪名为数罪,按照案发当时司法实践中的量刑标准,如罪名成立并对被告人国某某数罪并罚,有可能判处十年以上有期徒刑。故而辩护人继续坚持案件在审查起诉阶段的律师意见,在已经取得的阶段性辩护成果的基础上(审查起诉意见中一笔50万元的巨额索贿在正式提起公诉时未予认定),继续细致分析,确定以下辩护思路:

1. 从指控的每一笔犯罪行为性质入手进行分析,将公务活动和利用职务之便的界限,将罪与非罪的界限,此罪与彼罪的区别和联系,受贿和礼尚往来的界限作为辩护观点论述的重点。

2. 此外,运用民法上关于财产所有权的基本理论,阐述非法占有财物的法律特征,取得货币这一特定种类物的所有权的法律特征,结合本案事实进行具体分析被告人行为是否构成犯罪。

3. 同时在法律规定的范围内搜集有关证据,向证人调查取证,用事实证据支撑论点,提出被告人国某某不构成犯罪的辩护意见。

■ 辩护要点

一审辩护要点

起诉书指控国某某犯有贪污罪、受贿罪,证据不够确实充分,适用法律不当。

1. 国某某组织王某某等人出国考察旅游,然后报销出国费用,不构成贪污罪。

根据《刑法》第382条第1款的规定,“国家工作人员利用职务上的便利,侵吞、窃取、骗取或者以其他手段非法占有公共财物的,是贪污罪”。

从《刑法》的规定上看,该罪的构成要件是客观方面表现为利用职务上的便利,以侵吞、窃取、骗取或者以其他手段非法占有公共财物的行为。贪污的手段主要是侵吞、窃取和骗取公物占为己有。“侵吞”,是指行为人利用职务上的便利,以涂改账目、收入不记账等不露“痕迹”的手段,将自己依职务管理、经手的公共财物非法占为己有的行为;“窃取”,是指行为人利用职务上的便利,以秘密窃取的方法，监守自盗，将自己管理、经手的公共财物非法占为己有的行为；“骗取”，是指行为人利用职务上的便利，采取虚构事实或者隐瞒真相的方法，将公共财物非法占为己有的行为。

综观上述概念，贪污罪在客观方面的表现均具有一个法律特征，即隐秘性和不公开性。我们据此对国某某的行为进行分析：国某某组织王某某等人出国考察旅游的行为，是在天津开发区某工业总公司的领导圈阅同意后进行的，是一个公开的行为，不符合“盗窃”和“骗取”的特征；回国后，在公司报销该费用，也是公开进行的，并没有采取“涂改账目，收入不记账”或者隐瞒等手段，故也不符合“侵吞”的手段特征。

国某某所任职的天津开发区某总公司为感谢某村的周边四个村的村干部在某开发区某工业小区的征地、建设、安全管理等工作上的大力支持，由天津开发区某工业公司领导集体研究决定，每年带部分村干部出国或者在国内进行考察旅游，费用由天津开发区某工业公司支付。在被告人国某某组织王某某、杨某、解某某、季某某等人去英国之前，天津开发区某工业公司的有关领导干部也曾陪同王某某等村干部赴美国、埃及、土耳其等国家考察旅游，费用是由天津开发区某工业公司支付的。此次赴英之前，王某某曾几次向被告人国某某提出出国考察旅游之事，国某某答应日后安排。后经天津开发区某工业公司的领导圈阅同意陪同王某某去英国，目的也是感谢王某某等村干部为天津开发区某工业小区的征地及建设工作所做的巨大贡献以及更好地保障、促进工业小区的稳定发展。回国后，王某某及天津开发区某工业公司陪同人员国某某、杨某、解某某的费用由天津开发区某工业公司支付，季某某的费用及被告人国某某之女的机票等费用均由其个人支付。以上事实有辩护人调取的王某某的询问笔录、前天津开发区某工业公司领导尔某某的询问笔录等证据予以佐证。

此外，虽然被告人国某某等人赴英考察的大部分时间为旅游观光，但作为从事主管工业园区建设的干部来说，出国开阔眼界、考察国外城市建设的特点，其本身就是工作，就属于一种公务活动。另根据最高人民法院印发的《全国法院审理经济犯罪案件工作座谈会纪要》中关于“公务”的定义：“公务主要表现为与职权相联系的公共事务以及监督、管理国有财产的职务活动。”被告人国某某此次陪同王某某赴英，其目的是感谢王某某等村干部在工业小区的开发、建设及安全管理中所做的重大贡献，作为工业区公司的总经理，其工作就是保障工业小区稳定、更快、更好地发展。为了保障小区的稳定和日后更好的发展，根据公司领导集体作出的决定，被告人国某某陪同王某某等人出国考察旅游的行为就是从事的与其职权相联系的公共事务。

综上所述，从整个事件的经过来看，辩护人认为被告人国某某组织王某某等人出国考察旅游,然后报销出国费用的行为,不符合贪污罪客观方面的法律特征,其行为性质应当是公务性质。公诉机关对该事实的指控本末倒置,难道说国某某的女儿不出国留学,国某某答谢村干部的公务活动就不进行了吗?当然不是。所以,辩护人认为不管被告人国某某的女儿是否出国留学,国某某陪同某些村干部的答谢活动都要进行,答谢村干部在工业小区的建设中的贡献是被告人国某某此行的主要目的,送其女儿赴英留学只是顺便之行为。另辩护人不否认国某某在此次因公出国的报批程序上有瑕疵,但不能仅因为国某某违反了公司内部的管理规定,就否认其出国的目的和公务的性质。被告人国某某的行为充其量只是违反了组织纪律性、原则性,其性质应属违纪的范畴,但不能上升为刑事犯罪。

2. 被告人国某某让其下属单位为其女儿缴纳社会保险费的行为应属于挪用公款的行为,但不构成贪污罪。

根据我国《刑法》第384条规定,“国家工作人员利用职务上的便利,挪用公款归个人使用、进行非法活动的,或者挪用公款数额较大、进行营利活动的,或者挪用公款数额较大、超过三个月未还的,是挪用公款罪”。

挪用公款罪与贪污罪的本质区别:一是主观故意不同,前者是为了临时“使用”而暂时占有公款,准备将来归还;后者是为了将公款永远归己而占有公款,不准备归还。二是二者的行为方式不同,前者因属非法借用,因此总是在账面、他人面前留有“挪用”的痕迹,甚至留下借条,没有平账的行为,一查一问便可知道公款被行为人挪用;后者则必然不择手段地隐瞒、掩盖其侵吞、窃取、骗取公款的行为,因此,很难发现公款已被侵占,即使因怀疑而追查,也很难弄清该公款已被行为人非法占有。

据此,我们来分析一下被告人国某某的行为性质。国某某把女儿的人事关系挂靠在其公司,是向上级公司的相关领导请示后进行的。公司相关人员给其女儿缴纳社会保险,在账面上未做任何手脚,不符合贪污罪客观方面所表现的侵吞、窃取、骗取的手段,而且没有证据表明系被告人国某某直接指使张某、穆某某等人用公款为其女儿缴纳保险费。另根据社会保险的有关缴纳规定,社会保险费应当由单位统一缴纳,社保中心不接受“在职”的个人的缴纳行为,所以公司为被告人的国某某女儿缴纳保险费的行为其实是一种垫交,在未来的某个时段要由个人补交给公司的。并且由于社会统筹养老金在一定条件下不能取现,亦不能被国某某支配、处分,不符合贪污罪中“将公共财物非法占为己有”的特点,因为“占为己有”即犯罪人要对该财物拥有所有权,所有权的含义包括“占有、使用、收益、处分”的权利,而国某某恰恰缺少的是对该保险款的处分权。而且其在主观上是有归还的意思,而且是公开进行的,没有平账的行为,从账面上即可看出公款的去向,也就是说国某某并没有将公款永远占为己有的故意,也没有采取隐瞒、掩饰的手段来掩盖公款的去向。故辩护人认为其行为性质应属于挪用公款的行为，又根据《最高人民法院关于审理挪用公款案件具有应用法律若干问题的解释》的规定，“挪用公款1万元至3万元为‘数额较大’的起点”。被告人国某某未退还的数额7728.25元未达到追诉数额，故不构成犯罪。

3. 被告人国某某因私赴美国，将其个人由天津往返上海的机票款3400元在泰达建设公司以差旅费名义用公款报销的行为，应属贪污行为。但依据我国《刑法》第383条及其有关规定，“个人贪污数额不满五千元，情节较轻的，由其所在单位或者上级主管机关酌情给予行政处分”。被告人国某某贪污的3400元未达到刑法规定的追诉标准，故不应定为贪污罪，可以由其单位或者上级主管机关给予行政处分，并退还其贪污的该笔款项。

4. 公诉机关指控被告人国某某利用职务便利向天津市某园林绿化工程有限公司总经理吴某某提出出国旅游的行为，认定事实错误，应属违纪行为，不构成受贿罪。

根据我国《刑法》第385条第1款规定，“国家工作人员利用职务上的便利，索取他人财物的，或者非法收受他人财物，为他人谋取利益的，是受贿罪”。“为他人谋取利益”是指行为人利用本人职务上的便利，为行贿人谋取各种好处。本案中，天津市某园林绿化工程有限公司与天津市某建设有限公司签订的合同，均系经过正常招投标进行的，国某某并未为其工程中标给予关照，签字支付其工程款也是按照合同约定履行义务，其行为并不符合受贿罪中“为他人谋取利益”的特征。且国某某更不存在索贿的情形，国某某提出要吴某某到国外去考察考察，是在吴某某准备承揽工业小区大楼一楼大厅的背景墙工程设计案多次未通过的前提下提出的，并且没有表示自己要同行。后在吴某某的邀请与安排下，国某某在向相关领导汇报后偕同公司副总经理解某某一起前往马尔代夫，此次考察纯系公务行为，且与向吴某某支付工程款之间并无必然的因果关系。公诉人提供的证据，并不能客观地反映国某某、解某某及吴某某此次出国的真实背景和原因，即公诉机关认定郭某某此行为构成受贿的事实不清、证据不足，不应认定为受贿罪。

在此，辩护人并不否认的一点是，被告人国某某因公出国，其费用应在公司报销，而不应由业务单位报销费用，但该行为仅仅属于违反了组织纪律，可以作违纪处理，但不构成犯罪。

5. 辩护人认为被告人国某某委托上海某工贸发展有限公司为其代买机票的行为实属一种正当、合法的借款行为，与受贿有着本质的区别。

检察机关指控被告人国某某因私去美国，由上海某工贸发展有限公司为其报销33,030元的相关费用，其行为构成受贿，原因是国某某在天津开发区某工业总公司采购锅炉业务中对该公司给过关照、提供过帮助。辩护人认为没有证据表明天津开发区某工业总公司在采购该公司锅炉业务中，国某某曾经给过该公司关照，采购过程完全公开，不存在国某某索贿的前提条件。相反，辩方调取的证据中显示，国某某不但没有给过上海某工贸发展有限公司关照，而且在业务往来中，还出现过上海某工贸发展有限公司向天津开发区某工业总公司催要锅炉款的现象。这些足以说明国某某并未“利用职务便利，为他人谋取利益”。此外，国某某在事后曾经多次向上海某工贸发展有限公司总裁盛某某表示要偿还该费用，只是由于客观原因未能及时偿还。并且，在庭审过程中控方提供的证据中也明确显示，国某某此行纯系私人行为，因盛某某对美国很熟悉以及国某某本人不懂英语的缘故，其邀请盛某某与之同行。其二人之同行纯属个人与个人之间的行为，与公司业务无任何关系。盛某某受托代买机票应属一种自然人之间的借贷关系，虽然二人之间的借贷在形式上欠缺某种手续或者书面的凭证，但并不影响该行为的性质。至于盛某某怎样处理其为国某某代买的机票和其主观上是否想让国某某归还该笔款项都与国某某无关，盛某某在控方证言中所说的“因为其公司与国某某所在公司有业务往来，考虑到多年合作及二人关系相处融洽，就负担了国某某的机票款”，这仅仅是盛某某个人没有想让国某某还款的单方面的主观想法，但这并不影响国某某主观上归还借款的意思表示。之所以没有及时归还，是因为二人的相互信任以及身处两地不方便。相信大家都知道，在日常生活中，自然人之间口头儿借贷的例子比比皆是，试问，仅因为借款人没有打借条或者延迟还款，因为借款人具有国家工作人员的主体身份就将借款人通通定罪判刑吗？

辩护人认为被告人国某某的行为应当认定为借款。借款是一种正当、合法的民事行为，与受贿有本质的区别。根据最高人民法院印发的《全国法院审理经济犯罪案件工作座谈会纪要》第3条第6项的规定，在以借款为名索取或者非法收受财物行为的具体认定时，应当根据以下因素综合判定：(1)有无正当、合理的借款事由；(2)款项的去向；(3)双方平时关系如何、有无经济往来；(4)出借方是否要求国家工作人员利用职务上的便利为其谋取利益；(5)借款后是否有归还的意思表示及行为；(6)是否有归还的能力；(7)未归还的原因；等等。就国某某的借款行为，因其当时邀请上海某工贸发展有限公司总裁盛某某同行，请其代为一起购买机票是合理的；回来后，因上海某工贸发展有限公司财务制度的要求，机票需及时充账，故先在上海某工贸发展有限公司予以平账，但这点并未在账面上有任何的隐瞒，即款项去向清楚、明确；被告人国某某与盛某某平时并无经济往来，也未为上海某工贸发展有限公司谋取过利益，这一点在控辩双方的证据中均有体现；事后，国某某曾多次打电话给盛某某，表示要归还该笔机票费用，且盛某某在2007年年初到天津时，国某某与之见面时又提出归还的意思，但因当时盛某某需急赴北京而未来得及偿还；就国某某的职位及收入，区区3万多元机票款，其是有足够的偿还能力的。故综合以上因素考虑，被告人国某某的行为应当认定为是一种借款行为。

在此，辩护人特别提请法庭注意的是，关于最高人民法院印发的《全国法院审理经济犯罪案件工作座谈会纪要》中关于受贿罪“为他人谋取利益”认定的规定，为他人谋取利益包括承诺、实施和实现三个阶段的行为。只要具有其中一个阶段的行为，如国家工作人员收受他人财物时，根据他人提出的具体请托事项，承诺为他人谋取利益的，就具备了为他人谋取利益的要件。明知他人有具体请托事项而收受其财物的，为他人谋取利益或者承诺为他人谋取利益是根据他人提出的“具体请托事项”。本案中，综观公诉机关指控被告人国某某涉嫌受贿罪的两个事实和证据，均未体现出“行贿人”对国某某提出过什么“具体请托事项”，也就失去了国某某为他人谋取利益或者承诺为他人谋取利益的基础。特别是公诉人将双方多年或者多次日常经济交往中取得的经济效益作为被告人国某某此次受贿“为他人谋取利益”的认定基础，辩护人认为是极为不客观的。

综上所述，辩护人认为检察机关对被告人人国某某的指控不能成立。

一审法院部分采纳了笔者的辩护意见，认定被告人国某某罪名成立，数罪并罚判处有期徒刑五年六个月。被告人国某某不服一审判决，向天津市第二中级人民法院提起上诉，二审中继续坚持一审辩护观点。

■ 裁判结果

一审判决结果

天津经济技术开发区人民法院(2008)开刑初字第 57 号刑事判决，认为国某某作为国家工作人员主观上出于急切亲自安顿其女儿赴英国进行语言强化训练留学的动机，客观上一手策划实施了主动假借感谢友邻单位为借口，欺瞒上级领导机构，未经集体领导研究决定，亲自安排下属人员，起草由其自批自拟的批文，购买英方邀请函，以公务考察为名，持因私护照赴英，后将其本人及王某某、杨某、解某某赴英费用共计人民币 183,236.05 元报销的行为，其行为性质应认定为国有公司、企业人员(徇私舞弊)滥用职权的违法行为，但鉴于其行为在违法程度上尚未达到《最高人民检察院、公安部关于经济犯罪案件追诉标准的规定》(已失效)中关于国有公司、企业、事业单位人员滥用职权罪的刑事追诉标准，故对此笔公诉机关指控构成贪污罪不予认定。

综上所述，被告人国某某身为国家工作人员，利用职务便利，以非法占有为目的，贪污公款数额共计人民币 11,158.25 元，其行为已构成贪污罪，应当依法予以惩处。公诉机关指控被告人国某某犯贪污罪事实清楚，证据确实、充分，指控罪名成立,应予支持。同时,被告人国某某作为国家工作人员,利用职务便利,向承揽其所管辖权力项下的施工单位及设备供应单位的法定代表人以考察、因私代订机票为名,收受贿赂,数额合计人民币 52,830 元,其行为已构成受贿罪,应当依法予以惩处。公诉机关指控被告人国某某犯受贿罪事实清楚,证据确实、充分,指控罪名成立,应予支持。被告人国某某犯数罪,依法应予数罪并罚。据此,依照《刑法》第 64 条,第 69 条,第 93 条第 2 款,第 382 条第 1 款、第 383 条第 1 款第 3 项、第 2 款,第 385 条第 1 款,第 386 条之规定,判决如下:

1. 被告人国某某犯贪污罪,判处有期徒刑一年;犯受贿罪,判处有期徒刑五年六个月;决定执行有期徒刑五年六个月。

2. 继续自被告人国某某处追缴赃款人民币 11,158.25 元,依法发还天津某建设发展有限公司;继续自被告人国某某处追缴涉案非法所得款人民币 52,830 元,依法没收,上缴国库。

二审判决结果

天津市第二中级人民法院(2008)二中刑终字第 440 号刑事判决认定,对于一审法院认定的被告人国某某赴马尔代夫的行为是否构成受贿罪,认为虽然不能证实被告人国某某与吴某某、解某某赴马尔代夫之行具有公务考察的内容,但国某某此行是受吴某某之邀,而且国某某并没有利用职权对吴某某的公司工程承包设置障碍,以迫使该公司支付旅游费用,国某某也没有明确具体的为该公司谋取不正当利益的行为,故被告人国某某赴马尔代夫的行为不构成受贿罪。但国某某赴马尔代夫之行的费用人民币 19,800 元属于非法所得,应予追缴。

综上,上诉人国某某作为国有公司、企业的负责人,利用职务便利,以非法占有为目的,贪污公款共计人民币 11,158.25 元,其行为已构成贪污罪;国某某利用职务便利,将个人因私出国的费用人民币 33,030 元,在曾为其管辖项目提供设备的上海某工贸发展有限公司予以报销,该行为已经构成受贿罪,均应予以惩处。国某某作为国有公司、企业的负责人,用公款邀请关系单位负责人赴英国的行为,属于滥用职权的行为,鉴于尚未达到刑事追诉标准,故不认定为犯罪。原审判决认定的基本事实清楚,证据充分,定罪准确,审判程序合法。关于国某某的辩护人所提国某某将因私往返上海的机票款人民币 3400 元在本单位予以报销的行为,未达到贪污罪的认定数额标准的辩护意见,经查,国某某指使下属为其女缴纳社会保险费,从而实际非法占有公款的数额是人民币 7728.25 元,所以国某某通过贪污非法占有的款项总计人民币 11,158.28 元,属于贪污数额较大,应当认定为贪污犯罪。依照《刑事诉讼法》第 189 条第 1 项、第 2 项,《刑法》第 64 条,第 69 条,第 93 条第 2 款,第 382 条第 1 款,第 383 条第 1 款第 3 项、第 2 款,第 385 条第

1 款,第 386 条的规定,判决如下:

1. 维持天津经济技术开发区人民法院(2008)开刑初字第 57 号刑事判决中认定被告人国某某犯贪污罪,判处有期徒刑一年和继续自被告人国某某处追缴贪污赃款人民币 11,158.25 元,依法发还天津某建设发展有限公司的部分。

2. 撤销天津经济技术开发区人民法院(2008)开刑初字第 57 号刑事判决中认定被告人国某某犯受贿罪,判处有期徒刑五年六个月和决定执行有期徒刑五年六个月,以及继续自被告人国某某处追缴涉案非法所得款人民币 52,830 元的部分。

3. 上诉人(原审被告人)国某某犯贪污罪,判处有期徒刑一年;犯受贿罪,判处有期徒刑二年六个月;决定执行有期徒刑三年。

4. 继续自被告人国某某处追缴受贿赃款人民币 33,030 元和非法所得款人民币 19,800 元,依法没收,上缴国库。

■ 案件评析

经过辩护,此案从审查起认为贪污 19 万余元到终审判决最终认定 1 万余元,受贿由 53 万余元且有索贿情节到最终认定为 3 万余元受贿,且未认定索贿情节,刑期由一审判决的有期徒刑五年六个月减为有期徒刑三年,应当说辩护效果显著。特别是侦查机关认定的索贿 53 万余元,只有行贿人的指证和行贿人提供的汇款凭证,但被告人手中的存折并没有该笔款项的进账记录,被告人在历次讯问中表示根本不知道这笔钱的存在,较长的时间段内从未动用或查询过该存折项下的存款。因此,不能证明受贿(索贿)情节客观存在,且无法排除合理怀疑,控方未予就此笔款项提起公诉,大大减轻了被告人的刑责。

法学专家张翔点评

从国某某贪污、受贿案中,我们可以看到,本案中大量存在违反党纪与职务违法犯罪相交织的情况。在当时没有"纪严于法"和"纪法衔接"的情况下,必然导致本应量纪的行为却按照职务犯罪追究刑事责任。幸而办案的宿胜利辩护律师,曾有在检察机关办理刑事案件的经验,能够明晰纪律与刑事法律的区别,运用逻辑刑辩,使被告人国某某得以按照"罪责刑相适应"的原则被从轻追究刑事责任。

此案虽然发生在十几年前,但对当前仍然具有一定的借鉴意义:刑辩律师如能够掌握党纪党规、明晰纪法的界定,运用逻辑刑辩思维,就可以更好地为当事人(被告人)服务。而"破法者必先破纪"现象的总结,是党纪严于国法、对党员的要求比普通公民更高而作出的一种制度设计,体现了纪在法前、纪严于法的要求,是对党员领导干部的更严管理和更高要求,更是爱护和保护。

在当下,对纪检监察机关来说,既要严惩腐败,又要依规依纪依法,一切从实际出发，历史地、全面地、客观地看问题，严格依照法定权限规则程序办事，这既是“清”的底线，也是“亲”的体现。

当前和今后一个时期，坚持全面从严治党，要着力构建不敢腐、不能腐、不想腐的体制机制，形成风清气正的干部作风，营造良好的政治生态，使广大党员干部具有敢于担当、奋发有为的精神状态，必须坚持党内法规严于国家法律，党内法规同国家法律相互衔接协调、共同发力。而坚持党内法规严于国家法律，党内法规同国家法律相互衔接协调、共同发力，构建不敢腐、不能腐、不想腐的体制机制，这也是当前查办职务违纪违法的逻辑，依照这个逻辑建立起来的逻辑刑辩才符合当下的要求。

逻辑是思维的规律和规则，刑辩是运用法治思维在刑事法学规则下对刑事案件的定性认识，两者应是相辅相成、紧密联系的。所以，逻辑刑辩是在推动逻辑学在刑事辩护中的应用和发展，引导刑辩律师自觉运用逻辑方法，探究和还原案件的基本事实，使刑事辩护更具科学性和严谨性。这有助于司法机关依法查明事实、正确适用法律、公正作出裁判，让每一个案件都经得起历史的检验；有助于维护社会的公平正义，体现刑事辩护律师作为法律共同体的社会价值，以践行习近平主席所要求的，中国法治应“努力让人民群众在每一个司法案件中都感受到公平正义”的努力目标和明确要求。

党的十九届四中全会已经明确将国家治理确定为下一阶段国家发展的主题，中国已经从“富起来”走向“强起来”。在这样的时代方位下，刑辩律师应该掌握党纪、明晰纪法的界定，从而更好地推动党的纪律与刑事法律在刑事案件的逻辑的应用，进一步提高法律实务工作者运用刑事法律逻辑解决法律实际问题的自觉性，为维护司法公正、实现司法高效作出应有的贡献。

金某某贪污，受贿，私藏枪支、弹药案

——关于指控的贪污罪、受贿罪之间罪名转化的辩护实务

■ 案情简介

被告人金某某原系某野战部队团参谋长，1998年转业后在天津经济技术开发区园林绿化公司（国有独资）任职，由于工作表现出色，很快便得到时任公司董事长张某（后因纪检调查其违纪违法问题双规期间自杀身亡）的重用。2000年至2003年，被告人金某某先后担任天津经济技术开发区总公司园林绿化公司（后变更为天津泰达生态园林发展有限公司，以下简称绿化公司）经理助理兼绿化养管部部长、绿化公司副经理，负责该公司的绿化养管工作和生产工作。天津市人民检察院第一分院（2004）津检一院刑诉第113号起诉书指控：被告人金某某利用职务上的便利实施了下列贪污、受贿及私藏枪支、弹药的行为：

2000年年初，绿化公司养管二所所长钱某上交给被告人金某某创收款4.8万元，其中0.8万元用于发放奖金，剩余4万元私存。

2000年8月，绿化公司以虚拟合同立项的手段，从开发区财政局申请了102.6万元的拨款，被告人金某某通过天津市馨卉园林公司的赵某江倒回现金60万元账外私存。

2001年、2003年，绿化公司虚列开支，被告人金某某先后通过承揽绿化改造工程的某部队农场的岳某某两次倒回现金共计24万元，其中16万元上交公司财务，剩余8万元账外私存。

2002年3月，绿化公司在签订苗木采购合同时，虚增合同金额，倒回现金32万余元，被告人金某某将部分款项用于发放奖金和购物卡，剩余22万元账外私存。

2002年年底，绿化公司虚拟立项，通过大顺园林公司倒回现金60万元，被告人金某某将其中54万元用于发放职工奖金，剩余6万元账外私存。

2003年1月，绿化公司监理部部长张某某上交给被告人金某某创收款4万元，账外私存。

2003年1月，绿化公司领导层人员变动，被告人金某某隐瞒其保管的公司账外资金，2003年6月，被告人金某某将上述款项共计104万元，转移至北京其内弟

崔某某家中藏匿。2003年10月，审计部门对绿化公司进行财务审计，被告人金某某没有将其保管的公司账外款的情况向审计部门报告，2003年11月，天津市纪律检查委员会（以下简称纪检）向被告人金某某调查绿化公司的有关问题，被告人金某某仍然未向检报告这一情况。

2000年至2003年，被告人金某某利用主管签批绿化养管合同的职务便利，将天津开发区泰发园林工程有限公司承包养管面积签定为16万平方米，而指派某部队农场养管其中4万平方米的绿地，即给天津开发区泰发园林工程有限公司虚签了4万平方米的养管面积，使得三年应付给某部队农场的养管费60万元实际支付给了天津开发区泰发园林工程有限公司，为此，天津开发区泰发园林工程有限公司纪某某先后送给被告人金某某人民币30万元。

2001年年底，被告人金某某收受为绿化公司供应有机肥的天津宝坻县个体经营户王某某人民币1万元。

另外，2004年4月，根据被告人金某某的交代，从其内弟崔某某家中起获其私藏的小口径步枪两支、“五一”式手枪弹、“五六”式步枪弹、6mm小口径长弹共4600余发，经鉴定，该枪支具有杀伤力。

案发后，被告人金某某在纪检调查期间主动交代了自己的犯罪事实，赃款、赃物被全部收缴。

公诉机关认为，被告人金某某身为国有公司中从事公务的人员，利用职务上的便利，非法占有公款104万元，为他人谋取利益，收受贿赂31万元，还违反枪支管理规定，非法私藏枪支、弹药，情节严重，其行为已触犯了《刑法》第93条第2款、第128条第1款、第386条之规定，构成贪污罪，受贿罪，私藏枪支、弹药罪。

公诉机关没有认定被告人金某某自首情节。

■ 辩护思路

此案系纪检部门立案查处的天津开发区国有公司领导职务犯罪串案之一，由于该串案另案嫌疑人、被告人金某某的直接领导绿化公司董事长张某在双规期间意外死亡，当时造成了较大影响，同时也给本案查清有关事实带来障碍。被告人金某某对起诉书认定的贪污受贿款项总额没有异议，且均有据佐证。但对其行为性质提出异议，认为其所控制的单位账外资金均是受公司董事长张某指示而保管的小金库资金，其不存在非法占有的行为和主观故意，故而不构成贪污罪和受贿罪。

笔者在侦查阶段初期即接受委托介入此案，但侦查机关始终不予安排会见，无法为当时的嫌疑人金某某提供法律帮助。直至案件进入审查起诉阶段才允许向被告人金某某了解有关案件事实（这也符合当时《刑事诉讼法》和有关规定），案件移送法院审理后即允许复制了全部案卷材料，全部案卷 5 册，包括物证、书证、证人证言、鉴定报告等大量证据。辩护人经阅卷并结合案件客观情况的发生以及被告人金某某笔者陈述的自行辩解理由，确定以下辩护思路：

1. 由于能够证实被告人金某某行为性质的关键证人意外死亡且没有留下关于这方面的任何证据，故而仅凭金某某的自行供述和辩解还不足以对大量的控诉证据形成有效抗辩，对贪污罪和受贿罪的指控做无罪辩护，风险很大。但被告人金某某坚持自己应当向法庭实事求是地陈述事实，同时辩护人考虑到其对客观存在的事实并不否认且均为主动坦白，对行为性质的自行辩解系法律规定的被告人的诉讼权利，并不影响辩护人认为其成立自首的辩护观点，故而同意当庭发表此点辩护意见但不与控方过多纠缠。

2. 由于该案指控为数罪，根据现行刑法的规定，认定贪污 104 万元，数额巨大即有可能处十年以上有期徒刑；认定受贿 31 万元，数额巨大即有可能处十年以上有期徒刑；认定私藏枪支、弹药罪成立，根据《最高人民法院关于审理非法制造、买卖、运输枪支、弹药、爆炸物等刑事案件具体应用法律若干问题的解释》，金某某的情节属于应当判处三年以上七年以下有期徒刑。按照数罪并罚的原则，金某某有可能被判处十年以上二十年以下有期徒刑，根据本案的具体情节预判，即使认定了全部法定的、酌定的从轻、减轻处罚情节，被告人也极有可能被判处十五年以上有期徒刑。因此辩护人决定从指控的罪名着手，立足于将数罪辩护为一罪或减少数罪的罪名，这样可以大大降低数罪并罚的法定最高刑，从而可以达到降低被告人刑罚的目的。辩护人逐一核对了指控的每一笔款项的全部过程，确定了在认可指控贪污受贿总数额没有争议的前提下，被告人金某某仅可能构成贪污罪一罪的辩护思路。

3. 被告人金某某对指控的各罪均构成自首，系法定的从轻、减轻处罚情节。

4. 被告人金某某积极配合，赃款及私藏的枪支、弹药全部主动上缴，系酌定的从轻、减轻处罚情节。

■ 辩护要点

对于贪污、受贿部分的指控辩护人基本的辩护观点：证明被告人主观上具有非法占有公共财物的主观故意，证据不够确实充分，故本案不具备犯罪的主观构成要件，依法不能定案。

一、关于对起诉书指控金某某构成贪污罪部分的辩护意见

《刑法》第 382 条第 1 款规定：国家工作人员利用职务上的便利，侵吞、窃取、骗取或者以其他手段占有公共财物的，是贪污罪。

依据上述法律规定，构成贪污罪须具备以下构成要件：

主体是国家工作人员；本罪的主观方面是故意犯罪，且具有非法占有公共财物的主观故意；本罪侵犯的客体是国家工作人员职务行为的廉洁性及公共财产的所有权；本罪的客观方面表现为利用职务上的便利，以侵吞、窃取、骗取或采取其他手段非法占有公共财物的行为。

在本案中，金某某虽然是国家工作人员，客观上在一定时间和范围内占有了公共财产，但并没有非法占有公共财物的犯罪故意，也不存在利用职权侵吞、窃取、骗取或采用其他手段占有公共财产的行为。起诉书中指控金某某涉嫌贪污的104万元，具体笔数：2000年年初绿化公司养管二所所长钱某某上交的创收款4.8万元中的4万元；2000年8月绿化公司以虚拟合同立项的手段，通过天津市馨卉园林公司赵某某倒回的60万元现金；2001年、2002年绿化公司虚列开支，通过某部队农场岳某某两次倒回的24万元现金中的8万元；2002年绿化公司在签订苗木采购合同时，通过虚增合同金额倒回的32万元中的22万元（其余10万元用以发放奖金及购物卡）；2002年绿化公司以虚拟立项的手段，通过大顺园林公司倒回的60万元中的6万元（其余54万元用于发放工人工资）；2003年1月绿化公司监理部部长张某某上缴创收款4万元。这几笔款项实际上都进入到由公司董事长张某控制、被告人金某某负责保管的公司账外“小金库”之中，截留这笔资金也是张某决定的，被告人金某某把这截留下来的104万“小金库”资金的具体情况也都及时向董事长张某作了汇报，并且张某指示金某某一定要保管好这笔资金，以备用作攻关和科研资金。领导的指示，被告人金某某不敢怠慢，当时正值公司领导层调动，搬迁频繁，金某某害怕丢失便想把该笔资金放在自己家中保管，但因为金某某所住的小区内物业管理混乱，有没有良好的保安措施，为了防止发生意外，怕到时候不好向领导交代，因此只好暂存在其内弟崔某某家中。而且后来当组织问及此事的时候，金某某不但向组织交代了此事，而且还将该笔资金及时上缴组织。故上项客观事实足以证实被告人金某某没有非法占有该笔资金的犯罪故意。根据天津市高级人民法院《天津市第二次审理贪污贿赂犯罪案件研讨会会议纪要》第2条第2款第2项规定：如有证据证明行为人将处分的款项用于公务活动，又无证据证明其对其余款项有占有故意的，不应当认定为非法占有。此款第3项规定：未对私存的款项进行处分的，应着重考察行为人秘密私存公款的原因，没有正当理由，又没有证据证明该款用于公务支出的，应认定行为人有非法占有的故意。

本案中，被告人金某某对其私存的公款未动一分，在纪检部门根本不掌握任何线索的情况下主动向纪检部门陈述事实。又亲自带领办案人员前往存放地点追回款项，这种行为过程本身就说明其主观上没有非法占有公款的故意，故被告人金某某的行为缺少犯罪构成的主观要件，其行为不构成贪污罪。

二、关于对起诉书指控金某某构成受贿罪的辩护意见

《刑法》第 385 条第 1 款规定:国家工作人员利用职务上的便利索取他人财物的,或者非法收受他人财物为他人谋取利益的,是受贿罪。

构成受贿罪的主体是国家工作人员,根据《刑法》第 93 条的规定,国家工作人员是指在国家机关中从事公务的人员。国有公司、企业、事业单位、人民团体中从事公务的人员和国家机关、国有公司、企业、事业单位、委派到非国有公司、企业、事业单位、社会团体从事公务的人员,以及其他按照法律从事公务的人员,以国家工作人员论。

本罪的主观方面是故意,即行为人认识到他人有求于自己的职务行为,认识到自己接受(包括索取)的是职务行为的不正当报酬,但仍然故意索取或收受贿赂。

本罪侵犯的客体是国家工作人员职务的廉洁性。

客观方面表现为国家工作人员利用职务上的便利,索取他人财物或非法收受他人的财物,为他人谋取利益的行为。

在本案中,被告人金某某虽然是国家工作人员,却并没有利用职权为他人谋取利益,起诉书中指控金某某利用主管签批绿化养管合同的职务便利,为天津开发区泰发园林有限公司虚签了 4 万平方米的养管面积的指控不够客观公正。首先金某某作为绿化公司的副总经理其不具有对外签订合同的权利,金某某虽然担任绿化公司主管生产的副经理,但对公司事务真正享有决定权的是董事长张某,金某某只不过是奉命行事。并且绿化公司与纪某某掌管的 × × 部队农场和泰发园林有限公司在金某某转业进入绿化公司以前就有合作关系,绿化养管合同实际上是由张某决定,金某某代签的。金某某因代签绿化养管合同而收受的纪某某的 30 万元并没有非法占有,而是向董事长张某请示汇报后,经张某决定把这 30 万元放到由金某某保管的"小金库"当中,以备用作发放工人工资及奖金。金某某收受个体户王某某的 1 万元现金后,并没有为王某某谋取任何利益,合同还是根据事先谈定的条款签订的,而且该 1 万元现金在金某某向董事长张某汇报后,经张某决定放到自己保管的"小金库"当中,也一块用于发放工人工资及奖金。以上事实有以下客观存在的环节能够证实:

1. 与纪某某掌管的某部队农场和泰发园林有限公司签订养管合同系董事长张某的决定,被告人金某某无权自行决定。

2. 某部队农场和泰发园林有限公司均为纪某某一人掌管,金某某有理由认为其所对应的是一个单位。

3. 在支付养管费用的总额上,绿化公司未多支付一分钱,后在合同履行过程中,泰发园林有限公司的部分养管工作是由绿化公司一所的工人完成的,故金某某认为纪某某将泰发园林有限公司多收的养管费返还给绿化公司是应当的,其代表绿化公司收了纪某某退回的 30 万元也是正当的。

4. 按照董事长张某的指令作为“小金库”的款项保管,符合当时的客观情况。

综上所述,金某某缺乏构成受贿罪的主观故意,客观上也没有非法占有相关款项,其行为特征与之前指控的被告人金某某贪污行为特征一致,控方将此笔款项另行确定罪名指控,试图以数罪并罚的方式来加重被告人刑罚,没有任何事实和法律依据,被告人金某某亦不构成受贿罪。

三、关于金某某私藏枪支、弹药罪的辩护意见

非法持有、私藏枪支、弹药罪是指违反枪支、弹药管理规定,非法持有、私藏枪支、弹药的行为。根据《刑法》第 128 条第 1 款的规定,非法持有、私藏枪支、弹药的处三年以下有期徒刑、拘役或者管制;情节严重的,处三年以上七年以下有期徒刑。

在本案中,金某某对起诉书关于犯罪事实的认定及法律的适用不持异议,但恳请法庭考虑以下因素,对金某某予以从轻或减轻处罚:

1. 金某某原先为军转干部出身,出自军人一种特有的职业习惯,金某某特别爱好枪支,同时由于金某某个人法律意识淡薄,才触犯了刑律。

2. 这一事实无任何人掌握,后在金某某向组织交代“小金库”问题的同时,主动向组织交代了此事,并将全部枪支、弹药上缴。依据《刑法》第 67 条第 1 款的规定,犯罪以后自动投案,如实供述自己的罪行的,是自首。对于自首的犯罪分子,可以从轻或减轻处罚。其中犯罪较轻的,可以免除处罚。

3. 私藏枪支弹药并未造成其他后果。

根据上述规定,对金某某应当认定为自首。

四、对指控的贪污罪、受贿罪部分构成自首的辩护意见

虽然辩护人对贪污受贿罪的指控持不构成犯罪的辩护意见,理由是被告人不具有非法占有公共财物的主观故意这一构成要件,主要依据就是被告人本人的供述和对行为性质的自行辩解,而这种自行辩解是否能够成立,则来自辩护人、公诉人的主观判断,最终落实在合议庭在评议案件时结合全案证据予以的客观认定。故而在庭审阶段,这种不确定性的存在是显而易见的。从辩护的角度讲,目的是依据事实和法律,实现被告人法律利益的最大化,因此,只要不否认案件的基本事实,辩护人在提出不构成犯罪的辩护意见后,仍然可以提出从轻、减轻处罚的辩护意见。不构成犯罪和构成自首这两种看似矛盾的辩护观点在实现被告人法律利益最大化这一终极辩护目的上形成了对立统一。此外《最高人民法院关于被告人对行为性质的辩解是否影响自首成立问题的批复》对辩护人的观点予以了肯定。

就本案来讲,案件来源及抓获经过和其他证明材料均证实,被告金某某在本单位纪检部门领导找其谈话时就将受董事长张某指令私设“小金库”并保存相关款项的事实如实进行了交代，移送上级纪检和司法机关后积极配合办案机关追缴全部款项，应认定为主动投案，如实供述，符合《刑法》第 67 条规定的自首的构成要件。

五、其他应酌情从轻减轻处罚的情节(略)

■ 裁判结果

天津市第一中级人民法院(2004)一中刑初字第 89 号刑事判决，认定被告人金某某身为国家工作人员，利用职务之便，以欺骗或虚假的手段，非法占有公款；并为他人谋取利益，而收受贿赂；并违反枪支管理规定，非法私藏枪支、弹药。依照法律规定，公诉机关指控被告人金某某贪污公款人民币 104 万元、受贿人民币 1 万元及私藏枪支、弹药的犯罪事实清楚，证据充分，罪名成立，本院予以确认；指控被告人金某某收受纪某某个人贿金人民币 30 万元的事实清楚、证据充分，但指控其行为构成受贿罪不当，应以贪污罪定罪处罚。综上，被告人金某某的行为已构成贪污罪，受贿罪和私藏枪支、弹药罪，应依法分别予以处罚。且其犯数罪，依法应实行数罪并罚。被告人金某某在检察机关不掌握其犯罪事实的情况下，主动交代了其全部犯罪事实，并协助检察机关提取了全部赃款和枪支、弹药，且检察机关据此提取了相关证据，其上述行为应认定为自首。其虽在庭审中推翻原供，辩解其转移的公款有他人知晓，但经查不能成立，属于是对行为性质的辩解，不影响自首的成立。被告人金某某虽贪污数额特别巨大，其犯私藏枪支、弹药罪情节严重，但具有自首情节，且赃款及私藏的枪支、弹药被全部收缴在案，故对其犯贪污罪、受贿罪依法可从轻处罚；对私藏枪支弹药罪，依法可减轻处罚。被告人金某某及其辩护人以金某某所控制的单位账外资金均是受公司相关领导指派而保管，其不具有非法占有的主观故意，其行为不构成贪污罪、受贿罪的辩解和辩护意见，经查无证据证实，本院不予采纳；另以自首为由，要求对其所犯私藏枪支、弹药罪予以从轻或减轻处罚的辩解和辩护意见，经查属实，本院予以支持。依照《刑法》第 67 条第 1 款；第 69 条；第 93 条第 2 款；第 128 条第 1 款；第 382 条第 1 款；第 383 条第 1 款第 1 项、第 3 项，第 2 款；第 385 条第 1 款；第 386 条和《最高人民法院关于审理非法制造、买卖、运输枪支、弹药、爆炸物等刑事案件具体应用法律若干问题的解释》第 5 条第 1 款第 2 项、第 3 项及《最高人民法院关于被告人对行为性质的辩解是否影响自首成立问题的批复》之规定，判决如下：

被告人金某某犯贪污罪，判处有期徒刑十二年，并处没收个人财产人民币 10 万元；犯受贿罪，判处有期徒刑一年；犯私藏枪支、弹药罪，判有期徒刑二年。决定执行有期徒刑十三年，并处没收个人财产人民币 10 万元。

一审判决生效后，被告人金某某服判未上诉。

■ 案件评析

本案辩护人认可控方指控的基本事实，通过对行为性质的辩解进行了部分指控的无罪辩护，且部分得到了法院判决支持，特别是将受贿部分的绝大部分款项的性质转变为贪污，大大降低了受贿罪的量刑，从而降低了数罪并罚的最高刑。此外从轻、减轻处罚的辩护意见法院给予了充分支持。

辩护人通过这个案件发现，在涉及国有企业、事业单位工作人员犯罪案件中，经常会出现指控的罪名贪污罪和受贿罪同时存在，一经认定被告人将面临数罪并罚。或者在认定金额上两罪涉案金额分别达到了一定的标准，有的认定为索贿，系从重处罚，数罪并罚后会大幅度提高量刑。辩护人曾经办理过的如郭某某贪污、受贿案，某法官刘某贪污、受贿案，某报社刘某某贪污、受贿案均是这种情况。那么，如何在辩护中依据事实和法律，确定被告人的行为性质，将数罪辩护为一罪或者在相应的金额所对应的量刑幅度内，通过转化行为性质的辩护，降低数罪并罚的合并刑期来达到降低被告人刑罚的目的。这就需要对贪污罪和受贿罪的主体要件、客观要件加以分析。

首先，关于贪污罪和受贿罪主体要件区别和联系我们简单概括为：受“委派”从事公务的，既可以构成贪污罪主体，又可以构成受贿罪主体。受“委托”从事公务的，只能构成贪污罪主体，不一定构成受贿罪主体。同样也不一定构成挪用公款罪的主体。具体论述请参阅本书刘某某贪污、受贿案中辩护要点关于受贿罪主体部分以及案件评析部分的论述，在此不再赘述。

其次，关于贪污罪和受贿罪在客观要件上加以区分。从《刑法》第382条和第385条的规定看，贪污罪客观上表现为利用“职务上的便利”条件，非法占有公共财产。与犯罪人经手、管理公共财产这一条件密切相关。受贿罪的客观方面表现为利用职务上的便利，索取他人财物，或者非法收受他人财物，为他人谋取利益的行为。贿赂与国家工作人员的职务具有关联性，职务是国家工作人员基于其地位应当作为公务处理的一切事务，其范围由法律、法令或者职务的内容决定。受贿与职务行为的关联性，是指因为行为人具有某种职务，才可能向他人索取贿赂，他人才向其提供贿赂。具体表现为收受财物或者各种名义的回扣、手续费等归个人所有。我们依据上述规定来具体分析案件当事人具备何种性质犯罪的客观构成要件。

被告人如果不具有职务上的便利，那么就不能构成受贿罪。关于“职务”的内涵，已经作了较为详细的论述，简而言之就是基于执行“公务”而具有相应职权，由此而形成的一定地位。比如本案的被告人金某某，虽然作为公司的副总经理，有职务称谓，但就其工作内容而言，其具有的是工作职责而非职务（前已论述）。对外签订绿化业务合同，合同对象、具体内容其不具有审批权和决定权，其所完成的工作内容系在取得本单位委托授权的情况下所从事的事务性工作。行贿人给其财物，也不是基于其拥有签订或解除合同的职权，而是为了促进与其所在单位的进一步合作顺利。从金某某获取财物的行为手段上看，其也不是利用所谓的“职权”，迫使行贿人向其行贿，而是利用自己工作的便利条件，即全面了解和掌握辖区绿化的面积、人工用量等信息，在与行贿人签订及履行绿化合同过程中，在行贿人的配合下将绿化公司的公款套取出来归个人使用。

沿着这个思路，笔者辩护的其他国家工作人员贪污、受贿案件在行为性质的认定上都取得了合理、合法的转化，同时有效规避了“索贿”这一从重处罚情节的认定，维护了被告人的合法权益。

梁某某贪污、索贿案

——数罪认定一罪，贪污罪和受贿罪、挪用公款罪主体要件分析，兼谈共同犯罪案件的并案诉讼和分案诉讼

■ 案情简介

本案是天津市某区监察委成立以来立案查处的首起职务犯罪案件，后移送审查起诉。天津市某区人民检察院津滨检公诉刑诉(2018)129号起诉书认定：某报社系隶属于区委宣传部管理的事业单位，负责《时报》的采编、出版、发行等工作，办公室为其内设部门。

2006年6月至2010年12月，被告人梁某某任时报社及其前身经济时报社发行部副主任，主要负责报纸发行工作。2014年10月后，其任时报社办公室副主任，主要负责协助办公室主任做好办公室管理工作，以及报社报纸发行工作。在任职期间，被告人梁某某利用职务便利，单独或伙同其他人贪污共计人民币77万余元，受贿人民币28.4万元。

2018年3月28日，被告人梁某某被检察机关在其单位查获到案。到案后，其如实供述了监察机关未掌握的其大部分贪污犯罪事实，主动交代其受贿犯罪事实。

本院认为，被告人梁某某身为国家工作人员，利用职务上的便利，采取截留、侵吞等手段，单独或伙同他人非法占有公共财物，数额巨大，其行为已触犯了《刑法》第382条第1款之规定，犯罪事实清楚，证据确实、充分，应当以贪污罪追究其刑事责任。同时其利用职务上的便利，索取他人财物，数额巨大，其行为已触犯《刑法》第385条第1款之规定，应当以受贿罪追究其刑事责任。鉴于其对贪污犯罪具有坦白情节，受贿犯罪具有自首情节，部分贪污犯罪事实系从犯，又系判决宣告前一人犯数罪，应分别适用《刑法》第25条第1款，第27条，第67条第1款、第3款，第69条，第383条，第386条之规定。根据《刑事诉讼法》第172条的规定，提起公诉，请依法判处。

同时天津市某区人民检察院津滨检公诉量建(2018)137号量刑建议书认为被告人梁某某具有以下量刑情节：

1. 法定从重处罚情节:索贿。

2. 法定从轻、减轻或者免除处罚情节:自首、坦白、从犯建议其所犯贪污罪,在有期徒刑四年以上六年以下量刑,并处罚金。对其所犯受贿罪,在有期徒刑两年六个月以上三年六个月以下量刑,并处罚金。

在本案开庭前,天津市某区人民检察院津滨检公诉刑变诉(2019)3 号变更起诉决定书认定:原起诉认定的受贿(索贿)事实变更为贪污事实第 8 项,2017 年 2 月至 2018 年 1 月,被告人梁某某利用新一线公司与某时报社签订的投递合同,将某时报社员工自行投递的区域纳入该投递合同中,采取降低部分区域投递费用,增加投递份数等手段,虚报投递款,后要求新一线公司法人时某某将多出的投递款共计人民币 28.4 万元,交予其个人占有。

综上所述,被告人梁某某单独或伙同他人贪污共计人民币 105 万余元。2018 年 3 月 28 日,被告人梁某某被监察机关在其单位查获到案。到案后,如实供述了监察机关未掌握的其大部分犯罪事实。

适用的法律变更为:法院认为,被告人梁某某身为国家工作人员,利用职务上的便利,采取截留、侵吞等手段,单独或伙同他人非法占有公共财产,数额巨大,其行为已触犯了《刑法》第 382 条第 1 款之规定,犯罪事实清楚,证据确实、充分,应当以贪污罪追究其刑事责任。鉴于其具有坦白情节,部分犯罪事实系从犯,应分别适用《刑法》第 67 条第 3 款,第 25 条第 1 款,第 27 条之规定。津滨检公诉刑诉(2018)129 号起诉书未被变更部分仍然具有法律效力。

量刑建议修改为犯贪污罪,判处四年以上六年以下有期徒刑,并处罚金。

■ 辩护思路

辩护人在案件监委调查阶段即接受被告人梁某某近亲属委托担任其辩护人。由于存在法律上的障碍,辩护人在案件移送审查起诉后才得以会见被告人。通过阅卷辩护人注意到,该案涉嫌贪污、受贿的笔数多,时间跨度大,但全部为被告人自己坦白,故基本事实没有争议。如果认定罪名成立,按照控方的量刑建议,数罪并罚将被判处四年以上七年半以下有期徒刑。故而本案的辩护基调为罪轻辩护。通过以下几个方面提出辩护意见:

1. 本案被告人梁某某系受聘于国有事业单位的工作人员,从主体上看属于受委托经手管理国有财产的非典型国家工作人员,依法可以构成贪污罪主体,但不能构成受贿罪主体。

2. 从认定其索贿行为的具体事实入手,分析其行为性质是“公务”还是“劳务”,结论为符合贪污罪的特征。结合受贿罪的法定主体要件,指出控方认定的受贿罪依法不能成立,从而规避数罪并罚。

3. 对指控共同贪污从犯的事实，结合程序法的规定，在主犯应当被起诉而没有被提起公诉的情况下，从犯不能成立，且没有量刑基础。

4. 全案构成自首。

■ 辩护要点

审查起诉阶段辩护意见

本案辩护人在审查起诉阶段向天津市某区人民检察院提出辩护意见，主诉检察官认罪听取并采纳了部分辩护意见，后变更起诉为贪污罪一罪。

一、关于对起诉意见书指控被调查人梁某某同时犯有贪污罪和受贿(索贿)罪数罪的异议

起诉意见书指控被调查人梁某某在构成贪污罪的同时，犯有受贿罪且构成索贿。其中指控其非法占有的部分款项构成贪污罪一罪认定事实清楚，适用法律准确。对于指控其索要新一线公司法定代表人时某某现金28.4万元构成受贿罪(索贿)，辩护人认为基本事实清楚，但适用法律不当。缺乏构成受贿罪所要求的主体要件和客观要件。

(一)关于主体要件

我国《刑法》第385条规定：国家工作人员利用职务上的便利，索取他人财物的，或者非法收受他人财物，为他人谋取利益的是受贿罪。国家工作人员在经济往来中，违反国家规定，收受各种名义的回扣、手续费，归个人所有的，以受贿论处。根据上述《刑法》的规定我们不难看出，受贿罪的犯罪主体为特殊主体，即只能由国家工作人员构成。国家工作人员的范围及其认定，贪污罪与受贿罪主体的认定范围相同又不尽相同，而就本案来讲，恰恰是这一丝“不尽相同”，决定了受贿罪是否能够成立。

我国《刑法》第93条对国家工作人员的范围具体规定为：本法所称的国家工作人员，是指国家机关中从事公务的人员。国有公司、企业、事业单位、人民团体中从事公务的人员和国家机关、国有公司、企业、事业单位委派到非国有公司、企业、事业单位、社会团体从事公务的人员，以及其他依照法律从事公务的人员，以国家工作人员论。此外，《刑法》第382条第2款又规定：受国家机关、国有公司、企业、事业单位、人民团体委托管理、经营国有财产的人员，利用职务上的便利，侵吞、窃取、骗取，或者以其他手段非法占有国有财物的，以贪污论。依据上述法律规定，国家工作人员的范围包括：

1. 国家机关中从事公务的人员。

2. 国有公司、企业、事业单位、人民团体中从事公务的人员。

3. 国家机关、国有公司、企业、事业单位委派到非国有公司、企业、事业单位、社会团体从事公务的人员。这里需要特别注意的是“委派”与《刑法》第382条第2款规定的“受委托”管理、经营国有财产的区别。“委派”，即委任、派遣，其形式多种多样，既可以是事前的任命、指派、提名、推荐，也可以是事后的认可、同意、批准等。一个最基本的特征就是委派方与受委派方具有行政意义上的人事决定权。而“受委托”则是双方依据合同关系，包括承包合同、劳动合同、委托合同等将国有的财产交付给受托人经营管理，双方没有人事隶属关系和决定权。对于贪污罪的主体，法律规定不仅包括“受委派”从事公务的人员，还包括“受委托”经营、管理国有财产的人员，而受贿罪主体则只能是“受委派”从事公务的人员，“受委托”经营、管理国有财产的人员不能构成受贿罪主体。

4. 其他依照法律从事公务的人员。这类主体本身不具有国家管理的职责，不是国家工作人员，但依法履行相应的职责，在特定的条件下具备了国家管理职权，从而成为国家工作人员。这一主体的另一个法定特征是“必须依照法律从事公务”。所谓“依照法律”，是指他们从事公务活动必须具有法律依据。这可以体现为法律直接加以规定，也可以由法律、法规授权行使管理职权以及受国家机关的委托行使行政管理职权。但没有法律依据的，就不能认定为从事公务的人员。

通过上述规定我们来分析本案被调查人梁某某的主体特征。本案卷宗第一卷第5~24页“被调查人主体身份证明材料”显示，梁某某所供职的单位“某时报社”是天津市某区差额拨款事业单位，首先排除了被调查人梁某某国家机关工作人员的主体身份。其次我们看被告人是否从事的是“公务”。从事公务是指代表国家机关、国有公司、企业、事业单位、人民团体等履行组织、领导、管理、监督等职责。在现实生活中，公务主要表现为两类：一是与职权相联系的公共事务；二是受委派监督、管理国有财产的职务活动。那些不具备职权内容的劳务活动、技术服务工作一般不认为是公务。津滨编字(2012)64号文件显示，某时报社作为差额拨款事业单位，核定事业编制25名，内设综合部、总编室、人力资源和财务部、新闻采访部4个部门，不包括被调查人梁某某所在的办公室这一部门，其也不具有上述核定的事业编制，其与某时报社签订的是《劳动合同》，工作内容和职责概括讲：一是负责办公室的日常文书工作；二是负责报纸发行工作，包括征订、印刷、运输、投递，核算发行投递费用、业务员提成等。这些工作职责的来源不是基于主管单位的委派，工作内容也只能界定在具体的事务性工作或者劳务，也不具有管理公共事务的特征，故而不能认定其从事的是“公务”。只能认定其依据劳动合同的约定而不是法律的规定，其所在单位将部分事务性工作委托给被告人完成，其中包含受委托经营、管理国有财产，而现行法律明确规定除了上述两种情形之外，只有“受委派”或者“依照法律”从事公务的才能界定为国家工作人员成为受贿罪的主体,不包括“受委托”经营、管理国有财产的人员。

(二)关于客观要件

从《刑法》第385条的规定看,受贿罪的客观方面表现为利用职务上的便利,索取他人财物,或者非法收受他人财物,为他人谋取利益的行为。贿赂与国家工作人员的职务具有关联性,职务是国家工作人员基于其地位应当作为公务处理的一切事务,其范围由法律、法令或者职务的内容决定。受贿与职务行为的关联性,是指因为行为人具有某种职务,才可能向他人索取贿赂,他人才向其提供贿赂。具体表现为收受财物或者各种名义的回扣、手续费等归个人所有。我们依据上述规定来具体分析本案被调查人梁某某是否具备受贿罪的客观构成要件。

首先,被告人不具有职务上的便利。关于“职务”的内涵,我们已经做了较为详细的论述,简而言之就是基于执行“公务”而具有相应职权,由此而形成的一定地位。梁某某作为某时报社办公室副主任,虽有职务称谓,但就其工作内容而言,其具有的是工作职责而非职务(前已论述)。对外签订投递业务合同,合同对象、具体内容其不具有审批权和决定权,其所完成的工作内容系依据劳动合同在取得本单位委托授权的情况下所从事的事务性工作。行贿人给其财物,也不是基于其拥有签订或解除合同的职权,而是为了促进与其所在单位的进一步合作顺利。

其次,从梁某某获取财物的行为手段上看,其也不是利用所谓的“职权”,迫使行贿人向其行贿,而是利用自己工作的便利条件,即全面了解和掌握报纸的投递方式、投递量等信息,在与行贿人签订投递合同时,提高沿街投递价格,虚报投递量的手段,在行贿人的配合下将滨海时报社的公款28.4万元套取出来归个人使用。

综上所述,辩护人认为被告人梁某某不具有构成受贿犯罪的主体要件和客观要件。其非法获取公共财物的行为依法不构成受贿罪,其行为性质请求检察机关依据我国《刑法》及其有关规定,予以客观认定。

二、关于贪污罪部分款项性质的认定

被告人对此部分指控的金额及实施过程没有异议。但对部分款项认定为贪污犯罪的性质有异议,认为部分款项系受本单位领导指示,利用工作上的便利条件,套取公款私设“小金库”的违规行为。

辩护人将“起诉意见书”中关于贪污罪的指控归纳为以下五个部分:

1. 2009年至2010年,贪污两区报款20.74294万元现金。

2. 2015年1月8日,伙同王某斌共同贪污28.7666万元。

3. 2015年11月,应某时报社社长董某某的要求,通过新一线公司虚开发票的方式,由时某某倒现2.67万元归梁某某支配使用。

4. 2016年至2017年,从某时报社“双创”入户版运输费中截留6万元归个人使用。

5. 2016 年 2 月至 2018 年 1 月，收取穆某运输费返点 7.74 万元。

以上个人贪污 37.15294 万元，与王某斌共同贪污 28.7666 万元，共计贪污公款 65.91954 万元，本人实得 45.35294 万元。

对于上述第 1 项、第 4 项个人贪污的指控没有异议，两项合计 26.74594 万元。对于第 2 项、第 3 项、第 5 项的指控有异议，共计 39.1766 万元不属于贪污犯罪，系在本单位领导指示下，违反财经纪律，私设“小金库”使用的违规行为。下面我们分别进行分析：

(1)关于第 2 项指控，2015 年 1 月 8 日，伙同王某斌共同贪污 28.7666 万元行为性质。我们首先对证明此部分的被告人供述和证人证言进行归纳和整理。

梁某某 2018 年 5 月 23 日供述：

2015 年年初，董某某跟我说，让我留点现金用。恰好报社某片区的业务员郭某某送来某时报社某片区 2015 年的订报款，共现金 28.7666 万元。我告诉王某斌先把这些钱存到自己的卡上，王某斌就照做了。之后我让王某斌两次从这笔报款中借给表弟张某某，多次让王某斌取现给我或王某林。(本单位领导授意)

我分五次一共给了董某某及董某某的司机共计 12.8 万元。(交给领导使用)

2017 年 1 月 6 日，我将 21 万元现金交给王某斌，王某斌拿了 7 万余元，凑齐了 28.7666 万元后，我让王某斌将钱存入某时报社账户。当时财物不同意入账，我找了王某林沟通，王某林同意后就入账了。(相关人员知道“小金库”存在，审计时配合梁某某、王某斌归还公款并做了财务处理)

王某斌 2018 年 4 月 16 日供述：

我按照梁某某的指示，从这笔 28.7666 万元的报款中取出了 16 万元现金。一般都是梁某某让我取钱当天我就把钱交给梁某某或王某林。(“小金库”财产梁某某并未直接占有和支配)

这笔 28.7666 万元报款，我自己使用过一部分，梁某某从中拿过几次钱，他也交代我从中取现交给报社其他人使用。梁某某指示我将 26,544 元汇给了郭某某。(证明公务支出)

后在 2017 年年初，我和梁某某将这笔钱归还了。(个人归还全部款项)

董某某 2018 年 4 月 15 日证言：

我是 2015 年 1 月月初，我和梁某某说过让他从报款里留点钱，春节前走访用，所以我用钱的时候，才直接找梁某某拿钱。但是开始时我并不知道梁某某留下的就是这笔 28.766 万元。(授意梁某某私设“小金库”)

我知道梁某某管报纸发行，手里肯定有活钱。只能是收取的报款，是报社的公款。(明知“小金库”存在并由梁某某掌管)

我从梁某某那里支取过钱，按照回忆一共拿了12万元。（领导动用过“小金库”款项）

我用钱的这些去向都是给个人了，财务没法做账，不敢从财务支取钱。（进一步证明授意梁某某私设“小金库”的客观事实）

我在一次向梁某某要钱的时候，问过梁某某钱够不够，梁某某说够，我也没问别的。（领导支出“小金库”款项）

我从2015年2月开始找梁某某要钱，这些钱我都没有还给过梁某某。当时想着之后从“外宣促进奖”项目中给梁某某报销。2017年1月，梁某某将钱归还给单位之后，跟我说他自己垫了8万元的事情，我跟他说以后再想办法吧。一直到今天，我还是没有还给梁某某钱。（领导对“小金库”及梁某某归还垫款的认可）

董某某2018年5月13日证言：

我2015年年初找梁某某要了3.8万元，后又陆续要了5万元；2016年找梁某某共要了14万元；2017年2月要了2万元，加起来共有25万元。

2017年2月春节我向梁某某要钱，梁某某当时给我拿来4万元现金，但我只拿了2万，我对梁某某说你不是用自己的8万元交了2015年截留的报款，2万元你先拿回去，其余6万元再想办法解决。

董某某2018年5月14日证言：其指示被调查人梁某某通过宁某某以合同的方式倒出现金12.2万元存放在梁某某处，后由其本人支配使用。（此部分虽未认定为梁某某贪污，但印证了单位领导授意梁某某私设“小金库”，明确指示梁某某通过虚假合同的方式将公款倒入“小金库”由其使用）

王某林2018年4月15日证言：

董某某曾找过我，让我找梁某某问问他手里有没有钱，借点用，我问梁某某，他说有，我就按董某某的要求从梁某某那拿过几次钱给董某某的司机王某军。（作为办公室主任，梁某某的直接领导，对“小金库”的存在是明知的并曾替上级领导拿过钱）

某报社正式财务账户列支都要有明确的使用方向，我们单位财务要求严，连备用金都没有，领导私下用钱是无法解决的，梁某某负责发行部门，按惯例他们发行部门都有点活钱。（清楚“小金库”的存在及用途）

通过上述证言及被调查人梁某某供述的内在联系和逻辑关系不难分析出，这笔28.7666万元系在某时报社主要领导董某某的授意下（虽没授意具体金额，但从其后期支出的总金额来看，其对“小金库”留存的钱数大体清楚），为解决本单位无法下账的相关公务支出，由被调查人梁某某与王某斌共同实施的私设“小金库”行为，梁某某指使王某斌将公款私存在个人账户，其中12.8万元由王某斌取出后交梁某某转王某林，王某林供董某某为相关公务使用。其间，被调查人梁某某与王某斌分别个人使用了部分款项。后经审计发现该笔28.7666万元报款未存入某时报社单位账户问题后，梁某某与王某斌共同拿出28.7666万元，归还了公款。这一过程相关领导董某某、王某林是清楚的，并在上述款项财务下账时予以了配合。从上述事实过程及被告人行为手段上来看，不符合贪污罪所指的国家工作人员利用职务上的便利，侵吞、窃取、骗取或者以其他手段，非法占有公共财物的行为特征。辩护人不否认私设“小金库”是一种严重违反财经制度的行为，将“小金库”财产占为己有是严重的犯罪行为，但违纪、违法和犯罪毕竟有着本质的界限。此笔28.7666万元辩护人认为不应当认定为被告人梁某某与王某斌共同贪污，而应当认定为在本单位领导授意下私设“小金库”的违纪行为，至于从“小金库”钱款中，二人分别使用了部分款项应另当别论，查实后分别依法处理。

(2)关于第4项指控，2015年11月，应某时报社社长董某某的要求，通过新一线公司虚开发票的方式，由时某某倒现2.67万元归梁某某支配使用的行为性质。

被告人梁某某2018年5月23日供述：

2015年8月12日发生爆炸事故后，王某林写过一份专项经费的申请，他写好后交给我校对，其中有两笔关于报刊加印的印刷及投递费用，王某林告诉我说是董某某让列出这些费用，从财政上要一部分钱倒出现金来用。后来董某某也跟我说过，让我和新一线公司和印艺通公司联系，把钱倒出来用。我找到新一线公司法定代表人时某某，告诉他报社需要倒笔现金用，让他开一张3万元的发票，时某某开好发票交给我，我拿到报社后履行报销程序之后，时某某收到了报社汇去的3万元投递费，时某某将3万元扣除开票的税费后把钱给了我，应该是2.67万元。我向董某某汇报说钱拿回来了，董某某让我先把钱收好，用的时候向我要，我把钱放到了我办公室的抽屉内。印艺通公司的7.5万元也是我联系办理的，钱是王某林取回来的，放在了王某林处，我没有经手。(领导指示，审批，清楚款项进入“小金库”的全过程)

这几笔钱都是领导知道的，是领导让我保管的公款。(保管“小金库”财产)

董某某2018年5月13日证言：

我仔细看过了，这份请示就是我让王某林起草的，最后经我确认签字后上报给了区委宣传部，由宣传部统一向区财政申请的经费。(审批程序由刘某强直接领导完成)

与赠报相关的一项，增发特刊30,000份，3万元这一项也进行套现了，但是具体如何套现这笔钱，这一过程我不清楚，我交给王某林和梁某某去负责了。(单位领导明知“小金库”有这笔款)

王某林2018年4月15日证言：

为新区消除“8·12”负面影响是属于公务活动。因为是打点记者的现金，应该没有签收，更不能报销。

通过上述证据显示，这2.67万元也是梁某某按照领导指示，将钱款套现后放入私设的“小金库”，后作为部分款项用于偿还审计发现的“小金库”款项28.7666万元中的21万元。那么从行为性质上讲，仍应当认定为私设“小金库”，套取公款给领导使用，不是贪污犯罪。

(3)关于第5项指控，2016年2月至2018年1月，收取穆某运输费返点7.74万元。

梁某某2018年5月23日供述：

刚要和泰通达公司签订合同的时候，我把穆某承诺给返点的事告诉了董某某，但我没告诉他返点的具体金额。董某某让我把钱留好、使用好。后来我也没再向他提过返点这回事，董某某也没再问这些返点的钱。(向领导汇报过并受领导指示将钱留好、使用好)

2018年5月15日梁某某做了同样的供述。

上述款项共计7.74万元，梁某某放在办公室抽屉里，后用于归还28.7666万元报款的部分款项。

综上所述，辩护人认为这三笔款项共计39.1766万元应属在本单位领导的指示或知晓的情况下，梁某某具体实施私设“小金库”的违纪行为，其中有部分款项共计12.8万元由董某某拿走使用，出纳王某斌使用7.7666万元，支付郭某某订报提成2.6544万元，其余为刘某强保管，总计金额为15.9556万元。其间梁某某授意王某斌支出5万元借款给其表弟后归还。2016年梁某某个人归还8万元，故而上述“小金库”内款项梁某某个人使用7.9556万元。

经汇总核算，被告人梁某某共计非法占有公款63.09854万元(20.74294万元+6万元+28.4万元+7.9556万元)。

三、对本案适用认罪认罚程序的意见

鉴于被调查人梁某某本人对起诉意见书认定的全部事实予以认可，但对部分指控的行为性质及适用法律存有异议。辩护人认为这是被调查人行使法律所赋予的自行辩解的合法权利，而且对于其个人非法占有公款的全部事实有自首情节，在整个调查及审查起诉过程中对事实的供述始终一致，没有反复。这一点，起诉意见书也予以了确认。而行为性质的正确认定和准确适用法律则是司法机关的法定职责，故而对于行为性质及法律适用认识的不同，不影响被告人本人的认罪态度，也不影响自首情节的成立。

辩护人在尊重被调查人本人意见的基础上，经过查阅案卷材料，对证据进行分析和判断，认为被调查人对自己实施部分行为性质的认识以及对其构成贪污罪、受贿罪（索贿）数罪在适用法律的不同意见，有着较为充分的事实依据和法律依据。故而辩护人希望能够与公诉机关进行案件的交流和研讨，在相关认识问题和适用法律问题达成一致的基础上，被调查人梁某某认罪，其家属将积极配合做好退赃及经济处罚工作，并由公诉机关向受诉人民法院提请适用认罪认罚程序，建议法院对被告人依法减轻处罚，并在执行措施上建议适用缓刑。

■ 庭审辩护意见

由于案件开庭前，控方变更了起诉，部分采纳了律师辩护意见，将指控的贪污罪、受贿罪数罪变更为贪污罪一罪，故庭审中主要围绕共同贪污部分发表辩护意见。

被告人梁某某对起诉书所认定的全部事实不予否认，对于公诉机关在《变更起诉决定书》中指控的第 1 项、第 6 项、第 8 项内容属于个人贪污的事实没有异议，这三项合计金额为人民币 551,429.4 元，对构成共同贪污的部分，认为公诉机关指控的共同犯罪认定事实不清，适用法律不当。

1. 从程序上来看，对于共同犯罪中的同案主犯董某某，截至本案开庭时仍然没有对其立案追究其刑事责任，就共同犯罪部分对被告人梁某某单独起诉，侵害了被告人梁某某的诉讼权利。

控方在《变更起诉决定书》中，认定被告人梁某某单独或伙同他人贪污，部分贪污犯罪事实系从犯，对主犯董某某“另案处理”，但事实上并没有进行立案调查。对于构成共同犯罪的两个人，一个进行公诉，另一个尚未立案调查，区别对待。对于被公诉的被告人梁某某来讲，控方严重侵害了其诉讼权利，具体理由如下：

（1）我国《刑事诉讼法》对于共同犯罪诉讼适用并案诉讼或分案诉讼的具体情形并没有明文规定，但就司法实践情况来看，共同犯罪以并案诉讼为原则，分案诉讼为例外。

并案诉讼是将数个案件的诉讼程序并在一起，司法机关在负责各阶段的诉讼时能够更全面地把握共同犯罪案件的整体事实，审判过程中法官也可以一并查明事实和调查证据，对案件整体性有更全面的了解，进而一次性解决数名被告人的定罪量刑问题，保证了各个被告人在整个诉讼程序中的诉讼权利，同时这也在很大程度上节省了司法资源和当事人成本，兼顾了诉讼经济与诉讼公正。

司法实践中一般适用分案诉讼的特殊情形：共同犯罪案件出现同案犯在逃、严重疾病无法继续诉讼、成年人与未成年人共同犯罪或军民共同犯罪。这类案件如采用并案诉讼，不利于维护犯罪嫌疑人、被告人合法权利和保证司法公正，及时、正确地采取分案能避免部分共犯因不当并案被超期羁押、拖延审判，维护特定当事人的合法权益，并且能够把被告人被无辜定罪的可能性降低以保障实体公正，事实上也兼顾了诉讼效率，实现了诉讼经济，是从整体意义上促进诉讼科学化。

我国目前立法没有对共同犯罪分案诉讼进行具体规定，刑事司法实践中不当并案、不当分案现象常有发生，办案机关对共同犯罪案件“该分而不分”“不该分而分”的操作，导致犯罪嫌疑人、被告人的合法权利无法得到保障，进而影响法院事实认定和罪名认定、影响被告人主从犯的认定和量刑、影响后案犯罪事实的客观判断，从而难以实现公正裁决。

（2）本案共同犯罪部分，不存在必须分案诉讼的特殊情形，调查机关没有对共同犯罪的主犯董某某立案调查，其不作为是对被告人梁某某诉讼权利的严重侵害，存在重大程序瑕疵。

《刑法》第4条规定，对任何人犯罪，在适用法律上一律平等。不允许任何人有超越法律的特权。《刑事诉讼法》第12条规定，未经人民法院依法判决，对任何人都不得确定有罪。

公诉机关指控被告人梁某某与董某某构成共同犯罪，审判程序中法官不仅需要审理本案被告人梁某某的犯罪事实，还需审理出于“共同犯罪意志”而实行的共同犯罪事实。这是基于我国《刑事诉讼法》对共同犯罪的定罪量刑的“部分实行全部责任”的原则。由于共同犯罪的联系性特点，绝对地将共同犯罪被告人梁某某和董某某各自的行为分开是不现实的。因为审判机关对本案被告人梁某某共同犯罪事实作出的法律认定及法律评价，将不可避免地涉及另案处理的主犯董某某，导致共同犯罪案件里主犯董某某在尚未被调查机关立案调查的情况下，在被告人梁某某的判决书中，将被人民法院依法认定有罪。这不仅侵犯了董某某的诉讼权利，还侵犯了被告人梁某某的诉讼权利。

主犯董某某的到案及行使相应的诉讼权利，能够使审判机关全面把握共同犯罪的事实认定及法律适用，从而保障对被告人梁某某进行准确的事实认定、定罪量刑。对共同犯罪的主犯董某某没有立案调查，孤立地认定被告人梁某某在共同犯罪中的行为、作用从而做出法律评价，据此作出的事实认定无法做到证据确实充分，定罪量刑也无法作到准确、罪刑相适应，使被告人梁某某遭受了不平等的刑事审判，这严重侵害了被告人梁某某的诉讼权利。

2. 缺少共同犯罪同案主犯董某某的到案，不能依法查明共同犯罪部分的事实，对被告人梁某某指控构成共同犯罪，事实不清，证据不足。

在本案中，公诉机关在《变更起诉决定书》中指控的第2项、第3项、第4项、第5项、第7项事实，均为被告人梁某某与董某某共同犯罪的事实，这五项内容涉及金额共计人民币513,766元，约占公诉机关指控被告人梁某某全部涉案金额的一半。

同时，公诉机关在《量刑建议书》中认定被告人梁某某涉嫌贪污，在共同犯罪中系从犯。

(1)从犯罪构成要件角度分析，本案公诉机关指控的共同贪污部分，缺少据为己有的客观方面构成要件。

贪污罪的客观方面表现为利用职务上的便利，以侵吞、窃取、骗取等手段，非法占有公共财物的行为。辩护人认为这五笔款项共计513,766元应属在本单位领导的指示或知晓的情况下，被告人梁某某具体实施私设“小金库”的违纪行为，这些款项由董某某用于公务支出25万元、交还报社入账报款287,666元，支付郭某某订报提成26,544元，因此实际上用于公务支出的金额共计564,210元，大于公诉机关指控的513,766元，也就是说事实上不存在被告人梁某某侵占的公共财物。造成公款支出高于未入账公款的数额的异常现象，是因为在公款不足额支付公务支出的情况下，被告人梁某某个人垫付了部分公款支出。

被告人梁某某与董某某采取公款不入账的形式，将公款用于公务支出的行为，不符合贪污罪的犯罪构成要件，公诉机关依据现有证据，指控被告人梁某某构成犯罪，适用贪污罪的法律规定是错误的。辩护人认为被告人梁某某与董某某的行为，在刑法范畴内，更接近国有公司、企业、事业单位人员滥用职权的行为。但具体分析该罪名的构成要件，客观方面表现为国有公司、企业、事业单位工作人员滥用职权，致使国家利益遭受重大损失。在本案中，被告人梁某某和董某某不仅将全部公款用于公务支出，并且被告人梁某某还自行垫付了一部分公务支出，这些支出为正常公务支出，国家利益没有遭受损失，更谈不上重大损失。

(2)本案中对被告人梁某某就共同犯罪单独审判，就现有证据情况，必然导致案件事实不清，影响对被告人梁某某的定罪。

《刑法》规定，共同犯罪是指二人以上共同故意犯罪。共同犯罪案件需要查明共同犯罪的事实，各个被告人的主观方面以及在共同犯罪中的作用。本案中，在调查机关尚未对董某某立案调查的情况下，就公诉机关指控的被告人梁某某与董某某的共同犯罪行为，审判机关就现有案卷证据材料，无法完成整体上对整个共同犯罪事实的把握和对犯罪性质、情节认定的考虑，从而影响对共同犯罪事实的认定。因此，对被告人梁某某的单独审判，不能依法查明共同犯罪部分的事实，据此作出的有罪判决，必然是不公正的。

对于同一个共同犯罪案件，不同的法官可能对事实和罪名的认定有着不同的见解。在本案中对被告人梁某某单独提起公诉，对董某某没有刑事立案调查，可能造成两种结果：

①笔者认为，如对董某某的贪污行为永不立案，而是将被告人梁某某的行为

在共同犯罪范畴内独立定罪，则势必会造成主犯堂而皇之地逍遥法外，对被告人梁某某的共同犯罪认定也将成为“欲加之罪”，相关裁判文书经不住历史的考验。

②如对被告人梁某某判决后对董某某的贪污行为进行公诉，不同的法官审判，对于同一个犯罪行为，究竟是此罪还是彼罪，是既遂还是未遂，是否构成共同犯罪，也许会出现不同的见解，导致前后案就同一犯罪事实作出不一致的判决，破坏了法律适用的同一性，有损司法公信力的建立。而审判机关为了前后案认定事实一致，基于前案判决便草草地对另案处理的工作作出判决，又将使慎重的书面证据审核工作和庭审流于形式。

3. 量刑上缺少主犯的量刑作为比照基础，“对于从犯，应当从轻、减轻处罚或者免除处罚”无从体现，无法对被告人梁某某准确量刑。

《刑法》第26条第1款规定，组织、领导犯罪集团进行犯罪活动的或者在共同犯罪中起主要作用的，是主犯。第27条规定，在共同犯罪中起次要或者辅助作用的，是从犯。对于从犯，应当从轻、减轻处罚或者免除处罚。

本案中对被告人梁某某单独提起公诉，对董某某尚未进行刑事立案，可能会出现公诉机关指控的全部共同犯罪行为和犯罪结果，在审判时被人为分割的情况。由于法官不能听取董某某及其辩护人的意见，无法对董某某与被告人梁某某的行为进行客观比较，导致法官不能在本案中全局性地把握两人的犯罪行为和犯罪结果，从而对共同犯罪主从犯的认定出现偏差，对两人的量刑也难以实现协调。尤其在侦查机关尚未对董某某刑事立案的情况下，法官对于其是否构成共同犯罪、是否是主犯、量刑均不确定，对被告人梁某某进行量刑时由于没有参照标准，从而导致不能实现从犯在量刑上从轻、减轻处罚或者免除处罚，主从犯的量刑难以实现协调。这样在诉讼程序中，对被告人梁某某的量刑是孤立的，失去了共同犯罪区分主从犯的意义，难以实现罪责刑相适应。

4. 被告人梁某某向监察机关主动交代其尚未掌握的贪污事实，构成自首，属于法定从轻或者减轻处罚的情节。

2018年5月23日滨海新区监委第三审查调查室出具《案件来源》，其中“我委第三审查调查室在办理某时报社出纳王某斌(已起诉)涉嫌贪污案件中，发现某时报社办公司副主任梁某某，利用主管报纸发行的职务便利，于2015年1月8日指使王某斌将收取的28.7666万元订报款存入王某斌个人账户”。“梁某某到案后，主动交代了其本人涉嫌受贿及其他涉嫌贪污的全部事实。”

现公诉机关指控的全部犯罪事实分为两部分，一部分是被告人梁某某个人贪污人民币551,429.4元，另一部分是被告人梁某某伙同董某某共同贪污人民币513,766元。

辩护人认为梁某某的行为成立自首。根据《刑法》第67条第1款的规定、

1998年5月9日施行的《最高人民法院关于处理自首和立功具体应用法律若干问题的解释》(本案简称《解释》)以及2010年12月22日发布的《关于处理自首和立功若干具体问题的意见》(本案简称《意见》),辩护人认为犯罪嫌疑人梁某某的到案行为成立自首。

犯罪嫌疑人梁某某的到案过程符合立法本意,应当视为自动投案。

《意见》中规定:"根据《解释》第一条第(一)项的规定,犯罪嫌疑人具有以下情形之一的,也应当视为自动投案:1-4(略);5.其他符合立法本意,应当视为自动投案的情形。"

辩护人认为犯罪嫌疑人梁某某的到案行为,正是属于本条第5款规定的"其他符合立法本意,应当视为自动投案的情形"。

①关于视为自动投案的立法本意。

《刑法》总则规定的自首制度适用于一切犯罪,旨在通过鼓励犯罪人自动投案来促使其悔过自新以及迅速侦破案件,节约司法资源。最高人民法院在《解释》中列举了7种视为自动投案的情形,又在《意见》中列举了5种视为自动投案的情形,并且其中第5款属于兜底条款。之所以规定了这些"视为自动投案"情形,是因为有些犯罪的投案时间、投案对象,投案方式上具有不典型性,因此需要扩大其外延。

②本案属于"其他符合立法本意,应当视为自动投案的情形"。

《意见》中提出:"《解释》第一条第(一)项规定了七种应当视为自动投案的情形,体现了犯罪嫌疑人投案的主动性和自愿性。"

自动投案的主动性是有一定的积极行为表示并且相对于被动归案而言的。被动归案的情形一般是被司法机关采取强制措施而归案或者是被群众扭送到司法机关而归案,到案过程会体现出嫌疑人的被迫无奈和不自愿性。自愿性是指行为人把自己的人身自由置于相关单位或者工作人员控制之下,接受审查和裁判。

本案犯罪嫌疑人梁某某,在监察机关掌握"梁某某让王某斌从中取出16万元现金交与其本人使用,另将5万元借与他人使用",但不掌握对梁某某就16万元是如何处置以及是否属于贪污的情况下,被告人梁某某在监察机关找他谈话时,就王某斌交与其使用的16万元现金的相关事实对监察机关进行坦白,人民法院已经依法裁判王某斌个人构成贪污罪,与刘某不构成共同犯罪,因此辩护人认为监察机关掌握的这部分事实,不影响对被告人梁某某就其他犯罪事实构成自首的认定。

被告人梁某某主动交代了监察机关尚未掌握的其他犯罪事实,自愿置于监察机关的管控之下的积极行为表现了主动性与自愿性,并且积极配合监察机关的后续调查工作,完全符合《意见》中规定的自首中的主动性和自愿性条件要求。

《刑法》第 67 条规定,犯罪以后自动投案,如实供述自己的罪行的,是自首。对于自首的犯罪分子,可以从轻或者减轻处罚。其中,犯罪较轻的,可以免除处罚。

综上所述,辩护人认为就被告人梁某某被控共同犯罪部分,对董某某没有刑事立案调查,案件事实无法查明,认定被告人梁某某与董某某构成共同犯罪,不能达到证据确实充分,量刑不能作到准确、罪刑相适应。

辩护人认为就被告人梁某某个人贪污部分,有自首情节,共同贪污部分,在罪名成立的情况下,构成自首,且公诉机关在《量刑建议书》中也已经确认被告人梁某某具有自首情节,请求法院依法对其从轻、减轻处罚。

■ 裁判结果

2019 年 11 月 14 日天津市某区人民法院(2018)津 0116 刑初 59 号刑事判决书认定,针对公诉机关指控、被告人梁某某及其辩护人辩解及辩护意见,对控辩双方争议的主要问题,综合评判如下:

一、关于共同犯罪问题

公诉机关指控认为,被告人梁某某受董某某指使采取虚开发票、签订虚假合同、截留单位差价款及抬高运输费用收取返点款等手段,从新一线公司、新城峰达公司、隽永公司以及司机穆某处套取现金的行为构成贪污罪,被告人及其辩护人提出的辩解和辩护意见认为,被告人梁某某系受董某某指使实施的上述行为在董某某未到案的情况下,单独指控刘某强犯贪污罪,属于事实不清,证据不足。经查,首先,共同犯罪要有共同的犯罪故意,本案中,庭审查明的证据,并未证实时任报社社长董某某与被告人梁某某进行过共同贪污公款的预谋;其次,共同犯罪要有共同的犯罪行为,结合本案,董某某是报社社长,被告人梁某某系董某某下属工作人员,梁某某按照董某某的要求,实施诸如虚开发票等行为套取款项后,私自保管,并按照董某某的要求将所保管款项交由董某某使用,且董某某并未告知梁某某款项的去处,董某某本人亦未非法占有此款项,因此,董某某与梁某某的行为,不能成立共同犯罪行为;最后,对于董某某指使梁某某采取虚假手段所套取的款项,监察机关已定性为董某某的违规设立“小金库”的行为,对董某某使用“小金库”款项向他人赠送礼品礼金的行为,定性为违反中央八项规定精神和廉洁纪律的行为,且董某某据此已被纪委监委作出撤销党内职务和政务撤职处分。综合以上,对被告人及其辩护人提出的辩解和辩护意见,予以采纳。

二、贪污数额问题

公诉机关指控被告人梁某某贪污公款 105 万元,被告人及其辩护人认为,梁某某贪污公款的数额应该是其单独实施的三起犯罪行为的数额 55.14294 万元。

经查,在被告人梁某某指使王某斌私自截留订报款 28.7666 万元的事实中,被告人梁某某截留前后均未向董某某如实汇报截留款项的来源、具体截留数额,以及其本人和王某斌使用该款项的情况,后因审计被发现,才向董某某汇报并且告知董某某使用了其中的 12.8 万元,后其和王某斌共同将款项上缴给单位。因此,被告人梁某某要对其指使王某斌截留的全部款项承担责任,但对被告人梁某某将其中的 12.8 万元款项交与董某某使用的事实,在量刑时应酌情考虑。综上,被告人梁某某的贪污数额应该认定为,其个人单独贪污的数额及和王某斌共同贪污的数额共计 83.9095 万元。

三、自首问题

公诉机关指控认为,被告人梁某某归案后,如实供述自己贪污事实的行为系坦白,被告人及其辩护人认为,梁某某主动到案,并如实供述的行为,系自首。经查,依据监委出具的案件来源、到案经过、立案决定书等证据证实,本案系因为监委调查王某斌涉嫌贪污案件时,发现梁某某有伙同王某斌共同犯罪嫌疑,而被立案调查,表明监察机关已掌握梁某某涉嫌的罪行是贪污,被告人梁某某归案后,如实供述了监察机关尚未掌握其他罪行也是贪污,其供述的罪行与检察机关所掌握的罪行属同种罪行。依照《最高人民法院关于处理自首和立功具体应用法律若干问题的解释》的相关规定,被采取强制措施的犯罪嫌疑人和被告人等,只有如实供述的罪行与司法机关所掌握的罪行是不同种罪行的,才能以自首论。因此,被告人梁某某如实供述未被监察机关掌握的其本人贪污事实的行为,不能以自首论,但其如实供述的行为,应认定为坦白。

本院认为,被告人梁某某身为受国家机关管理的事业单位的工作人员,利用职务上的便利,采取截留、侵吞等手段,贪污公款,数额巨大,其行为已构成贪污罪。公诉机关指控的事实和罪名成立,本院予以支持,但指控数额有误,予以纠正。

被告人梁某某归案后,能如实供述其犯罪事实,系坦白,可从轻处罚;被告人梁某某具有一定的认罪悔罪态度,对其可酌情从轻处罚。

综上,对被告人梁某某的犯罪事实、性质、情节、社会危害性及认罪、悔罪态度等量刑因素综合评判后,予以量刑。公诉机关的量刑建议适当,予以支持。经本院审判委员会讨论决定,依照《刑法》第 12 条、第 64 条、第 67 条第 3 款、第 93 条、第 382 条、第 383 条第 1 款第 2 项,《最高人民法院、最高人民检察院〈关于办理贪污贿赂刑事案件适用法律若干问题的解释〉》第 2 条第 1 款、第 19 条第 1 款及《监察法》第 44 条第 3 款之规定,判决如下:

1. 被告人梁某某犯贪污罪,判处有期徒刑四年,并处罚金人民币 20 万元。(刑期自判决执行之日起计算,判决执行前先行留置、羁押的,留置、羁押一日折抵刑期一日。即自2018年3月28日起至2022年3月27日止。罚金限本判决书生效后一个月内缴纳。）

2. 责令被告人梁某某继续退赔其违法所得。

■ 案件评析

这个案件的辩护，其核心部分是在审查起诉阶段。该案的主诉检察官业务水平精湛，工作态度认真负责，乐于并擅于倾听辩方的意见，其间多次交换意见甚至就本案所涉及的犯罪主体问题、一罪还是数罪问题展开激烈的辩论。最终能够尊重事实，尊重法律，在案件已经提起公诉后，主动变更起诉，将指控的贪污罪、受贿（索贿）罪，数罪变更为贪污罪一罪。故而在庭审中，控辩双方主要的争议焦点集中在指控的共同贪污部分的行为性质，是共同贪污还是私设“小金库”？是刑事犯罪还是违纪？

辩护人通过对该案审理程序的瑕疵，也就是指控的共同贪污部分的主犯另案处理，这种分案诉讼在主犯未到案的情况下，单独指控梁某某参与共同贪污，事实不清，证据不足。同时提出申请法院向监察委调取该案共同贪污部分的办理情况，最终在本案开庭后，监察机关做出了处理意见，将董某某指使被告人梁某某违规设立“小金库”的行为，对董某某使用“小金库”的款项向他人赠送礼品礼金的行为，定性为违反中央八项规定精神和廉洁纪律的行为。法院据此对辩护人共同贪污部分不能认定的辩护意见予以采纳，这样就大大降低了被告人贪污总金额，直接影响量刑。

这个案件还引申出一个常见的定罪主体问题，即贪污罪和挪用公款罪的主体是否一致？2000年2月16日发布的《最高人民法院关于对受委托管理、经营国有财产人员挪用国有资金行为如何定罪问题的批复》答复江苏省高级人民法院如下：对于受国家机关、国有公司、企业、事业单位、人民团体委托，管理、经手国有财产的非国家工作人员，利用职务上的便利，挪用国有资金归个人使用构成犯罪的，应当依照《刑法》第272条第1款的规定定罪处罚。即按挪用资金罪定罪量刑。这充分体现了《刑法》的罪刑法定原则，受委托管理、经营国有财产的人员不是国家工作人员，其挪用公款的行为不能构成挪用公款罪。《刑法》关于贪污罪主体范围的规定比挪用公款罪的主体宽，但是从逻辑上看，《刑法》第382条第2款是将“受委托管理、经营国有财产的人员”单列一款进行规定的，此类人员与国家工作人员显然是并列关系，不包含在国家工作人员之内。因此，对《刑法》没有将受委托管理、经营国有财产的人员明确规定为挪用公款罪的主体，不能简单地视为立法疏漏。而且，如果将挪用公款罪的主体参照贪污罪的规定予以扩大的话，受贿罪的主体也会出现相应的扩大问题。

刘某贪污、受贿案

■ 案情简介

被告人刘某原系天津市某基层法院财务科干警，天津市人民检察院第二分院(2002)津检二院刑诉字第151号起诉书指控：1996年7月至2000年12月，被告人刘某，利用担任法院会计，负责本院印刷品和办公用品采购、保管的职务便利，伙同该院出纳员宗某（另案处理）采取提高进货单价、增加进货数量的手段，在其业务单位某区新华印刷厂、天源文教商行虚开发票金额23,420元，在本单位报销，用于个人购买手机、服装和皮鞋等高档消费品，其中刘某个人实际占有价值11,450元。其间，刘某个人还利用同样的手段贪污公款5750元用于自己消费。

此外，1996年7月至2000年9月，刘某利用其负责采购和结账的职务之便，从某区新华印刷厂王某某处索取好处费共计14,000元，用于个人购买手机及生活消费。

■ 辩护思路

这是一起法院干警利用职务之便的贪污贿赂案件，当时刘某所在财务科干警宗某因贪污、挪用法院资金300余万元被立案查处，刘某系在协助侦查机关调查过程中被发现自己上述经济问题，天津市司法机关从未发生过如此巨额的工作人员经济犯罪案件，故而在整个司法系统造成了较大影响，引起了有关领导的关注。

被告人刘某涉案金额虽不大，但触犯两个罪名，数罪并罚。特别是受贿部分，被认定为索贿，是法定的从重处罚情节。此案影响较大，领导和干警普遍关注，被告人自立案之日起被关押已达6个月，检察院不予取保候审，这些都是适用缓刑的巨大障碍。通过阅卷及会见被告人，辩护人发现被告人刘某具有重大立功表现而其本人没有意识到且从未向侦查机关要求将此事实形成书证移送审查起诉。综合全案，确定以下辩护思路：

1. 针对索贿的指控，走访有关证人，力求将索贿界定为收受贿赂；

2. 申请向被告人举报的其他重大经济犯罪案件侦查机关调取相关证据，锁定重大立功情节；

3. 发掘其他法定、酌定从轻、减轻处罚情节。

■ 辩护要点

一审辩护意见

一、起诉书指控被告人刘某贪污罪的有关事实情节不够客观公正

关于刘某个人利用同样手段贪污公款 5750 元用于自己消费的部分，辩护人认为该事实认定的不够全面、客观、公正。该部分犯罪事实系被告人刘某被采取强制措施后，侦查机关并未发现的犯罪事实，刘某主动坦白并如实陈述，故该部分犯罪应认定为主动坦白。

二、起诉书认定被告人刘某从某区新华印刷厂王某某处索取好处费的这一事实证据不足

1. 被告人刘某的前夫与行贿人王某某系亲属关系，这种特殊的关系背景从客观上排除了索要贿赂的可能。

2. 索要情节认定的依据仅为行贿人王某某本人的证言，但王某某与本案有利害关系，行贿与受贿本身就是一对不可分割的行为，可谓与生俱来的“双胞胎”。如果认定了受贿，那么必定存在行贿，因为行贿与受贿在法律上的认定并没有根本性的差距，特别是数额标准上，正是基于法律上的这种利害关系，证人也就是本案的行贿人所出具证言材料时故意规避自己责任的环节的可能性是客观存在的，单纯地以有利害关系的证人证言作为认定事实的依据显然不妥。

故起诉书认定被告人刘某“索取好处费”证据不够确实充分，认定刘某有收受贿赂的情节更为客观公正。

三、被告人刘某有重大立功的法定减轻或者免除处罚的情节

1. 被告人刘某向院领导反映另一犯罪嫌疑人宗某有重大挪用公款的有关情况；

2. 被告人刘某向天津市和平区人民检察院举报犯罪嫌疑人宗某挪用公款的犯罪行为；

3. 被告人刘某协助天津市人民检察院进行账目的核对，查清了宗某挪用公款 300 余万元的犯罪事实，破获了一起重大的挪用公款案。

根据《刑法》第 68 条的规定：立功表现是指犯罪分子有揭发他人犯罪行为，查证属实的或者提供重要线索，从而得以侦破其他案件的是立功。对于有立功表现的犯罪分子可以从轻或者减轻处罚；有重大立功表现的，可以减轻或者免除处罚。

此外，《最高人民法院关于处理自首和立功具体应用法律若干问题的解释》第 7 条第 1 款规定：根据《刑法》第 68 条第 1 款的规定，犯罪分子有检举，揭发他人重大犯罪行为，经查证属实；提供侦破其他重大案件的重要线索，经查证属实；阻止他人重大犯罪活动并协助司法机关抓捕重大犯罪嫌疑人(包括同案犯)对国家和社会有其他重大贡献等表现的,应当认定为有重大立功表现。

前款所称的“重大犯罪”“重大案件”“重大犯罪嫌疑人”的标准,一般是指犯罪嫌疑人,被告人可能被判处无期徒刑以上刑罚或案件在本省、自治区、直辖市或者在全国范围内有较大影响等情节。

就本案来讲,被告人刘某的行为完全符合我国法律关于有重大立功表现的规定,依法可以从轻或减轻处罚。

综上所述,辩护人恳请法庭综合考虑全案的具体情节以及被告人刘某有重大立功表现这一情节,本着惩罚、教育、挽救相结合的原则,对被告人刘某予以减轻处罚。

■ 裁判结果

天津市第二中级人民法院(2002)二中刑初字第146号刑事判决,认定被告人刘某身为国家机关工作人员,利用工作之便,采取欺骗的手段,伙同他人贪污公款人民币23,420元,个人贪污公款人民币5750元,共计实得人民币17,200元,数额较大,其行为已触犯《刑法》第382条第1款、第383条第1款第3项“国家工作人员利用职务上的便利,侵吞、窃取、骗取或者以其他手段非法占有公共财物的,处一年以上七年以下有期徒刑”之规定,构成贪污罪,应予惩处。公诉机关指控罪名成立,本院予以支持。此外,被告人刘某还利用负责本单位采购办公用品等职务之便,非法收受好处费人民币14,000余元,数额较大,其行为已触犯《刑法》第385条第2款、第386条“国家工作人员在经济往来中,违反国家规定,收受各种名义的回扣、手续费,归个人所有的,以受贿论处,个人贪污数额在五千元以上不满五万元的,处一年以上七年以下有期徒刑”之规定,构成受贿罪,应予贪污罪数罪并罚,予以惩处。公诉机关指控罪名成立,本院予以支持。公诉机关及辩护人所提,被告人刘某检举他人犯罪的行为,是否构成重大立功的问题,经本院核实,被告人刘某个人犯罪的时间是在1996年至2000年,其在2001年11月发现同室工作的出纳员涉嫌经济犯罪问题,即向单位领导进行了汇报,后又于2002年3月中旬,被告人刘某又向反贪部门进行了举报,反贪部门接报后于2002年4月4日决定对刘某所揭发的问题进行立案侦查并要求刘某协助反贪部门对有关涉嫌犯罪的账目进行核实,现已侦查终结。经侦查,刘某所检举他人犯罪的问题,涉嫌挪用公款300余万元,至今仍有190万余元未能归还。现该案已移送天津市人民检察院第二分院待诉。被告人刘某检举他人犯罪的行为符合《刑法》第68条“犯罪分子有揭发他人犯罪行为,查证属实的或者提供重要线索,从而得以侦破其他案件等立功表现的,可以从轻或者减轻处罚;有重大立功表现的,可以减轻或者免除处罚”

以及《最高人民法院关于处理自首和立功具体应以法律若干问题的解释》第 7 条第 1 款、第 2 款“犯罪分子有检举、揭发他人重大犯罪行为，经查证属实；应当认定为有重大立功表现”之规定，被告人刘某检举他人重大犯罪的行为，已查证属实，应当认定为有重大立功表现。关于被告人刘某是否具有索贿情节的问题，经核实，证人王某某与区人民法院有经济往来，王某某为承揽业务，不排除其有行贿心理，被告人刘某是否有索贿情节上的供述，多次反复，其当庭又予以否决，在一供一证且没有其他证据佐证的情况下，认定其有索贿情节，证据不足，本院不予认定。综上，依照《刑法》第 64 条、第 68 条、第 69 条、第 382 条第 1 款、第 383 条 3 款、第 385 条第 1 款、第 386 条第 1 款之规定，判决如下：

1. 被告人刘某犯受贿罪免予刑事处罚、犯贪污罪处有期徒刑一年，决定执行有期徒刑一年缓刑二年。

2. 赃款人民币 14,000 元依法没收；赃款人民币 17,200 元发还某区人民法院。

■ 案件评析

这个案件涉案的案值虽然不大，但是被告人身份比较特殊，况且该案的案件来源系当时极具影响的另一法院干警贪污、挪用巨额公款案件引发而来，而且触犯了两个职务犯罪的罪名，又认定了索贿这一法定的从重处罚情节。因此，针对指控数罪并罚的案件，在没有相反的证据证实被告人不构成犯罪的情形下，首先，要考虑数罪能否变为一罪；其次，始终把握刑事辩护以当事人获取法律利益的最大化这一终极目标，从定罪免处、减轻、从轻处罚这样一种辩护思路去审查核实证据，发现证明上述意见的证据线索，逐步落实确定的辩护思路。

就本案来说，起诉书指控受贿犯罪从重处罚的索贿情节，这是影响整个案件量刑结果的核心情节，同时在庭审过程中也是控辩双方争议最大的情节。辩护人沿着确定的辩护思路，首先，把握住庭审程序中的质证关，不放过控方就该情节举证的每一个证据细节，将就这一情节的辩论前置到了庭审的质证环节。通过发表质证意见来影响法官在庭审过程中关注的重点，在这个基础上及时提供相关证人的证言材料。其次，向法院提供该院已判决的既有判例，运用疑点利益归于被告人的原则，只有行贿人指证的行贿情节，但受贿人予以否认，索贿的情节又没有其他相关证据予以佐证的，这种疑点的利益归于被告人，因此，索贿的情节依法不能认定。

这个案件虽然最终被认定为数罪并罚，但是人民法院最终全部采信了辩护人索贿情节不能成立以及对被告人减轻处罚的辩护意见。特别是对所犯受贿罪一罪免于刑事处罚，对于本案适用缓刑起了关键的作用。

前法官刘某贪污，挪用公款，执行判决、裁定滥用职权案

■ 案情简介

这是一起法院的执行法官被控职务犯罪案件，被告人刘某为天津市某基层法院执行庭法官。

天津市人民检察院第二分院津检二院刑诉(2006)120号起诉书指控：自2003年至2005年，被告人刘某将从被执行人刘某某处执行来的2万元和被执行人化某某、李某某缴纳的执行款1万元采取不入账的手段据为已有。

在此期间，被告人刘某从中建六局五公司、中航总十八公司、中航总九公司的执行款中，分别以“李某某”“杨某”“陈某某”“姜某某”的名义骗取执行款165,500元，将其中的93,500元自己使用。

另外，将上述骗取执行款中其余的72,000元发还其他案件申请执行人李某某、张某某、刘某某；并且将中建六局的执行款中的144,000元发还给其他案件申请人韩某；将中航总九公司的执行款中的40,000元发还给其他案件申请人齐某、杨某某；将姜某某案的执行款11,000元发还给其他案件申请人宋某某，使单位遭受重大损失。

2005年9月，被告人刘某为获取不正当利益，未经本院领导批准，擅自填写塘沽区人民法院协助执行通知书，告知天津天茂置业有限公司停止支付给中建六局五公司的所欠款项，致使天茂公司至今未归还中建六局五公司欠款120万元，给其造成重大损失。

综上，被告人刘某身为国家工作人员，利用职务上的便利，侵吞公款3万元据为已有，其行为已触犯《刑法》第382条、第383条第1款第3项之规定；同时刘某利用职务上的便利，将骗取执行款中的93,500元归自己使用，数额较大，且超过三个月未还，其行为已触犯《刑法》第384条之规定；另外被告人刘某超越职权，违法决定擅自下发塘沽区人民法院协助执行通知书，又滥用职权，违反规定处理公务，将执行款私自发还给其他案件申请人，致使单位遭受重大损失，其行为已触犯《刑法》第399条和《刑法修正案(四)》第8条第3款之规定。犯罪事实清楚，证据确实充分，应当以贪污罪、挪用公款罪、执行判决、裁定滥用职权罪追究其刑事责任。

■ 辩护思路

这是一个典型的司法工作人员的职务犯罪案件，辩护人自其被采取强制措施之日起即接受其近亲属的委托担任刘某的律师，其间多次会见被告人，同时走访了被告人所在单位，了解执行法官的具体办案流程。我们发现被告人处理其承办案件的行为，在当时执行法官处理执行案件中比较常见，虽不符合相关规定，但有的是经过执行申请人口头认可或默许，没有投诉或举报则不会被追究责任甚至追究刑事责任。所以我们从辩护的角度分析，控方在起诉书中认定了三个罪名，即贪污罪，挪用公款罪和执行判决、裁定滥用职权罪，数罪并罚。特别是最后一项罪名的指控，由于被告人刘某的滥用职权，造成的经济损失数额特别巨大，情节严重，单罪有可能被判处五年以上有期徒刑。如果全案数罪并罚，被告人有可能被判处五年以上十年以下有期徒刑。鉴于此，辩护人经过认真查阅案卷材料及走访调查后，拟定以下辩护方案：

1. 辩护人从单罪指控事实细节入手，分析指控的事实证据是否确实充分，是否能够排除其他合理怀疑，对指控的事实提出抗辩意见，特别是涉案的具体金额，直接决定单罪量刑的轻重，进而影响到数罪并罚的决定刑。

2. 结合《刑法》规定的各罪名犯罪构成要件，逐一分析指控的罪名能否成立，目的在于减少罪名的适用，降低数罪并罚的合并刑期。

3. 对该案具体情节的分析，充分提出被告人从轻减轻的情节，对被告人作罪轻辩护。

■ 辩护要点

一、起诉书中对被告人刘某贪污罪的部分指控事实不清

起诉书中称，自2003年至2005年，被告人刘某将从刘某某处执行来的2万元和被执行人化某某、李某某交纳的执行款1万元采取不入账的手段据为己有的情况，与事实不符。事实上，被告人刘某从被执行人刘某某处执行回来的2万元，被告人将其中1万余元给被执行人刘某某打了借条，剩余几千余元没有入账，据为己有。而关于被执行人化某某、李某某所交纳的执行款1万元，辩护人认为，此事实并不存在，也没有相关的证据可以证明，并且其与发还杨某某的钱是重叠的。因此，辩护人认为，在被告人涉嫌贪污罪的认定数额上应认定为不足1万元。

二、起诉书中对被告人刘某挪用公款罪的指控事实不清

被告人在从中建六局、中航总十八公司、中航总九公司的执行款中，以“李某某”“杨某”等人的名义领取执行款后，将其大部分执行款项发还给了其他当事人后，将其中的部分执行款归个人使用。辩护人认为，庭审中被告人刘某也提到，被

告人刘某作为塘沽区人民法院工作人员，其每次执行回来的款项法院的电脑系统都应有记录，辩护人认为，应从塘沽区人民法院的电脑系统中将被告人刘某每次执行回来的款项与其发还当事人的执行款项进行计算、对比，看其中是否存在差额以及该差额的数额为多少，并且进一步计算被告人刘某挪用公款的时间是否超过三个月，从而来认定被告人刘某的行为应适用《刑法》第384条关于挪用公款罪的相关规定。

三、起诉书中认定被告人刘某犯滥用职权罪的事实有误，适用法律不当

起诉书中称被告人刘某未经领导批准，擅自填写塘沽区人民法院协助执行通知书，滥用职权，违反规定处理公务，将执行款私自发还给其他案件申请人，致使单位遭受重大损失的事实是错误的。

第一，我国相关法律没有明确规定法院发出协助执行通知书的具体操作程序，只是各个法院内部各自制定了相关的规章制度，被告人刘某填写塘沽区人民法院协助执行通知书的行为符合法院内部的执行规定，并且被告人刘某也没有获取不当利益。

第二，根据《刑法修正案(四)》第8条之规定，执行判决、裁定滥用职权罪是指在执行判决、裁定活动中，严重不负责任或者滥用职权，不依法采取诉讼保全措施、不履行法定执行职责，或者违法采取诉讼保全措施、强制执行措施，致使当事人或者其他人的利益遭受重大损失的，处五年以下有期徒刑或者拘役；致使当事人或者其他人的利益遭受特别重大损失的，处五年以上十年以下有期徒刑。

1.滥用职权罪在客观方面表现为滥用职权，致使公共财产、国家和人民利益遭受重大损失。滥用职权罪属于结果犯，滥用职权的行为必须致使公共财产、国家和人民利益遭受了重大损失，才能构成滥用职权罪。所谓重大损失，一般是指造成1人以上死亡或者3人以上重伤、造成直接经济损失数额巨大、造成严重政治影响，如有损国家的威信、形象、威望和地位等情形。

本案中，被告人刘某填写塘沽区人民法院协助执行通知书的行为符合法院内部执行规定，其将执行回来的执行款大部分发还给其他执行申请人，其结果并没有给国家、单位以及人民的利益造成重大损失，或者说截至案发，本案的实际经济损失并不确定或必然发生。

2.滥用职权罪在主观方面必须出于故意，即行为人明知自己的行为是滥用职权，并且明知滥用职权会发生公共财产、国家和人民利益遭受重大损失的结果，而希望或者放任这种结果发生。

本案中，被告人刘某在主观方面不是出于故意，不知道自己的行为是滥用职权，违反了法律规定，其只是按照法院内部执行惯例来履行职责。被告人刘某的行为也没有使公共财产、国家和人民利益遭受重大损失。根据法律对滥用职权罪的构成规定，没有造成直接损失或者损失不重大的，不能以犯罪论处。故辩护人认为，本案关于执行判决、裁定滥用职权罪的指控缺少刑法规定的犯罪构成要件，不应认定被告人刘某构成执行判决、裁定滥用职权罪。

四、被告人刘某具有自首、立功情节

1. 在该案刑事立案侦查前，纪检部门接群众反映后找到被告人刘某了解相关情况，被告人刘某对自己的行为主动交代。根据《最高人民法院关于处理自首和立功具体应用法律若干问题的解释》第 1 条关于“犯罪嫌疑人向其所在单位、城乡基层组织或者其他有关负责人员投案”的规定应当包括向纪检、检察部门投案。纪检、检察部门已掌握犯罪嫌疑人的违纪或一般违法行为，对犯罪嫌疑人按照组织程序进行审查，犯罪嫌疑人主动交代犯罪事实的，亦应视为自动投案。辩护人认为，被告人刘某的行为符合上述关于主动投案的情况规定。

2. 本案在审查起诉阶段，被告人刘某主动检举揭发其同事王某的犯罪行为，其事实经司法机关核实属实，现王某已经被审查起诉，并为国家挽回了巨大的经济损失。根据《最高人民法院关于处理自首和立功具体应用法律若干问题的解释》第 7 条之规定、根据《刑法》第 68 条第 1 款的规定，犯罪分子有检举、揭发他人重大犯罪行为，经查证属实；提供侦破其他重大案件的重要线索，经查证属实；阻止他人重大犯罪活动；协助司法机关抓捕其他重大犯罪嫌疑人（包括同案犯）；对国家和社会有其他重大贡献等表现的，应当认定为有重大立功表现。辩护人认为，被告人刘某的行为符合关于立功的情况，应当对被告人刘某予以从轻或者减轻处罚。

■ 裁判结果

天津市第二中级人民法院（2006）二中刑初字第 141 号刑事判决依法，认为被告人刘某身为国家工作人员，利用职务上的便利，采取收款不入账的手段，将执行款 1 万元侵吞，其行为符合《刑法》第 380 条关于国家工作人员利用职务上的便利，侵吞公共财产的，是贪污罪，以及第 383 条第 3 项关于个人贪污数额在 5000 元以上不满 5 万元的，处一年以上七年以下有期徒刑的规定，构成贪污罪；同时刘某又利用职务上的便利，骗取执行款 63,500 元归个人使用，数额较大，超过三个月未还，其行为符合《刑法》第 384 条关于国家工作人员利用职务上的便利，挪用公款数额较大，超过三个月未还的，处五年以下有期徒刑或者拘役的规定，构成挪用公款罪；刘某身为司法工作人员，在执行判决、裁定活动中滥用职权，将中建六局、中航总十八公司、中航总九公司、姜某某案的执行款 29 万余元发还给其他案件当事人，致使单位的利益遭受重大损失，其还未经本院领导批准，擅自填写塘沽区人民法院协助执行通知书，告知天津天茂置业有限公司停止支付给中建六局五公司的所欠款项，致使天茂公司至今未归还中建六局五公司欠款 120 万元，其行为符合《刑法》第 399 条第 3 款关于在执行判决、裁定活动中，滥用职权，致使当事人或者其他人的利益遭受重大损失的，处五年以下有期徒刑者拘役的规定，构成执行判决、裁定滥用职权罪。公诉机关指控各罪成立。考虑刘某将骗取的执行款 6.35 万元中部分款项存在发还其他案件当事人的情形，可酌情对其所犯挪用公款罪予以从轻处罚；因天茂公司与中建六局五公司工程合同纠纷一案不是刘某承办，该案一直在法院执行之中，刘某的行为给当事人造成的实际损失数额无法确定，鉴于现有证据仅能证实，由于刘某的滥用职权行为，致使中建六局五公司、中航总十八公司、中航总九公司、姜某某案的执行款 29 万余元发还给其他案件当事人，给单位造成 29 万余元的损失，故对其执行判决、裁定滥用职权罪亦酌情予以从轻处罚。据此，本院为维护国家工作人员职务的廉洁性，依照《刑法》第 69 条、第 382 条、第 383 条第 3 项、第 384 条、第 399 条第 3 款之规定，判决如下：

被告人刘某犯贪污罪，判处有期徒刑一年；犯挪用公款罪，判处有期徒刑一年；犯执行判决、裁定滥用职权罪，判处有期徒刑一年，决定执行有期徒刑二年六个月。

被告人刘某在一审判决生效后服判息诉。

■ 案件评析

这个案件可以说是近年来基层人民法院执行法官被控数罪的罪名最多、涉案金额较大的一起职务犯罪案件。这其中涉及执行法官实际的案件操作流程与法律及相关司法解释的冲突，在具体的执行工作中严格依法办案的问题。在既有的法律法规无法突破的情况下，对数罪的指控，应当确定辩护的重点，严格落实既定的辩护方案。特别是在庭审过程当中，对于非重点罪名事实的指控不纠缠，避免均匀用力而丧失重点。只有在有确作充分的证据足以对抗起诉书指控的犯罪事实时，才提出质疑或否定。否则无论是着眼于犯罪是否成立还是着眼于降低数额，都是蜻蜓点水一点而过。而本案指控罪名的重点则放在了执行判决、裁定滥用职权上，因为这个罪名的指控从涉及的损失数额来看，将是被告人所承担的数罪当中刑罚最重的一个罪名。此外，对这起犯罪的指控，在起诉书指控的事实，没有争议的情况下，将辩护的重点落在适用法律上，紧紧把握犯罪构成的四个要件；同时结合被告人所在的法院关于执行工作的具体规定来逐一对照起诉书所指控的被告人所实施的具体行为，分析被告人是否具备滥用职权的主观故意。最后，严格把握所指控的罪名的结果构成要件。同时，走访到原发案单位，通过提出该院的相关执行工作的习惯性做法，来进一步地确认控方所提出的损失数额是否正确。最终法院依据辩护人的意见只认定了部分的损失数额，从而使损失的金额降低到“数额巨大”以下。

最终，法院采信了辩护人部分辩护意见，虽然对指控的各罪均予以了认定，但对涉案金额重新作了核实，数额降低，三罪并罚判处了被告人两年半有期徒刑。

通过这个案件，辩护人认识到对于数罪指控的辩护，当无法突破数罪指控的时候，应当确定辩护的重点罪名事实，有的放矢，切不可“胡子眉毛一把抓”，放弃重点。只要辩护策略运用得当，被告人一定能够获得最大化的法律利益。

全国律协刑事专业委员会委员、前秘书长，《京都刑辩讲堂》主任王九川点评

在有多起涉嫌事实、涉及数罪并罚案件的辩护中，辩护人应对每起事实、每个罪名逐一甄别，设计相适应的辩护方案，避免均匀用力。这起案件的辩护体现了这一策略：在贪污罪辩护中，辩护人对2万元那笔在数额上提出质疑，而对1万元这笔则指出证据不足的问题；在挪用公款罪辩护中，从证据角度提出挪用的数额、时间问题，但没有全面否认事实，而着眼于降低数额；就滥用职权罪的辩护看，则在法律适用方面进行具体解读，并从犯罪构成的角度否定指控罪名。此后，再指出自首、立功情节。在具体论辩中，能够做到各个击破，论述清晰、明确，有的放矢，实现了降低数罪并罚合并刑期的预期目标。虽为有罪辩护，但其策略运用得当，是一次成功的有效辩护。

天津某集团公司、李某某单位行贿案

——单位犯罪案件只起诉自然人，不起诉单位的法律分析

■ 案情简介

本案系天津市纪检监察委在对中共天津市某工作委员会原书记沈某某（已判刑）涉嫌受贿、滥用职权案调查时，发现天津市某集团有限公司、副总经理李某某涉嫌单位行贿的案件线索，移送天津市人民检察院，天津市人民检察院指定天津市某区人民检察院反贪局侦查，天津市某区人民检察院反贪局侦查终结后，以被告人沈某某涉嫌受贿罪、滥用职权罪，被告单位天津某集团有限公司（下称集团公司）及被告人李某某涉嫌单位行贿罪，于2015年9月11日移送天津市人民检察院某分院审查起诉。

2016年3月20日天津市人民检察院某分院就上述案件向天津市某中级人民法院提起公诉。天津市人民检察院某分院津检某分院公诉刑诉（2016）22号起诉书指控，2002年至2003年，被告人李某某数次请托被告人沈某某，要求其为所在的集团公司占有、扩大在天津市某国有公共能源集团有限公司（下称国有能源公司）的民用设备供应市场份额提供帮助。后沈某某利用其职权便利多次向时任国有能源公司董事长陈某某打招呼，要求国有能源集团公司对被告单位集团公司予以照顾，使用、多用其产品，保障该集团公司的市场利益。2003年至2014年，国有能源公司在市场份额的分配、产品采购数量等方面向被告单位集团公司倾斜，使集团公司在未经招投标程序的情况下，连年大量向国有能源公司供应产品，占据了国有能源公司大部分市场份额，逐步成为国有能源公司该产品市场的主要供货单位，持续保持了市场竞争的优势地位。

2009年下半年至2012年下半年，被告人李某某为了感谢沈某某提供的上述帮助，分多次给予被告人沈某某及其特定关系人邵某某、朱某某等4人现金共计人民币230万元。2007年12月28日及2008年3月24日，被告人沈某某要求被告人李某某为其购买房产，李某某先后支付购房款共计人民币153.0688万元。以上财物共计人民币383.0688万元。2012年10月，被告人沈某某利用担任中共天津市某工作委员会书记的职务便利，接受被告人李某某的请托，向天津市某国有能源集团有限公司相关负责人施压，为被告人李某某的朋友于某某承揽本市某

区老年公寓绿化项目提供帮助。2012年下半年,沈某某收受被告人李某某给予的现金人民币100万元。

被告单位集团公司为谋取不正当利益而行贿,被告人李某某作为被告单位直接负责的主管人员具体实施行贿行为,给予国家工作人员财物折合人民币383.0688万元,其行为触犯了《刑法》第393条,犯罪事实清楚,证据确实充分,应当以单位行贿罪追究其刑事责任。

2017年4月28日,天津市人民检察院某分院以因犯罪事实发生变化为由,决定暂时撤回起诉被告单位及被告人李某某,单独起诉被告人沈某某。

2017年5月19日天津市人民检察院某分院将被告单位及被告人李某某单位行贿一案移送天津市某区人民检察院审查起诉。认定的相关事实及罪名无变化。

被告人李某某在被取保候审期间违反有关规定,被收押达一年,案件移送天津市某区人民检察院审查起诉后再次被取保候审。

■ 辩护思路

辩护人在天津市人民检察院某分院审查起诉期间接受被告单位集团公司的委托担任其辩护人。当时被告单位正承担着天津市一项重大的民心工程,企业已经投入巨额资金及人力资源进行资本市场上市融资。如单位成为刑事被诉主体,将无法完成企业上市融资,且会丧失政府项目的投标资质,这对企业未来的生存将产生重大影响。一旦单位行贿罪名成立,其此前多年的巨额产品销售利润极有可能被认定为非法所得,根据《刑法》及最高人民法院、最高人民检察院的司法解释,单位将面临巨额的罚金刑,如此被告单位结局只能是破产。故而被告单位的基本要求是避免成为刑事案件被诉主体,即使被诉,也要尽可能避免追缴违法所得或巨额罚金。

辩护人结合审查起诉意见书指控的有关事实,调阅了全部案卷材料,认真听取了被告单位负责人的事实陈述及法律上的诉求,要求被告单位提供证明其事实陈述的有关书证、证人及与案件有关的全部证据材料,结合相关的法律规定,制定以下辩护方案:

1. 充分利用在审查起诉阶段律师的辩护权利,积极与控方进行沟通,出具完整的律师意见并举证,争取把被控主体问题解决在提起公诉之前;

2. 以工商登记材料及企业改制原始记录等书证证实被告人李某某的任职单位为其他案外人,而非本案被告单位;

3. 通过提供企业财务账目及其他书证材料证明被告人李某某给付被告人沈某某财物系其个人决定,被告单位的主要负责人并不知晓,也没有经过董事会批准;

4. 收集原始书证、走访有关证人证明被告单位产品进入国有能源公司以及下属企业改制实现被告单位产品销售的保有、增量与沈某某是否利用职权向下属国有能源集团公司打招呼不具有关联性，进而论证被告单位没有获取不正当利益而不构成单位行贿罪。

■ 辩护要点

该辩护要点在与主诉检察官多次交换意见过程中逐步完善形成。

一、控方提起公诉的被告单位犯罪主体错误

原公诉机关将被告人李某某的主体身份界定为案发前担任被告单位集团公司副总经理，缺乏事实依据。不否认被告人李某某自 2002 年起曾任被告单位集团公司副总经理，负责公司民用产品的市场运营与销售。后被告单位集团公司委派李某某为代表，负责与国有能源公司洽商其下属企业改制事宜(关于下属企业配套公司改制的过程，另附情况说明)。被告人李某某参与了改制企业自谈判，签署意向，签署产权交易合同，挂牌转让手续，工商登记变更等企业改制全过程。2005 年 3 月 18 日，改制后新公司天津某设备有限公司取得工商营业执照。同时，李某某被集团公司委派到改制后的新公司天津某设备有限公司任董事兼天津市场部负责人。被告单位集团公司通过参与国企改制，投入巨额入股资金换取了由国企天津某设备有限公司垄断的部分市场，由李某某负责的天津某设备有限公司天津市场部继续保有这部分市场，随着天津市实现“缴费便民工程”的铺开深入，市场份额实现了增量。

被告人李某某作为天津某设备有限公司的董事经过了工商注册登记，其作为该公司天津市场部负责人有公司的正式聘任和任命，其履行职务直至案发。反之，李某某自 2005 年被集团公司正式委派到改制企业天津某设备有限公司任董事及天津市场部负责人后，在被告单位集团公司没有任何职务，虽然其在集团公司仍留有办公场所，支取相关费用，外界仍认为其隶属集团公司，但这仅是改制企业工作的需要，不能代表其实际的身份。因此，本案单位犯罪的主体应当确定为案外人天津市某设备有限公司天津市场部，而不是本案的被告单位集团公司。

二、被告单位没有谋取任何不正当利益

(一)关于被告单位民用产品进入国有能源公司及下属单位销售的事实

关于被告单位集团公司民用设备进入国有能源公司销售的基本事实。被告人李某某所在单位天津市某设备有限公司生产的智能设备进入国有能源公司最早应追溯到 2001 年，而非检察机关认定的 2002 年至 2003 年。2001 年国有能源公司开始选择智能设备应用于到户计费。被告单位即开始向国有能源公司介绍相关产品，当时一共有十多家设备生产企业欲进入国有能源公司销售其设备。

2001年9月20日，在国有能源公司召开了由10多个设备生产企业共同参与的“智能设备展示研讨会”，国有能源公司有多名主要领导参会，还聘请了一些专业技术人员参与评审。会上被告单位集团公司作为9家展示单位之一进行了产品的介绍、报价。无论是从技术、价格还是从售后服务等方面，被告单位集团公司的智能设备具有综合的优势，评审综合打分第一。评审会后国有能源公司即通知被告单位集团公司在其办公楼内试用。试用测试合格于2002年首次在天津某住宅小区进行了实地推广适用，经严格测试审核后，于2002年11月正式向被告单位采购产品。而此时期被告人李某某尚未与沈某某相识。公诉机关起诉书认定沈某某利用职权便利，多次向时任国有能源公司领导打招呼，要求国有能源公司对被告单位予以照顾，使用、多用被告单位的设备，保障该被告单位的市场利益。使被告单位在未经招投标程序情况下，连年大量向国有能源公司供应设备，持续获得巨额不正当利益，这一认定完全违背了当时的客观事实。客观事实是，国有能源公司是在2004年之后才制定了《设备物资采购招标实施办法》《设备物资采购招标程序》，但智能设备作为一种专业民用器具，在2013年之前国有能源公司都没有进行过招投标，因为这种专业民用器具涉及设备的技术、质量、价格、售后和维修、生产企业的后期技术开发等综合问题，所以当时以公开展示，公开评比，公开测评打分的方式，履行了比招投标更加严格、科学的程序。后期也有另外两家供应商(至今仍在供货)同时向国有能源公司供应智能设备，也没有进行过所谓的招投标。至于检方有证据表明当时只有被告单位集团公司一家供货，经领导打招呼后“就用我们了”(陈某某证言)这一说法，只能用事实说话。为此在案件审查起诉期间被告单位曾向检察机关提供了下述证据材料(第一组证据)：

1. 国有能源公司原营业部部长柳某某的工作笔记本原始记录；

2. 柳某某本人书写的“关于国有能源公司召开智能化设备展示研讨会情况”说明；

3. 国有能源公司原总工杨某某本人书写的“关于2001年智能设备展示会的回顾及原始参会记录”；

4. 原始供货合同及财务凭证；

5. 关于IC智能设备购销合同书《项目实施办法》；

6. 辩护人对证人国有能源公司原营业部部长柳某某的调查笔录。

对于上述我们提供的证据，检察机关完全有能力也应当核实：(1)国有能源公司几十年来在采购设备上，履行过招投标程序吗？何时开始才实行的招投标？(2)领导打招呼后“我们就用了”，领导怎么打的招呼，陈某某又是如何安排使用被告单位的设备，安排谁具体实施的？(3)与被告单位同时向国有能源公司供应设备的其他单位是如何进入国有能源公司的，有没有招投标，有没有领导打招呼？

这些有关事实一经调查,陈某某的虚假陈述不攻自破。因此,公诉机关以国有能源公司因历史上的管理现状,来认定被告单位通过被告人李某某行贿的非法手段进入其供货单位,缺乏事实依据。

(二)关于供货的保有和增量,即被告单位市场份额的问题

被告单位市场份额问题直接关系到当时市政府的统一部署和国有能源公司下属亏损企业配套公司的改制。

2003 年根据市政府确定的民心工程"计费到户改造工程",天津市成立了由市政府直管的"天津市计费到户改造工程指挥部",被告单位作为计费到户工程的主要合作单位之一,靠着领先的技术、可靠的质量和良好的维护,产品在计费到户工程中得到更广泛的应用。其间,因其他供货商的产品出现了严重的质量问题,在有关市领导的协调下,被告单位临危受命,在政府规定的时间内,克服资金、人力等多重困难,圆满完成了市里交办的任务,同时也进一步扩大了产品的市场份额。这一事实过程有天津市"计费到户改造工程指挥部"于 2004 年 12 月 3 日出具的"情况的说明"及国有能源公司营业所于 2004 年 12 月出具的"证明"等原始材料予以为证。

2003 年年间,根据国家"主辅分离,辅业改制"的精神,被告单位本着"计费入户便民工程+并购重组换市场"的原则,参与了国有能源公司下属亏损企业天津市某设备配套公司的改制。至 2006 年,历时三年时间被告单位分两次入股改制企业,占股 90%,完成了一个百年历史老厂的改制。整个改制的过程完全依照国家法律规定的程序和方式,通过产权交易中心公开挂牌出让的竞买方式完成,其间被告单位共计投入 6213.14 万元收购了一个注册资本 1000 万元、累积亏损 1368.28万元的企业(目前亏损及投入仍在持续)。解决了原企业职工工资拖欠问题、职工上访问题、多家债权人的债务问题。这个客观事实过程有大量的文件书证予以证实,审查起诉期间,被告单位向检察机关提供了下述书证材料(作为第二组证据提交):

1. 天津市某设备配套公司的"改制申请"及国有能源公司的批复;
2. 国有能源公司董事会纪要;
3. 改制企业的经理办公会纪要;
4. 改制企业的职工代表大会决议;
5. 改制企业的体制改革方案;
6. 国有能源公司转让改制企业设备配套公司固有产权问题的批复;
7. 资产评估项目备案文件;
8. 市建委关于同意改制方案的批复;
9. 国有能源公司股东会会议决议;

10. 股权转让协议书；
11. 国有能源公司第二次股东会决议；
12. 改制企业职工持股会减持股权的决议；
13. 双方签订的股权转让协议书；
14. 产权交易合同及产权交易签证书；
15. 股权变更登记材料；
16. 变更的天津某设备有限公司股东会第一次会议决议；
17. 改制后的某设备有限公司验资报告；
18. 改制后被告单位陆续替改制企业偿还原欠款的说明及还款凭证。

在上述大量书证面前，我们不知道某些所谓的知情人（证人陈某某）称“卖设备厂给被告单位集团公司没有公开挂牌竞卖，卖设备厂的信息也没有正式向社会公开，这是不符合规定的。”这种无视客观事实的陈述目的何在？被告单位集团公司付出了如此大的代价，无非就是想通过并购重组换市场。而这一做法得到了当时政府部门的肯定并向其他省市推广，在全国此行业中产生了比较大的反响。而我们在将这些大量的书证材料提供给检察机关后，认定的事实仍没有得到纠正。被告单位集团公司通过投入巨额资金，并购重组亏损企业取得了改制企业原有的市场份额，市场份额增加，仍然被认定为由于沈某某打招呼而获取的不正当利益，有违客观公正。

三、被告人李某某所在单位产品进入国有能源公司销售，保有增量与沈某某是否打招呼不具有关联性

综合以上各点，我们认为，被告单位集团公司产品进入国有能源公司销售，以及改制后天津某设备配套有限公司所占有的市场份额完全是一种市场主体正常的经营行为，且不论沈某某是否向国有能源公司领导打过招呼，是否起了作用，我们陈述并能证实的客观事实表明，被告单位集团公司的产品是经得起检验的。被告单位集团公司对国有能源公司的巨额投入也是不容置疑的，因而获取经营利益的回报理所当然，何来不正当利益，即使被告人李某某给沈某某送过钱，沈某某也替被告单位集团公司说过话，都不能证明被告单位进入国有能源公司设备采购市场，天津某设备公司保有并增加市场份额是非法的。大量的相关事实表明，沈某某和被告人李某某二人的交易不在这个问题上。假使沈某某替天津某设备配套公司说过话，也都是因为国有能源公司的个别领导凭借垄断优势，轻诺寡信，蹂躏民企，与行受贿不具有任何关联性。

2013年以后，国有能源公司违反了对被告单位“并购重组换市场”的承诺，将某设备配套公司已经取得的市场份额和供货区域进行拆分，将某设备配套公司已经完善了的供货、安装、维护的市场给了其他供货单位，这是一种典型的背信弃义，留给被告单位的是亏损企业的沉重包袱，是对公司合法利益的巨大损害。起诉书仍称被告单位集团公司占据了国有能源公司大部分市场份额，目前的改制企业某设备公司已经失去了较大的市场份额，目前同时向国有能源公司供应智能设备的企业应有 3～5 家，这是大部分市场份额吗？有什么证据称被告单位是国有能源公司智能设备市场的主要供货单位，并持续保持了市场竞争的优势。

综上所述，被告单位集团公司主观上没有行贿的故意，客观上对被告人李某某行贿他人的行为也不知晓，同时也没有获取不正当利益，故而不构成单位行贿罪。

■ 裁判结果

天津市某区人民检察院采信了辩护人的上述意见，决定提起公诉时没有将被告单位集团公司列为被诉主体，仅以单位行贿罪的直接负责人起诉了被告人李某某。津某检公诉刑不诉(2019)38 号不起诉决定书认为犯罪事实不清，证据不足。现有证据不足以证实被不起诉单位集团公司构成单位行贿，不符合起诉条件。依照《刑事诉讼法》第 175 条第 4 款的规定，决定对天津某集团有限公司不起诉。

天津市某区人民法院(2019)津 0110 刑初 16 号刑事判决，认定被告人李某某作为被告单位直接负责的主管人员，为单位谋取不正当利益，给予国家工作人员财物，其行为已构成单位行贿罪。鉴于被告人某某系初犯，归案后能够如实供述犯罪罪行，认罪态度较好，可从轻处罚。关于辩护人对被告人李某某从轻处罚的辩护意见，有事实及法律依据，予以采纳。被告人李某某的犯罪行为发生在《刑法修正案(九)》施行以前的《刑法》。综上所述，依据 1997 年修订的《刑法》第 339 条及《刑法》第 67 条第 3 款，第 72 条、第 73 条、第 76 条之规定，判决如下：

被告人李某某犯单位行贿罪，判处有期徒刑二年六个月，缓刑二年六个月。在缓刑考验期限内，依法实行社区矫正。

■ 案件评析

这个案件历时三年，可以说为单位犯罪辩护取得了巨大的成功，辩护思路所确定的辩护方案逐一得到落实，控方最终对单位不起诉，保全了一个危在旦夕的民营企业。作为单位的辩护律师，既要讲清不起诉单位的事实依据和法律依据，又不能损害作为单位犯罪直接责任人的自然人被告人的法律利益，同时还要解决单位犯罪能否只起诉自然人而不起诉单位，有没有充分的法理依据和法律依据？这也是通过本案引申出单位犯罪案件辩护中一个常见的法律问题。

辩护人与控方在审查起诉阶段充分交换了意见，关于对单位不起诉的事实依据通过大量的举证得到了控方的认可，但就本案涉及的程序性问题存在不同的意见。第一种意见认为，本案属单位犯罪，追究直接经办人的个人刑事责任而不列单位为被告，系自相矛盾，漏诉被告人，将来法院会要求控方补充起诉，从而造成公诉案件的重大瑕疵。故而应当将单位一并起诉，至于审理中法院依据查明的事实，是否判决被告单位承担刑事责任，是人民法院依法独立行使审判权的问题。第二种意见认为，公诉机关有权依据事实和法律对审查起诉的案件最终决定提起公诉，不起诉或者审理期间撤回起诉，如果在大量的无罪事实证据下仍然提起公诉，显然是故意违背事实和法律。人民法院对于诉讼主体的确定只有建议权而无决定权，此点有着充分的法理依据和法律依据。

笔者同意第二种观点，并向控方从法理依据和法律依据两个方面进行了充分说明，意见被控方采纳：

首先，依据《刑事诉讼法》的基本理论，刑事审判程序的启动必须以公诉机关提起控诉为前提，未经控诉方的提请，审判程序不得自行启动，主动进行，同时审判的对象主体及事项应受制于控诉方提请审理的范围，即对未提起控诉的事项不得进行审判，这就是通常所理解的刑事审判的“不告不理”原则。本案公诉机关未将被告单位作为被告主体起诉，如果法院认为漏列被告人，应当首先建议检察机关补充起诉，公诉机关明确表示不起诉被告单位，这就意味着公诉机关未对被告单位进行控诉，被告单位不是本案“诉”的范围，根据上述“不告不理”的原则，法院不能对被告单位追究刑事责任。与之相对应，法院同样不得拒绝审判，对已经起诉的对象主体和事项，应当通过审理进行评价和裁判。

其次，相关的法律依据。《刑事诉讼法》第 169 条规定，凡需要提起公诉的案件，一律由人民检察院审查决定。这意味着检察机关公诉权的独立性和唯一性。2001 年 1 月 21 日最高人民法院在《全国法院审理金融犯罪案件工作座谈会纪要》作了明确规定：“对于应当认定为单位犯罪的案件，检察机关只作为自然人犯罪案件起诉的，人民法院应及时与检察机关协商，建议检察机关对犯罪单位补充起诉。如果检察机关不补充起诉的，人民法院仍应依法审理，对被起诉的自然人根据指控的犯罪事实、证据及庭审查明的事实，依法按单位犯罪中的直接负责的主管人员或者其他直接责任人员追究刑事责任，并应引用刑法分则关于单位犯罪追究直接负责的主管人员和其他直接责任人负刑事责任的条款。”依此规定，本案公诉机关不起诉被告单位而只起诉被告人李某某，不存在任何法律障碍。本案受诉法院也正是根据控方指控的犯罪事实、证据及庭审中查明的事实，依法追究被告人李某某的刑事责任，并引用了刑法分则关于单位行贿罪追究直接负责的主管人员和其他直接责任人负刑事责任的有关条款作出判决。

参 考 文 献

1. 周振想、张秉法主编:《新刑法罪案与审判实务精解》,中国方正出版社1999年版。

2. 张军主编:《新刑事诉讼法法官培训教材》,法律出版社2012年版。

3. 周道鸾、张军主编:《刑法罪名精释》,人民法院出版社2007年版。

4. 沈德咏主编:《刑事司法解释理解与适用》(第2版),法律出版社2011年版。

5. 刘仁文:《死刑的温度》,生活·读书·新知三联书店2019年版。

图书在版编目(CIP)数据

"宿说"辩护策略：30年刑辩之路与案件评析 / 宿胜利著. -- 北京：法律出版社, 2020
ISBN 978-7-5197-4966-8

Ⅰ. ①宿… Ⅱ. ①宿… Ⅲ. ①刑事诉讼－辩护－案例－中国 Ⅳ. ①D925.210.5

中国版本图书馆CIP数据核字(2020)第180146号

"宿说"辩护策略
——30年刑辩之路与案件评析
"SUSHUO" BIANHU CELÜE
—30 NIAN XINGBIAN ZHILU YU ANJIAN PINGXI

宿胜利 著

责任编辑 许 睿
装帧设计 李 瞻

出版 法律出版社
总发行 中国法律图书有限公司
经销 新华书店
印刷 永清县金鑫印刷有限公司
责任校对 王沁陶
责任印制 胡晓雅

编辑统筹 司法实务出版分社
开本 710毫米×1000毫米 1/16
印张 17.75
字数 330千
版本 2020年12月第1版
印次 2020年12月第1次印刷

法律出版社/北京市丰台区莲花池西里7号(100073)
网址/www.lawpress.com.cn
投稿邮箱/info@lawpress.com.cn
举报维权邮箱/jbwq@lawpress.com.cn
销售热线/400-660-8393
咨询电话/010-63939796

中国法律图书有限公司/北京市丰台区莲花池西里7号(100073)
全国各地中法图分、子公司销售电话：
统一销售客服/400-660-8393/6393
第一法律书店/010-83938432/8433
西安分公司/029-85330678
重庆分公司/023-67453036
上海分公司/021-62071639/1636
深圳分公司/0755-83072995

书号:ISBN 978-7-5197-4966-8
定价:68.00元